会计名家培养工程学术成果库
——**学术总结**系列丛书

数豆者的跨界生涯

刘明辉 著

中国财经出版传媒集团
中国财政经济出版社

图书在版编目（CIP）数据

数豆者的跨界生涯/刘明辉著. --北京：中国财政经济出版社，2020.7

（会计名家培养工程学术成果库. 学术总结系列丛书）

ISBN 978-7-5095-9569-5

Ⅰ. ①数… Ⅱ. ①刘… Ⅲ. ①会计学-学术研究 Ⅳ. ①F230

中国版本图书馆CIP数据核字（2020）第022435号

责任编辑：张若丹　　责任校对：徐艳丽

装帧设计：陈宇琰　　责任印制：党　辉

中国财政经济出版社 出版

网址：www.cfeac.com

社址：北京市海淀区阜成路甲28号　邮编：100142

营销中心电话：010-88191537

天猫网店：中国财政经济出版社旗舰店

网址：http://zgczjjcbs.tmall.com

中煤（北京）印务有限公司印装　各地新华书店经销

787×1092毫米　16开　34.75印张　385 000字

2020年7月第1版　2020年7月北京第1次印刷

定价：175.00元

ISBN 978-7-5095-9569-5

(图书出现印装问题，本社负责调换)

本社质量投诉电话：010-88190744

打击盗版举报热线：010-88191661　QQ：2242791300

会计名家培养工程学术成果库
编委会成员

會計名家

出版说明

为贯彻国家人才战略，根据《会计行业中长期人才发展规划（2010~2020 年）》（财会〔2010〕19 号），财政部于 2013 年启动“会计名家培养工程”，着力打造一批造诣精深、成就突出，在国内外享有较高声誉的会计名家，推动我国会计人才队伍整体发展。按照《财政部关于印发会计名家培养工程实施方案的通知》（财会〔2013〕14 号）要求，受财政部委托，中国会计学会负责会计名家培养工程的具体组织实施。

会计人才特别是以会计名家为代表的会计领军人才是我国人才队伍的重要组成部分，是维护市场经济秩序、推动科学发展、促进社会和谐的重要力量。习近平总书记强调，“人才是衡量一个国家综合国力的重要指标”“要把人才工作抓好，让人才事业兴旺起来，国家发展靠人才，民族振兴靠人才”“发展是第一要务，人才是第一资源，创新是第一动力”。在财政部党组正确领导、有关各方的大力支持下，中国会计学会根据《会计名家培养工程实施方案》，组织会计名家培养工程入选者开展持续的学术研究，进行学术思想梳理，组建研究团队，参与国际交流合作，以实际行动引领会计科研教育和人才培养，取得了显著成绩，也形成了系列研究成果。

为了更好地整理和宣传会计名家的专项科研成果和学术思想，中国会计学会组织编委会出版《会计名家培养工程学术成果库》，包括两个系列丛书和一个数字支持平台：研究报告系列丛书和学术总结系列丛书及名家讲座等音像资料数字支持平台。

1.**研究报告系列丛书**，主要为会计名家专项课题研究成果，反映了会计名家对当前会计改革与发展中的重大理论问题和现实问题的研究成果，旨在为改进我国会计实务提供政策参考，为后续会计理论研究提供有益借鉴。

2.**学术总结系列丛书**，主要包括会计名家学术思想梳理，教学、科研及社会服务情况总结，旨在展示会计名家的学术思想、主要观点和学术贡献，总结会计行业的优良传统，培育良好的会计文化，发挥会计名家的引领作用。

3.**数字支持平台**，即将会计名家讲座等影音资料以二维码形式嵌入学术总结系列丛书中，读者可通过手机扫码收看。

《会计名家培养工程学术成果库》的出版，得到了中国财经出版传媒集团的大力支持。希望本书在宣传会计名家理论与思想的同时，能够促进学术理念在传承中创新、在创新中发展，产出更多扎根中国、面向世界、融通中外、拥抱未来的研究，推动我国会计理论和会计教育持续繁荣发展。

会计名家培养工程学术成果库编委会
2018年7月

自序

我是谁，我是干什么的，在熟悉我的不同人的眼里，我可能扮演着不同的角色：一位会计专业人士，一位财务管理专家，一位审计学者，一位大学教授，一位资深出版人，一位传媒企业的当家人，一位内容资源产业化运营的领跑者，一位幻想儿童文学的扛旗者……当然，最准确的说法，我是一位跨界数豆者[①]。

1980年，我考入湖南财经学院（现湖南大学）工业会计专业，加入数豆者的行列，有幸聆听了鲍华山、樊行健、王广明、刘正光、蓝汉民等老师的课程，得到过陈安怀、张鸿兴等老师的特别关照和指点，不仅以优异的成绩获得学士学位，而且学位论文也有幸在当时最权威的会计刊物《会计研究》上得以发表。

1984年，我考入辽宁财经学院（现东北财经大学），师从欧阳清教授攻读经济学硕士学位（经济分析方向），有幸聆听了王盛祥、谷祺、夏乐书、邓延芳、沈其煜、宫岂教授的教诲，结识了夏德仁、周守华、栾甫贵、李敬辉、夏春玉等一大批青年才俊，翻阅了大量中外经济学、管理学及财务、会计和经济分析方面的

① 数豆者，英文原文bean counter，最早以书面形式出现在《财富》杂志上，用以描述"精明、小气、一丝不苟的会计师"。

著作，潜心学术研究，发表了二十几篇学术论文。

1987 年，硕士毕业，留校任教。1989 年晋升讲师，1992 年破格晋升副教授，1995 年破格晋升教授，2000 年被评为博士生导师。先后为本科生、研究生、博士生讲授过“会计原理”“工业会计”“工业企业财务管理”“工业企业经济活动分析”“基础会计”“审计”“财务会计”“财务管理”“管理会计”“管理咨询”“成本会计”“资产评估”“清产核资”“现代企业财务管理前沿专题”“内部控制与风险管理”“公司治理”“企业价值评估”“内部控制研究”“审计理论研究”“审计准则研究”等课程，在财务、会计、审计、内部控制等多个领域跨界游走。

1988 年，我和楼申光、刘永泽、夏博辉、李敬辉、杨雄胜等人共同策划并发起召开了全国首届中青年财会理论研讨会，成立了中国中青年财务成本研究会，并担任该会秘书长 22 年、会长多年。我还长期担任中国会计学会常务理事、审计专业委员会（会计监督专业委员会）副主任委员、主任委员，担任中国审计学会、中国成本研究会、中国总会计师协会理事、常务理事，为推动会计审计理论研究和学术交流做了大量工作，与各大高等院校的学术领军人才和学术骨干有过广泛接触和深度交流。

1993 年，我通过公开竞聘执掌东北财经大学出版社，将资不抵债的出版社带入快速健康发展轨道，取得良好的社会效益和经济效益。通过 8 年的努力，成功跻身于全国百佳出版社，也实现了自己从教学科研到编辑出版和经营管理的跨界。

1994 年，我加入中国注册会计师独立审计准则组，成为最早一批研究制定审计准则的审计学者，几乎参与了注册会计师执业规范所有项目的起草或讨论修改工作。与此同时，还参与了国家审计准则、内部控制规范、会计准则的起草或讨论修改工作。26年来，为会计审计行业标准的建立作出了突出贡献。

1994年，我和刘永泽、方红星、孙光国等一道发起设立三友会计研究所，组织实施了一系列学术研究与学术交流活动，策划出版了“三友会计论丛”“三友会计译丛”等一大批优秀会计著作，也为此后设立的“内部控制与风险管理研究中心”“中国内部控制研究中心”奠定了良好基础，为东北财经大学会计学科的重点学科建设提供了有力支撑。

1996年，我首次参加全国会计专业技术资格考试命题工作。此后20多年，作为命题、审题战线上的一名资深老兵，长期参与全国会计专业技术资格考试教材编写与命题审题、全国注册会计师考试教材编写与命题审题、会计领军人才培养工程命题、全国第三届会计大赛命题等工作，为会计人才评价和人才培养贡献了自己的微薄力量。

2001年，通过公开竞聘，成为东北财经大学津桥商学院首任院长，从校舍建设、教学装备购置，到师资招聘、团队建设、校园文化确立、规章制度建设，再到教学体系设计、课程设置、教材选用和学生管理，无不倾注了我大量心血。三年多时间，我带领我的团队让津桥商学院实现了跨越式的发展，津桥商学院也给了我一个由编辑出版管理到教学行政管理的跨界体验。

2003年底，改任东北财经大学杂志社主任，我带领团队用不到1年的时间为杂志社改善办公条件、更新办公设备，建设官网，建立健全了一套包括匿名审稿制度在内的规章制度，并对两份期刊进行了全面改版，为《财经问题研究》入选教育部高校哲学社会科学学报名栏工程，入选“全国百强社科学报”打下了良好基础。

2004年10月，调任大连报业集团副社长、大连出版社社长兼总编，挽大连出版社于危难之中，带领员工走上第二次创业之路，爬坡过坎、滚石上山，一年扭亏为盈，两年资产翻番，三年实现“管理上水平、质量上档次、效益上台阶”。

2009年底，作为大连市首家实行转企改制的文化单位，大连出版社经过艰难选择完成转企改制，实现由事业单位到现代企业的转变，并成为全国唯一一家有管理层和员工持股的非上市出版企业。牢固树立“内容为王、导向为魂、创新为要、品质为本”的出版理念，不断创新体制机制，狠抓主题出版，专注特色出版，注重融合发展，赢得了导向正确、特色鲜明、双效显著的良好局面。

2012年，带领大连出版社实行战略转型与产业升级，举起保卫想象力的旗帜，经过7年多的努力，先后有20多种图书荣获中华优秀出版物奖、全国优秀儿童文学奖等国家级奖励，有近百种图书版权输出海外。有20多部作品成功实现IP运营，涉及动漫、舞台剧、电影、游戏及衍生品等多元产品形态，带动投资近75亿元人民币。初步打造出中国原创幻想儿童文学产业链领导者品牌。

2015年，彻底辞去市管干部身份，辞去各种独立董事职务，辞去各种商业授课任务，专事幻想儿童文学产业化研究与实践。

32年来，“创业”似乎已经成为我生活的一部分，“跨界”也是一种常态。年轻时，曾在会计学、审计学、财务学、经济分析、资产评估、管理咨询、经济监督、物流管理等学科间游弋；中年时，曾问道过内部控制、风险管理、公司治理、质量管理、出版管理、文化产业经济和儿童文学等多个看起来风马牛不相及的学科领域。

32年来，治学、经商、置业、从政都有过涉猎。父母的示范、师长的教导、生活的历练，让我形成了自己的人生信条：正直，坦率，自强，秩序，守信，高效，担当，执着，算账，认真，积极，思想……

32年来，我经受过压力，遇到过挫折，付出过艰辛，舍弃过发达的机会，但我从未放弃自己的信念、爱好和梦想……

我有过困苦而美好的童年生活，有过激情澎湃的青春岁月，有过几次跨界创业的艰难抉择，有过不同于其他会计学者的独特经历。我感受过跨界途中的“梦”与“痛”，经历过创业路上的“苦”与“乐”。我的学习、研究、工作、生活始终处在变化之中。一部分原因是因为现实所迫，一部分原因是机缘巧合，但更多的原因是挑战自我，是自己为了信念而去尝试，为了理想而去拼搏，为了实现自我价值而去努力。

我相信，只要我能坚守这份执着，未来的我会为过去的我叫好，会为现在的我骄傲！

跨界数豆者　刘明辉

2020年1月

目录

CONTENTS

第一部分

个人学术自传

會計

一、我的学前——汨罗江散读记忆

1964年5月，我出生在汨罗江边的一个叫流花洲的村子。汨罗江是诗家的圣地，因屈原而出名。战国末年，屈原因为反对楚怀王的对外政策，被流放至汨罗江畔的玉笥山，在这里他写出了《离骚》《天问》等重要作品。公元前278年，楚国被秦国攻占，屈原感到救国无望，于农历五月初五端午节作《怀沙》而自投汨罗江。无独有偶，公元770年，诗人杜甫在汨罗江上的一条小船上，与屈原作伴而去！成全了汨罗江的万世传奇！千百年来，刘伶、嵇康、李白、苏东坡、秋瑾、闻一多等历代文人墨客都曾为汨罗江吟唱。当代诗人余光中的诗句“蓝墨水的上游，是汨罗江”，再一次被万人传诵。

我的记忆中，儿时的流花洲却不是一个充满诗意的地方。我家住在一栋刘姓的公屋里。这栋公屋的一半由我们一家五口和两个叔叔分享，我们一家五口挤在两间狭小的偏房里，两个叔叔一人一间正房。公房的另外一半住着一个叫耀伯的另一户人家。听父亲说，50年代末，我家的祖屋被白蚁啃光了，无奈之下变卖了全部家产并背了不少债务才买得这半栋公屋。在那个少不更事的年纪，记忆碎片中，印象较深的几个画面是：“地富反坏右”游行，全社民兵拉练，农民夜校读报，县文工团下乡表演，欢送新兵入伍，农村大妈

家门口的汨罗江

骂大街，春天的燕子垒窝，夏日的蝉叫蛙鸣，小朋友玩各种各样的游戏，补锅的、补袜子的、弹棉花的、卖陶瓷的、卖爆米花的、卖冰棍的、收破烂的吆喝声……

刚及记事，就“有幸”赶上史无前例的“文化大革命”。年幼的我对于“文革”的感受不如父辈那样铭心刻骨，相比之下，倒是能够享受当今小孩不曾享受的闲暇、散漫与轻松。不用参加这个班那个班，不用逃学，没有老师监视。尽管也要放牛、打猪草、拾稻穗，但那些都是可以自己做主、无拘无束的生活。

我从未见过爷爷奶奶，他们早在我出生前就已经去世。我父亲是长子，他有三个弟弟。由于爷爷奶奶早逝，他很早就挑起做父母的担子。到我记事时，三叔过继给了一家吴姓远房亲戚，小叔当兵回来后入赘到汨罗江对岸的一户曾姓人家，只有二叔还一起住在“公屋”。我也是家中的长子，下面还有一弟一妹。当时的农村，一家五口是比较尴尬的，人多困难，但得不到救济。家中只有老人的可以是五保户，超过六个人的可以算困难户，可以申请救济粮。我家两头都不靠。在我的印象中，父亲为了多赚工分也省点口粮，常年到公社茶场、林场、沙场干活（一般吃住也不回家），家里的自留地基本上靠我母亲打理。所以照顾弟弟妹妹的活，很早就落到我的身上。应该是不到四岁我就学会了放牛打猪草这类活计，不到五岁就会烧火做饭。父母念书少，母亲读过小学，父亲只参加过扫盲班，但他们教会了我三个道理。一是母亲常说“做人要讲良心，不能丧天良”，由此让我知道做人要心存正义，要有所敬畏，要学会感恩，要有羞耻之心。二是父亲常说的一句话“上半夜想想自己，下

1988年8月，新婚回湖南汨罗看望家人，与父母、妻子、弟弟和妹夫合影

半夜想想别人！”这让我知道了将心比心，不要光从自己角度出发，要站在别人的角度上也想一想，做人不能太自私。三是父亲常说的“求人不如求己”。这养成了我自强不息，轻易不求人的性格。此后50多年的人生历练，我形成了自己的12条人生信条：(1) 正直，决不昧着良心说话、办事，凡事从公出发，决不损人利己。(2) 坦率，坦诚对人，坦率做事，决不阳奉阴违，决不背后捣鬼。(3) 自强，凡是自己能做的事，自己应该做的事，决不求人。(4) 秩序，讲究秩序，所有物品讲究各有其位，所有文档各有其位。讲规矩，讲原则，规矩面前一视同仁。(5) 守信，轻易不承诺，承诺的事头拱地也要办到。(6) 高效，讨厌啰唆，拒绝无效劳动。(7) 执着，凡是决心要做的事，正确的事，无论遇到任何困难，一定坚持到底。(8) 担当，没事不惹事，有事不怕事，敢作敢为，负责任，有担当。(9) 算账，不花冤枉钱，不该花的钱坚决不花，应该花的钱一定要花到位。(10) 认真，凡事认真仔细，不马虎，不对付，不敷衍。(11) 积极，积极应对人生，凡事想在前面，做在前面，相信机会是留给有准备的人的。(12) 思想，无论何时不要放弃思想，不盲从，不人云亦云，不做跟屁虫，不要盲目崇拜名人，笃信“名人的垃圾也是垃圾”。

属于我的第一本书应该是“小人书”，书名《地道战》。那时家里穷，根本买不起书，大概是六七岁时候，村里迎来下乡的岳阳知青，我才看到第一本小人书。刚从知青大哥手里接过崭新的小人书，手背就挨了一下打，原来我的小泥手刚给新书盖了一个“黑印”。知青大哥说：“要爱惜书，先洗手，再看书”，知青大哥还教我用报纸包书皮。从那时起，我就养成了看书前先洗手、先包皮的习惯，经年不变。在农村的那些年，有事没事总愿意往村会计家跑，一是因为他家有一把大算盘，二是因为他那里有一份报纸，我想弄点报纸，包书皮。

有了知青大哥相赠的书当本钱，我把周围三个自然村里凡是有书的孩子组织起一个小圈子，大家在圈子里互相换书看，好借好还。对于那些手里有书，但不在圈子里的大孩子，我和小伙伴们采用更策略的方法——我们帮人家抓青蛙，干干活儿，跑跑腿儿，以换取他们手里的书看。

2016 年，来自流花洲的两位远房执事者给我送来了正在修订的家谱初稿，吩咐我订正相关信息并为家谱作序。几次推辞不脱，根据自己的人生感悟写了以下几段不能称作序的“序”。

序

大凡旺族，始于教化，成于教养。修家谱、立家规、传家训、正家风，乃家教之要义，旺族之根本。

修身有术，无术难以强身。勤奋乃修身之本。勤贵于恒，贵于忍，弃于懈。古往今来，勤能养性，勤以补拙，天道酬勤。

养性有法，无法难以静心。开悟乃养性之基。悟贵于觉，贵于明，废于随。诸子百家，悟净清心，悟能守戒，悟空得道。

为人有道，无道失信于人。诚信乃为人之道。诚贵于实，贵于信，失于诈。大千世界，诚能立信，诚能养友，诚得人心。

处事有诀，无诀事倍功半。公正乃处事之诀。公贵于正，贵于平，损于偏。世间万事，惟公不破，秉公无私，自有公论。

成家有规，无规难以家和。和顺乃兴家之规。和贵于恭，贵于让，毁于斗。千家万户，家事难断，惟爱可解，惟和可兴。

立业有方，无方难以立业。创新乃立业之方。新贵于异，贵于变，败于同。九行八业，惟变不变，善创者成，善变者恒。

基于此，吾族崇尚勤以修身，倡导勤奋勤勉；崇尚开智悟道，倡导悟心悟理；崇尚诚以待人，倡导惟诚惟信；崇尚公平正义，倡导公能公道；崇尚和气生财，倡导和谐和睦；崇尚开拓创新，倡导创垂创基。

流花洲刘氏一族，自相、泉二公迁址以来，历十八代。列祖列宗行善积德，开国祚昌隆之势，启智启识；形宗兴世泽之景，绵风绵水[①]！值此民和年丰、岁比丰登之际，吾辈诚劝吾族后人谨遵先祖训教，多行善举，多积功德，光宗耀祖，效力国家！吾人当信，胜人者力，自胜者强，吾辈若能努力到无能为力，拼搏到感动自己，则无事不成！

① “国祚昌隆启宗兴世泽绵”为我刘姓辈字，在同龄人中，我的辈份最小，为“绵”字辈。

二、小学与中学——曲折的求学经历

我是1970年3月上的小学。最开始，我上的是我们生产小队（自然村）的小学。那时小学条件很差，没有教室，上课地点是生产队会计家的堂屋（这个堂屋白天是我们的教室，晚上是扫盲班的教室，也是生产队的会议室）。没有座椅，坐的是泥砖。没有课桌，泥砖上搭上一块长木板，就是课桌。没有作业本、笔记本，每人一块石板，写完可以擦，擦完再写。一年级、二年级、三年级总共不到20人，都在一个班上课，语文、算术、体育、音乐，所有课程都是一个叫刘皇祖的民办老师教，刘老师既是任课老师，也是班主任，当然也是校长。通常是某个年级的学生上课，另外两个年级的学生做作业。但体育课和音乐课是三个年级一起上。体育课基本上是抢皮球（皮球是学校里唯一的体育用品），音乐课基本上是听刘老师拉二胡。刘老师二胡拉得好，他一上音乐课，村里的妇女也都放下手上的活计，凑在一起听。刘老师读的书多，会讲“三国”里的故事。刘老师的字写得好，过年时，差不多家家户户都要找他写对联。谁家新添农具了，会找他在农具上写个字。谁家买新碗了，也会找他刻个字。谁家闹矛盾了，会找刘老师去做调解。我们生产队长、会计和民兵连长都对刘老师十分敬重。村里有事出现争议都会说，要不我们问问刘老师怎么说。那时的我，总幻想有一天会成为刘老师，我发誓要好好读书，要做一个像刘老师那样有知识的人。

一年后，不知什么原因，我们生产队的小学撤销了，我们三个年级的学生一起转到大队（现在的行政村）的“汨东完小”。到新学校后，担任我们班主任的是语文老师。语文老师姓“左”，却是个“右派”。语文老师当时应该近六十岁了，感觉她先生年龄更大些，走路都有些站不稳的感觉。听说他们夫妇俩都是大学生，是作为“右派”下放到农村接受无产阶级再教育的。村里看他们年龄大，做不了农活，就照顾进了村小学。转学后的第二天，左老师就给我改了个名字。我的原名叫刘建辉，同班还有一个刘建辉，他父亲是转业军人，任大队民兵营长，他不同意自己儿子改名，那就只能是我改名。左老师说，明辉明辉，日月生辉，明辉这个名字响亮、上口、好记，就这样我就成了刘明辉。

左老师是“右”派，却能背很多毛主席语录，她写的字是印刷体。学校里各种标语口号、各种官方大字报几乎都是出自左老师之手。左老师说话声音很轻，她的手指也从来没往学生的方向指过，更没有让哪位同学罚过站。但是很奇怪，她的食指很有魔力，无论教室里多闹腾，只要左老师的食指往嘴上一贴，教室里马上就会鸦雀无声。左老师经常做家访，我感觉她是在给家长上课。有一次我偷听她和母亲的谈话，尽管她压低了她本来很细的声音，我还是听到了。我妈说，建伢子聪明不？左老师说，刘明辉很聪明，但在孩子面前只能表扬他勤奋，不能表扬他聪明。另外，孩子已经二年级了，不能再叫小名，要叫大名，要培养孩子从小自尊、自爱。

在汨东完小的四年半时间里，几乎是在学工、学农、学军以及各种运动中度过的。上课的时间很少，劳动的时间很多。我是班里的劳动委员，尽管个头最小，但挑土最多，一般重活难活抢着干，老师见了都表扬我，让我再接再厉。只有左老师不时露出别人难以察觉的表情，我能看到的是担心。有一次，她把我叫到屋里跟我说，你想多干活的态度是值得鼓励的，但你这么干活我要批评你，你还在长身体，今后绝对不许挑那么重的担子，你要在班里带头少干重活。这是我听过的她的唯一“右倾言论”，我不听，继续抢着干活。过了两周，她把我的劳动委员给免了，同时任命我做学习委员（后来又做了班长）。那时劳动委员比学习委员重要，我知道左老师这是要“拖”我的后腿，是对我进行“报复”，但我还是忍住了没有告发她的右倾言论。1975 年，在“学习革命小将黄帅”“破师道尊严”“横扫资产阶级复辟势力”“批判修正主义教育路线回潮”的活动中，左老师还是被游了行。有一段时间，我老做梦，总梦见是自己告发了左老师，后悔、不安！

1975 年秋季，我上了公社初中（露水坡中学，也叫红花五七中学）。班主任黄荣华老师是个英语老师，但当时有句流行的顺口溜，“我是中国人，何必学外文，不会ABC，照样干革命”。我是班长兼英语课代表，但在那种氛围下，实在没有真正学会几句英文。尽管教材里的句子也能默写出来，但张不了口，基本属于哑巴英语。在“反击右倾翻案风的斗争”中，我写批判文章的水平倒是有所提高。有一次在批判文章中我写到，“幸亏毛主席火眼金睛，能够识别修正主义的阴谋，要是毛主席死了，修正主义就得逞了”。黄老师给我找去，告诉我不能这么写，因为毛主席万岁，毛主席万寿无疆！怎么能说“毛主席死了”这种话！那时候全国人民对毛主席的依赖远远胜过对自己父母的依赖，谁也不敢想象没有毛主席的日子会怎么过。1976 年 9 月，毛主席逝世，天塌地陷，全民悲泣！这时我才理解到“万寿无疆”与“永垂不朽”之间的差异会有多大。心里在庆幸，幸亏毛主席识别了修正主义的阴谋。不久，“四人帮”倒台，有了英明领袖华主席，人民心里有了底，游行！庆祝！《毛泽东选集》第五卷出版发行，公社召开万人大会，我作为全公社学生代表在会上发言，宣誓忠于毛主席，忠于华主席，活学活用毛泽东思想！

1977 年秋季，我通过考试进入高中。在此之前，初升高是按大队推荐。我爸爸妈妈一致认为，如果这一年沿用推荐办法，估计我就没有上高中的机会了。由于此时已经恢复高考，农村小孩改变命运的方式，由原来的参军、招工两种方式，增加到参军、招工、考大学三种方式。突然学校风气大变，学校不再安排劳动课，那时“右派”老师吃香了。大家都在为考大学做准备。

1979 年公社中学撤销高中部，高中学生需到县城的第七中学上学（现汨罗市第二中学）。到县城中学念书，我不但不能再帮家里干活，而且还要在学校住宿，又要多花一大笔钱。县里高中开学快一个月了，我还在家干农活。很长一段时间，家里气氛紧张，一家人吃饭时，谁也不说话。“想读大学？我们流花洲没有那个祖宗！”说这话的是我的一个同宗亲戚。其实，我知道家里供不起我和弟弟妹妹同时上学，家里亲戚也几乎没人支持我继续念下去。县城高中的老师来到家里，劝我父母让我继续读下去，说我学习刻苦，一定能考上大学。老师向我父母承诺我的学费和住宿费他们包了，只要家

高中毕业照，1980年5月22日于汨罗县第七中学

里每个月拿45斤大米就行（那时候缺油水，一顿一斤大米都不够吃）。初中时的班主任黄荣华老师也来做工作，黄老师的一句话让我永生难忘——“挽救未来的唯一希望就是改变现在”。最后，我上学了（家里拿不出大米，用100斤红薯顶的；学费和住宿费总额多少不知道，几位老师要分摊，最后校长和教导主任商量给免了），但我的弟弟和妹妹却辍学回家了，这也成为我一生永远的痛！

在县城高中，我从普通班开始，连跳几个班，最后进入尖子班（那时候按成绩分班，因材施教）。高考临近，班里学生除了我，都订了一套高考复习资料，一套几块钱，但是我掏不出这个钱。书发下来那天，我借故离开教室。当时可能是一种自卑心理吧，我不想让别人看到我的难堪和难过，在操场上走了几圈。当我返回教室的时候，我看到自己的书桌上也有和其他同学一模一样的一套复习资料，我跟班主任政治老师刘国伦说：“我没有买这套书。”刘老师说：“你的情况，我们都知道。”我知道，这是刘老师第三次给我买东西了：刘老师让我帮他油印复习资料时，给我买过面包；冬天看我光着脚，给我买过袜子。

拿着这套来之不易的高考复习资料，我就连周末在家里帮厨拉风箱时也在看。那本书挺厚，又包着书皮，那天，正在做饭的母亲误会了，她以为马上就要参加高考了，我还在看闲书，“我让你再看”，她一把从我手里夺过书，直接扔到熊熊的灶火里，我不顾一切地从灶火里把书又给救了回来。今天想来，我救回的不只是书，也救回了教师对我的期望，更救回了我的今天。

在县城念书的那几个月里，尽管功课很紧，每天有做不完的模拟试题，但我还是尽量找时间去新华书店。新华书店是我最爱去的地方。当时，新华书店并不是开放式的，想看书，还得隔着柜台让服务员拿。有个女服务员特别好，不像那个男服务员总催我赶紧看，不买拉倒。每次去新华书店前，我都会把手洗得非常干净，看书从不留黑印，这也许是那名女服务员愿意让我看书的原因之一吧。看来，小时候，知青的那一巴掌没白打。那时我想，将来能在新华书店工作该有多好。

1980 年 6 月高考那几天，中午是在黄老师家吃饭休息的，戴的手表也是黄老师从手上摘下来送我的。我们那年英语考试总分只有 30 分。作为英语老师的黄老师非常明智地在高考前一个月让我放弃复习英语，将精力全部用于主科。考试科目的最后一门是英语，也许是长期劳累的原因，考场上我居然睡着了，考试时间到了，监考老师将我推醒时，教室里已经只剩下我一个考生。很幸运，尽管我的英语只考了 9 分，但我仍以全校第二的成绩考上了大学。

那天，太阳特别毒，在汨罗江边等了近两个小时的我，快要虚脱了。“已经都下午了，来吃午饭的老师们怎么还不来呀？”我眼睛盯着江面，等着对岸那条船。因为身高的限制，我没能考上最想去的北京师范大学（师范生，国家补贴多，能帮家里省些钱）。湖南财经学院录取了我。流花洲村终于出了一位大学生。村邻亲戚都嚷嚷着要我家请客。为了感激高中老师的各种帮忙和照顾，父母连攒带借，搞了一桌酒菜，邀请老师们来家做客，聊表谢意。老师们也都答应来，所以，请客那天，我从半晌午就在江边等着接老师，望眼欲穿，到下午两点的时候，江面上终于来了一条船。船靠岸，我兴奋地迎上去，结果从船上只走下来体育老师。体育老师挑着一副担子，他说："其他老师不来了，让我当代表，他们把你上大学的用品准备好了，让你好好学习。"我打开担子，里面有一个脸盆，一只水桶，一只热水瓶，一个铝饭盒，一大摞崭新的写字本，一大把圆珠笔，还有两本字典：一本是《新华字典》，一本是《英汉小词典》。三十几年了，我还保留着它，就放在我办公室的书柜里。有它陪伴，如师在旁，师恩难忘。

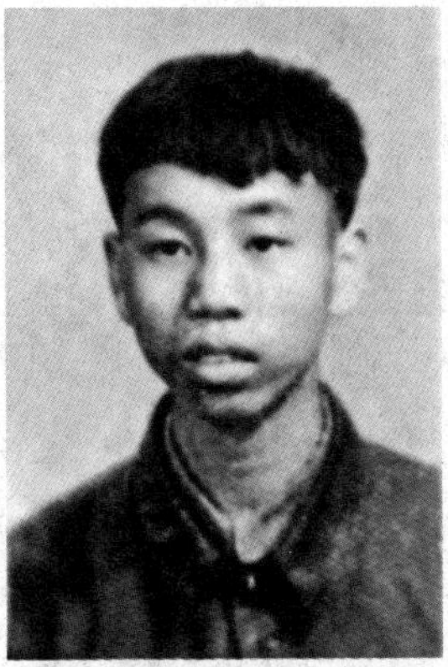

这是1980年6月我的高中毕业照，也是我人生中的第一张照片

三、我的大学——石佳冲里的青葱岁月

1980 年 9 月的第一天，我在大舅的护送下来到长沙。尽管长沙距离我家也就几十公里的路程，火车慢车也就一两个小时，但毕竟我是第一次坐火车、第一次出远门，家里不放心，亲戚当中就属大舅当过兵、见过世面，因此推举大舅送我到财院报到。一路上，大舅总在跟我说话，交代这个，叮嘱那个，讲父母如何不易，讲要如何为家争光。说老实话，我很兴奋、也很彷徨，还有些许的自卑，当时脑子里装满了各种想法，以至于和大舅交谈时我总在溜号。兴奋的是，我在拥挤的独木桥上能够成功突围，庆幸自己成为 4% 中的一员，是祖国的希望，是社会的宠儿，是同龄人的羡慕对象，是旁人眼中的“天之骄子”；彷徨的是，不知未来四年该如何度过，如何才能不让家长失望，如何才能让老师满意；自卑的是，作为理科学生，我学的不是当时很吃香的数理化，也不是国民经济计划、国际贸易、财政、金融，甚至不是企业管理，我学的是工业会计，总感觉低人一头。

和多数同学一样，我是带着一个网兜、一套被服、一个箱子进

的湖南财经学院[1]的校门，网兜里装的是水桶、面盆、饭盒和毛巾等日常生活用品，箱子里装的是换洗衣物、书籍等。

在我的印象中，湖南财经学院的校门应该是我到过的学校中最简单的校门，就是在教师宿舍1栋和2栋之间砌建了一个门。这个校门一关，两栋教师宿舍之间的一个后门一堵，就是一个露天电影院。

20世纪80年代的湖南财经学院条件很差，学院一共四栋教职工宿舍，全是两层砖木结构的红房子。教工宿舍甚至没有配套的卫生间，两栋教工宿舍共享一个公共厕所和一个自来水龙头。学生宿舍共五栋，教学楼两栋，都是南北走向三层砖木结构的红房子。学院没有图书馆、没有体育馆，就在教学楼东头腾几间教室用于图书资料的陈放、保存和借阅。

39年后的今天回头再看，有些事情会让人觉得难以置信。就是这么一个破落校园，一个步行十几分钟就能看个底朝天的大学，竟然培育出那么多的优秀人才。如中国银行董事长肖钢，国家开发银行行长蒋超良，商务部副部长傅自应，湘财证券有限公司董事长陈学荣，宏源证券股份有限公司董事长汤世生，中国金币总公司前任总经理易都佑，中国民生银行财务总监、纪委书记吴透红，深圳交

---

① 湖南财经学院始建于1958年底，由当时的湖南省财政干部学校、湖南省粮食干部学校、湖南省统计干部学校、中国人民银行湖南省分行干部学校及湖南省商业干部学校等5所学校合并而成，校名为湖南财政贸易干部学校（简称“财贸干校”）。1960年，由国务院批准，财贸干校更名为湖南财贸学院，开始招收本科生。1966年学校被迫停招，直到1978年恢复招生。1979年元月，湖南财贸学院更名为湖南财经学院。1980年1月，经国务院批准，湖南财经学院改由中国人民银行与湖南省双重领导，以中国人民银行领导为主。2000年4月20日，原湖南大学和原湖南财经学院合并组建新的湖南大学。自此，湖南财经学院不复存在。

2014年10月，大学同学毕业30周年聚会，长头发的一起合影。
左起：向秀清、列海琳、陈静娴、张帆、陈建飞、肖晓霞、
蒋枝花、吴志红、羊吉、段攸荣

易所副总经理黄铁军……这些学长都来自湖南财院。

与我一起前往湖财的还有来自三湘四水的45个青葱少年，我们怀揣一个共同的梦想，吐着不同的乡音，来到了长沙石佳冲，成为湖南财经学院的第二届本科生。从此，我们有了一个共同的名字，工会802班。我们当中，13个女生，32个男生，年龄最大的19岁，最小的15岁。

入学报到后，政治辅导员任丕正老师找我，问，你在高中做过班长、团委书记？我说是。他说那你做班长如何？那时，一点自信心都没有，我不知如何能管得了这些天之骄子，于是连声拒绝。第二天，班级会议选干部，我被提名担任团委组织委员。

为期两周的军训，增进了我们的相互了解，也开启了我们四年的同窗生涯。军训场上，我们喊的是“我赞成这样的口号：一不怕苦，二不怕死！”“提高警惕，保卫祖国”。课桌上，我们贴的座右铭是“攻城不怕坚，攻书莫畏难。科学有险阻，苦战能过关”。

我们的学业是从讨论“会计有没有阶级性”开始的，那时候的会计被贴上了阶级的标签。资本不叫资本，叫资金；资产负债表不叫资产负债表，叫资金平衡表，资金管理实行“专款专用、专户存储”，“打酱油的钱不能买醋，买棺材的钱不能抓药”。记账方法也是有行业属性的，工业企业用的是借贷记账法，商业企业用的是增减记账法，农业企业用的是财产收付记账法，预算单位用的是资金收付记账法，而银行则采用现金收付记账法。那时候，还在实行高度

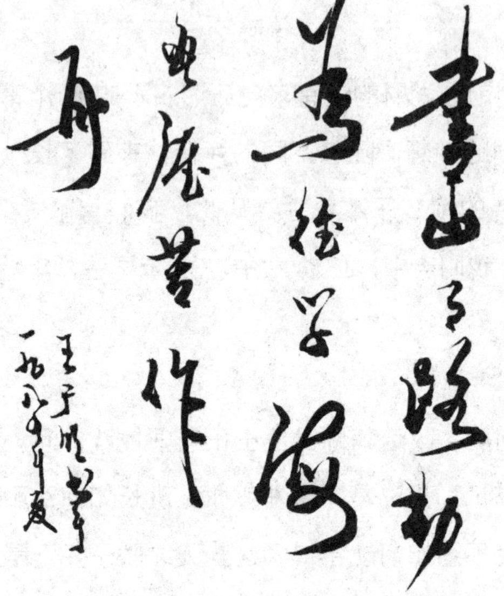

大学毕业时，王广明老师给我题写的赠言

集中的计划经济体制，我们接触不到西方经济学，学的是资本论、政治经济学。开设的基础课包括汉语、英语、微积分、线性代数、数理统计和运筹学，甚至还有机械识图、冶金技术和纺织工业管理；公共课包括国民经济计划、财政学、货币银行学、统计学和工业企业管理等。当时我们的专业课任课老师大多刚从企业抽调上来，只有助教或讲师职称，但他们都有丰富的实践经验，授课水平似乎不比现在的教授差。蓝汉民老师给我们讲授“工业会计”“管理会计”，王广明老师给我们讲授“工业企业财务管理”，樊行健老师和青光源老师给我们讲授“工业企业经济活动分析”，刘正光老师给我们讲授“审计学”，陈安怀老师给我们讲授“会计制度设计”。我还旁听过鲍华山老师的“工业会计”课程。在我的印象中，大学四年只听过一次学术报告，是上海社科院王文彬老师所做的有关固定资产折旧与更新改造基金的报告。

那个时代，家里有电视的不多，没有电话、电脑，很少有业余活动，没有各种诱惑，老师对学生又十分的尽职尽责。一般说来，老师吃过晚饭要么到操场和同学们一起活动，要么到寝室或教室为同学们解答问题，师生关系特别融洽。周六、周日同学们还会结伴去老师家坐坐。我几乎到过所有任课老师家，多次在陈安怀老师、樊行健①老师家吃过饭。

樊老师那时给我们讲授“工业企业经济活动分析”，对连环替代法、生产利润分析等颇有研究，当时我之所以报考财务与分析方向的研究生，与樊老师的指引莫无关系。我和周守华是樊老师家的常客，老师和师母待我们很热情。樊老师也一直关心我们的成长，是我一生的好老师。

我的学士学位论文指导老师是陈安怀老师。陈安怀老师在政府部门和企业都工作过，在立信会计学校（重庆期间）担任过教务长一职。陈老师不仅实践经验丰富、学术水平高，而且十分关爱学生。在写作论文的过程中，无数次去老师家、跟老师交流、向老师请教。老师的很多教导，至今记忆深刻。一是要善于提出问题。问

---

① 樊行健老师1966年毕业于湖南财经学院会计系，先后在湖南财经学院任工业经济系财务教研室主任、会计系副主任、科研处处长、研究生部主任、教务处处长、成人教育学院院长、湖南财经学院副院长，后来任西南财经大学副校长。1987—1988年由国家公派赴苏联列宁格勒财经学院留学，1994—1995年由国家教委公派赴俄罗斯莫斯科财金大学作高级访问学者，并应邀出席在莫斯科克里姆林宫召开的第三次国际信息大会，还先后到俄罗斯远东地区高校、澳大利亚高校、日本精算学会、美国高校考察访问。

和樊行健老师在一起

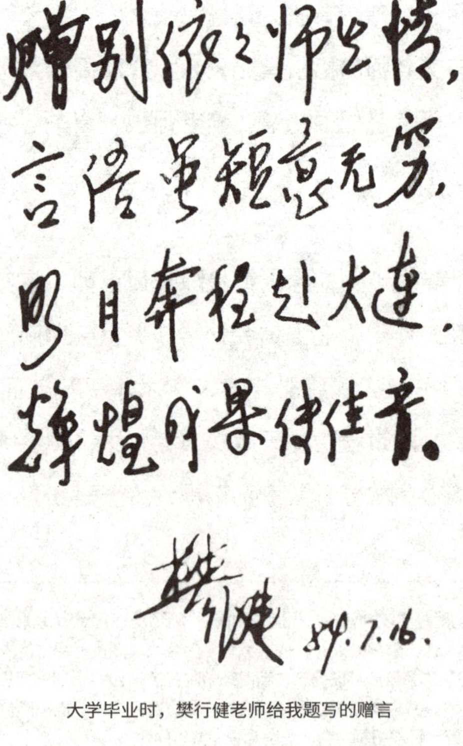

赠别依依师生情，
言语虽短意无穷，
明月奔程赴大连，
辉煌成果传佳音。

樊行健 84.7.16.

大学毕业时，樊行健老师给我题写的赠言

题有两种，或是继承性的，或是开创性的，不管是何种问题，最好是有益、有料、有趣。二是不要顶着石臼唱戏，写文章一定要小题大做。题目大了，就像顶着石臼唱戏，演员很累，戏还不好看。三是线头不是布，文章一定要有主题，主题是个纲，纲举目张。没有主题的文章即使每个段落都写得很漂亮，最终也就是一把线头，织不了布，做不了衣服，顶多能做个拖把。四是心中要有读者。写作的目的无非有两个，一个是给自己看（自我倾诉），一个是给别人看（与人交流）。论文不是日记，是给别人看的。心中有读者，就有了交流的对象，知道论文是写给谁看的，就能较好地把握论文的写作风格、难易程度。一方面，看论文的人通常知道基本原理，要看的是作者的独到见解，所以论文一定要有创新之处；另一方面，论文不是日记，要让别人能看懂，要符合写作规范，要用通用语言。五是写作有四重境界：用别人的话写别人的观点，用自己的话写别人的观点，用别人的话写自己的观点，用自己的话写自己的观点。对于初学者而言，最忌用自己的话写别人的观点，最好是用别人的话写自己的观点。六是名人的垃圾也是垃圾。写论文、做研究，要做到不唯师、不唯上、不唯名，只唯实。多数名人只在他专注的领域才有真知灼见。不要迷信名人。七是要言之有物。一篇有深度、有分析、材料丰富、可靠，经过科学加工的文章，不是对一般事物的简单叙述和介绍，也不是别人观点和材料的堆积。八是文章是改出来的。好文章不是写出来的，而是改出来的。千锤百炼出精品。只有不断修改、反复完善的文章才会成为好文章。我的学士学位论文《全面成本控制论》，侧重在全过程、全员、全要素、全方位成本控制上下功夫，先后改稿十几次，最后获得优秀毕业论文，并在《会计研究》期刊上得以发表。2015 年 10 月，我去湖南

2015年10月，我回母校湖南大学讲座时看望恩师陈安怀教授

大学做讲座，专门抽空去陈老师家看望恩师，97 岁的陈老师虽然身形略显削瘦，头发和眉毛皆白，但思路清晰，讲话逻辑严密。尽管多年不见，老师仍能叫出我的名字，说出我的工作单位，甚至还能准确说出我第一次到他家的情形。老师花了近两个小时的时间给我口述70 多年前在重庆立信会计专科学校的往事。临走时，老师一定要把我送到门外，还大声叮嘱我一定要出席他的百岁寿宴。从长沙回来，我与上海国家会计学院“会计口述历史”的相关同志取得联系，他们对陈老师进行了采访。遗憾的是，这一别竟成了我与老师的最后一别，2016 年老师驾鹤西去，我竟未能赶上送老师最后一程。

2014 年，大学同学毕业30 周年聚会，负责组织筹备聚会的张帆、羊吉等同学吩咐我写一篇纪念文章。以下，是我所做朗诵词的部分节选内容。

那时候，我们的上课老师没有教授、副教授，几乎清一色都是助教和讲师，老师多是刚从工厂、农村回到教室。那时候，老师授课兢兢业业、一丝不苟。同学们学习也是“孜孜不倦”“如饥似渴”。那时候，我们和老师的关系很亲近，老师们经常到教室、到宿舍、到操场和我们聊学业、聊形势、聊未来；我们去老师家交作业、看电视、打牙祭。那时候，老师上课没有PPT，很多课程甚至没有教科书，我们自己印讲义、抄笔记，每天轮流擦黑板。

那时候，学校没有高楼大厦，没有体育馆、没有报告厅、没有咖啡馆，只有四栋教师宿舍、五栋学生宿舍、两栋教学楼和一个简易大礼堂。那时候，学校全部教职工不到200 人，每年招生不过500

人，我们每个班级都有自己固定的教室，甚至每人都有自己的固定书桌，一人一把小锁，锁住自己的日记和秘密。

那时候，“要把失去的光阴夺回来”是报纸上最响亮的口号，是老师对我们的告诫，也是我们心灵自觉的回声。教室、宿舍、食堂成为我们日常生活的三点一线，而一本新书，一个上大课的教室座位往往会被许多学生争抢。背许国璋英语、解樊映川数学难题、做工业会计作业、阅财务管理文献是我们课余时间所做的主要功课。那时候，为了准备研究生考试，仅仅一百多里的路程也不回家过春节。

那时候，学校还没有图书馆、没有阅览室，借书室设在教学楼的一间教室里。那时候，图书不多，但我们爱书如命，一本好书，会转借多人。金庸的武侠小说、卢梭的《忏悔录》《通俗哲学》《趣味逻辑学》，还有名著《钢铁是怎样炼成的》《安娜·卡列尼娜》《牛虻》《红与黑》都是我们的最爱。《高山下的花环》《野火春风斗古城》《青春之歌》《第二次握手》《新儿女英雄传》《林海雪原》《李自成》《许茂和他的女儿们》《冬天里的春天》《芙蓉镇》《静静的顿河》，也是当时很受我们欢迎的小说。很庆幸，在我们毕业的那年建好了图书馆，毕业前的三个多月，我们几乎将全部时间都耗在了新盖的图书馆里。

那时候，我们时兴订杂志、读报纸。学校设有阅读栏，《解放军日报》《人民日报》《光明日报》《湖南日报》是多数同学每天必看的。《中国青年》《小说选刊》《讽刺与幽默》《大众电影》《武林》是我们争相抢阅的。《海燕》《十月》《收获》《百花》《钟山》《译文》《湘江文艺》也是很受我们欢迎的期刊。那时候是诗人的天下，校园里到处是顾城、北岛、舒婷和杨炼。人人都是文学爱好者，记日记，抄诗词，摘名句，搞创作。

那时候，没有学术报告厅，很少能够听到大家的讲座，印象中，唯一一次是上海社科院王文彬教授所做的关于固定资产折旧与更新改造基金的讲座。系资料室会计学术期刊只有《会计研究》《财务与会计》《上海会计》等为数不多的十几种，平时我们看不到。我们了解学术前沿问题的主要途径是和老师讨论、聊天。

那时候，学校没有电影院，我们看的是5分钱一场的露天电影。电影院设在两栋教师宿舍之间，偶尔，为了省5分钱，我们会提前去老师家，趴在老师家的窗户上看电影。那时候，爱情还是一个羞于启齿的字眼，我们看的第一部爱情电影是根据同名伤痕文学改编的《被爱情遗忘的角落》，那时候伤痕文学很流行，同类题材的电影还有《牧马人》《第二次握手》《庐山恋》等。那时候，我们几乎人人都看了战争影片《高山下的花环》，电影中出现的哑炮、臭弹的情节，让我们为中国军工工业的落后而羞愧。我们喜欢《少林寺》《瞧这一家子》《甜蜜的事业》带给我们的轻松和愉悦。看过日本硬汉高仓健主演的电影《追捕》，我们甚至能够记住里面的几句台词。我们唯一一次集体组织去市内电影院观看的电影是一部由卓别林主演的两维的无声电影《凡尔杜先生》。

那时候，一般学校都还没有电视，我们很幸运，可以到总行干训班的教室看电视。那时候国产电视剧很少。从《霍元甲》《陈真》到《上海滩》，从《血疑》《阿信》《排球女将》到《姿三四郎》，从《大西洋底来的人》《神探亨特》到《加里森敢死队》，无一不是从中国香港、日本或欧美国家引进的。

那时候，我们买不起收音机，只有少数几个家境稍好的同学有个手机大小的半导体。那时候电台广播主要是文学欣赏，包括中短篇小说赏析、古代和当代散文赏析、诗歌辞赋赏析，还有我们喜欢的单田芳、刘兰芳评书《隋唐演义》《杨家将》《岳飞传》。那时的节目通常是录播，制作都很严谨，所以质量都很高，听后特别有益心志，给人一种向上的感觉。那时的广播里没有广告，没有主持人哗众取宠的噱头和卖弄，没有港台腔调，没有要听众付费的无聊的短信互动，没有颓靡浮躁的所谓流行音乐。那时的广播具有温馨、雅致、淡定、从容的气质，所以那个时代的广播令人怀念。

那时候，邓丽君的歌曲还是“靡靡之音”，被斥之为“黄色歌曲”。那时《祝酒歌》《十五的月亮》《我们的生活充满阳光》《血染的风采》《阿里山的姑娘》《在那桃花盛开的地方》《军港之夜》《在希望的田野上》等歌曲风靡一时，校广播站几乎每天早中晚都在学生就餐的时段里播放这些歌曲。一首《年轻的朋友来相会》，足足激励了我们20年；一首《我的中国心》，顷刻将全球华人的心聚在了一起。《校园的早晨》《外婆的澎湖湾》《赤足走在田埂上》《龙的传人》《送你一首小诗》《乡间小路》等台湾校园歌曲也很受大家的喜爱和追捧。“沿着校园熟悉的小路，清晨来到树下读书，初升的太阳照在脸上，也照着身旁这棵小树。”大家随便都能哼唱几句。

那时候，我们没有钱。我们拿的是十七元、十三元、九元的助学金；如果家补十元，堪称富户。那时候，五分钱一个的肉包子、一毛钱一个的鸡蛋，两毛钱一份的红烧肉，是犒劳自己的时候才会吃的。那时候，三分钱一瓶的橘子水，一毛钱一碗的啤酒，一毛钱一两的散装白酒，是同学聚会时才会喝的。那时候，的确良衬衣、腈纶运动服、回力球鞋、牛皮鞋还不是每个同学都穿得起的。那时候，我们每个人都有的是搪瓷水杯、搪瓷面盆、铝饭盒、铝水桶、铁皮热水瓶、方手帕、尼龙绳子和网兜。那时候，春节后离家返校带回的是薯片、薯干、花生、瓜子和豆瓣酱、辣椒酱。那时候，我们省粮票、省菜票、省棉票、省布票、逃车票，为的是多买一本书，多看一场电影。

那时候，没有手机、电脑和iPad，没有微信和微博，我们写信、发电报、发明信片、点歌为朋友祝福。那时候，白纸黑字意味着一种承诺，拿起笔时哪怕只言片语也要字斟句酌。笔尖落纸留下的每一线条都是心灵的跳动，书者的气息与体温也随之附于墨香。那些书信寄出后甜蜜的思念和焦急的等待，还有收到久盼的书信时那种难以言喻的激动与喜悦，至今让人难以忘怀。

那时候，恋爱还是让人羞于启齿的字眼。那段时光留在我们心底的是久禁复苏的浪漫人性和绝美的纯情。那时的爱情很纯情：没有烛光晚餐，只有郊外的野餐；没有玫瑰，只有动人的诗行；没有铜臭的心灵，只有满满的真诚纯纯的心。那时候谈恋爱的都是地下工作者，恋爱的方式多是暗恋法。那时的情书有三个特点：一是内容真挚感人，二是信尾不留写信者姓名，三是信封上的寄信人地址统一叫“原址”。

那时候，没有电脑、没有网游、没有手机，外面的诱惑少，我们的集体活动多。一起打排球、踢足球、打羽毛球、打乒乓球、练太极；一起打升级、打桥牌、下围棋、练单杠、滑旱冰、跳十四步集体舞；逛书店、逛商店、爬山、散步。那时候，我们集邮票、集火花、集烟盒、集信封，集的是不用花钱的情趣、爱好和记忆。

那时候，“团结起来，振兴中华”是响彻神州的口号，是时代的最强音。那时候，我们为中国男排进军世界杯而自豪，我们为中国女排五连冠而欢呼，我们为中国乒乓球队囊括世乒赛金牌而雀跃。我们关注香港前途问题的谈判，我们关心中国政治时局的变化。改革的萌动，开放的探路，无不让我们为之激动和骄傲。

那时候，强烈的求知欲望、骨子里的理想主义、简单平静的生活是我们的共同标志。那时候，助人为乐是社会的主题，大家都穷，却都有志气，社会道德风气非常好。那时候，我们很纯洁，没有金钱的概念，每天谈论的都是黑格尔、弗洛伊德和中国的明天。那时候，“勤工助学”是个时髦而响亮的字眼儿。那时候，我们的梦中情人是张瑜、陈冲、刘晓庆，我们的精神偶像是赖宁、张海迪。

操场上、寝室里，嬉戏逗乐的欢笑声犹响在耳；阅览室、教室里同学们看书学习、娱乐休闲的身影还历历在目。

忘不了，岳麓山顶，我们一起登高望远，指点江山；橘子洲头，我们一起戏水打闹，击水湘江；爱晚亭内，我们一起畅谈理想，讨论人生；教学楼里，我们一起埋头苦读，攻关克难；石佳冲里，我们一起仰望星空，展望未来。

忘不了岳麓山间的紫气青烟，忘不了咸嘉湖畔的白鹭齐飞，忘不了西湖渔场的鱼虾嬉戏，忘不了北去湘江的百舸争流，忘不了枫林路边的郁郁葱葱，忘不了龙王港里的涛声鸟语，忘不了荣湾镇里的闹市街景，更忘不了满山遍野的血色杜鹃。

忘不了老师们的谆谆教诲，忘不了同学们的互相鼓励，忘不了教室里的灯下苦读，忘不了宿舍里的嬉笑尽欢，忘不了运动场上的摇旗呐喊，忘不了周末外出的结伴游玩，忘不了迎新晚会的欢声笑语，更忘不了毕业告别时的不舍目光。

刚入大学时，学校没有图书馆，没有阅览室。而学校所在地岳麓山石佳冲有一个邮局，紧挨着邮局的是一家书店。因此，去邮局、逛书店是我每周甚至每天必做的功课。那几年，每月助学金17元

（第一年是19元），家里困难，几乎未给过补贴。因此，吃饭、穿衣、买纸笔、看电影、订杂志等都需由那17元钱解决。尽管这样，与家人、同学的通信总是少不了的，同样，看书也是刚性需求。每周都会去邮局，每次去邮局都会到书店，时间紧张的话，转一转，看看有什么新书，时间宽裕的话，会在书店待几个小时。到书店，更多的时候不是去买书，而是去看书。由于囊中羞涩，无法满足购书欲望，只能在书店看书。就在这个小店，我看过泰戈尔的《飞鸟集》《园丁集》《新月集》，读过北岛、舒婷、顾城、江河、杨炼的朦胧诗，读过《忏悔录》和《傅雷家书》，看了韩树英的《通俗哲学》和彭漪涟、余式厚合著的《趣味逻辑学》。1982年元旦那天，我照例一早就到了书店，不出所料，真有新书上市，一进门，我就被一本名为《趣味逻辑学》的新书所吸引。到中午时分，一位面生的店员敲了敲我，说，这位同学，这本书你足足看了三个多小时了，你到底买不买，不买的话，将书放回书架上，别弄脏了不好卖了。我感觉自己就像一个被人当场摁住的小偷，心急气短，背上直冒凉气，一时不知如何应对，恨不得找条地缝儿钻进去。幸好这时一位我熟悉的店员李老师从门外进来，我喊了一声李老师，他一看就明白了怎么回事，对那位面生的店员说，你刚来不知道，这位刘同学是我们的义务店员，经常来给我们整理书架，他在我们这里看书不受限制。今天元旦，你早点回家，由我一个人值班就行。从这开始，我就真开始担当起"义务店员"了，这种情况一直持续到大四那年学校图书馆竣工开放。

1983年底，我和同班好友周守华商量一起考研，考哪所学校呢，我俩对财务管理和经济活动分析都十分感兴趣，一查招生简章，

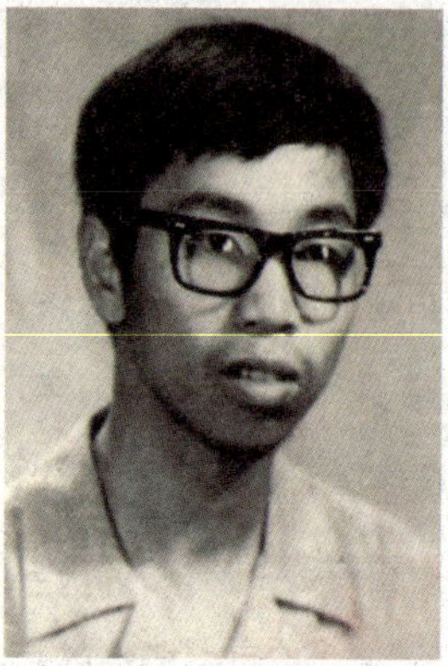

1984年，本科毕业照

只有辽宁财经学院（现东北财经大学）招收财务分析方向的研究生。我俩一合计就一起报考了辽宁财院。报考之后，第一件事就是找辽财考研的教材，结果跑了长沙大大小小的书店，还是买不到辽财的教科书。我们灵机一动，辽财招会计学生，按照一般规律，一定会有工会801班，我们就给工会801班的班长、团支书和学委写信，请他们帮忙介绍所用教材并代购教材。这招很管用，20天后我们收到辽财801班班长的回信及他们用过的教材。1984年春节，我和守华，与其他准备考研的同学一样，没有回家过年，在学校复习考研。大年三十那天，系领导和任课老师来看望我们，给大家一些鼓励。对那些报考人大、财科所、上财、湖北财院的学生，老师都是说："加油！你们一定能考上。"而到我俩跟前时，有位老师先是说了句"辽财者，志异也！"（聊斋志异的谐音），并要我们"一颗红心，两手准备"。原因不说我也清楚，因为我们上一届的同学考研的录取率很高，唯一意外落榜的是号称学习成绩最好那位报考辽财的学生。那年的冬天特别冷，我们坐在床上，将其他同学的被子都盖在身上还是很冷。我对守华说，今年我俩肯定能考上研究生。他说为什么？我说，我们长沙这才零下2度，就这么冷，东北地区零下20几度，更受不了。辽财的学生大多是东北的，他们在这么冷的天根本无法学习，我俩至少比东北的学生多复习两个月时间，我们肯定能考上。直到我到大连度过第一个冬天后，我才明白自己当时多么幼稚，多么无知。大连的冬天比长沙的冬天不知要舒服多少倍。很庆幸，我和守华都考上了辽财。代表辽财到长沙给我们复试的是会计系副主任欧阳清老师和科研处的舒玉琴老师。两位老师到达长沙时已是深夜，我和守华举着一块自己设计制作的牌子“欧阳老师，欢迎您！”守候在长沙火车站的出口处。平生第一次见到教授，高兴之情可想而知，握着老师的手久久不愿松开。面试是从第二天早上九点钟开始的，一直到下午快两点才结束。欧阳老师问了我很多问题，内容涉及定额流动资金管理、定额成本差异结转、承包制、利税分流、三来一补、连环替代法等多个方面，涉及多门课程。最后欧阳老师问了我一个问题，他说，你今天复试问题回答都很出色，说明你知识面广、了解学科动态前沿，为什么研究生统考时你的专业课不及格呢？我说，这怎么可能，我就是财务分析课程学得好，对这个有兴趣才报名考的这个专业，我认为我的专业课应该是一百分呢。欧阳老师告诉我，我的考试总分全校第二，数学满分120分，全校第一，专业课57分，不及格。守华总考分全校第一，专业课好像也不及格。直到到了东财听了欧阳老师的“经济活动分析研究”课程，我才知道为什么专业课不及格。事实上，那年的分析考题有三道，一道是可比产品成本分析，一道是成本配比分析，还有一道是产品质量（等级结构）对利润的影响分析。欧阳老师在这几个方面的学术观点独树一帜。只有他的教材会将数量影响和结构影响（产品结构、等级结构、配比结构）严格区分开来。

那一年，我们湖南财院考研的学生很多，据说全校有50多位。我们一个学习小组就考上三位。除了我和守华外，还有一位是我们班年龄最小的叶欣，她成功考入财政部科研所。

左起：周守华、刘明辉、叶欣

四、大连读研——西尖山下的求道时光

1984年9月，我和守华如愿来到大连，来到辽宁财经学院攻读硕士学位。[①]辽宁财经学院地处大连市沙河口区黑石礁的西尖山下。西尖山南邻大海、植被茂密、山路弯弯、景色优美。站在山顶，凌水湾、星海湾等美景尽收眼底。读研期间，西尖山是我们看日出、赏美景、健身、休闲的一个好去处，当然也是众多情侣谈情说爱的一个好地方。

那时的辽宁财经学院，是一所综合实力很强的财经学院，仅仅会计专业就有八位正教授。辽宁财经学院作为"文革"时期唯一保留的本科财经院校，在恢复高考制度后，其学科建设和研究生教育

① 辽宁财经学院的历史前身可以追塑到清光绪三十年（1904年）9月20日，日本人在辽宁营口设立瀛华实学院。1905年5月5日，日本人又在营口成立商业学堂。1906年12月11日，清政府接收两校，将其合并为营口商业学堂。1907年，营口商业学堂改为营口高等商业学校，后迁至奉天（今辽宁沈阳），取名为奉天中等商业学校。1912年8月30日，奉天中等商业学校定名奉天省立商业学校。1946年，奉天省立商业学校被接收为辽宁省立沈阳商科职业学校。1948年11月，中国共产党东北行政委员会商业部接收该校，改名为商业专门学校。1952年，组建东北财经学院（校址设在沈阳）。1953年，东北商业专门学校和东北合作专门学校合并到东北财经学院。1958年，东北财经学院与沈阳师范学院、沈阳俄语专科学校合并，组建辽宁大学。1959年8月，辽宁省委决定，将并入辽宁大学的原东北财经学院的部分专业系，即财政系和计统系调整出来，与辽宁商学院合并，成立辽宁财经学院，校址设在辽宁省大连市。1979年，辽宁财经学院划归国家财政部领导。1985年10月15日，辽宁财经学院易名为东北财经大学，由时任中共中央总书记胡耀邦同志题写新校名。

2007年，硕士毕业20年合影。
左起：周守华、谢军蓉、董群先、栾甫贵、季秉学、刘明辉

在财经院校中无疑也处于领先水平。有趣的是，那一年湖南财经学院考研被录取人数是51人，而辽宁财经学院共录取研究生49人。从这个数字对比看，没有一位教授的湖南财经学院其本科教学质量却是相当不错的。

我们入校时，辽财会计专业有三届学生共12人在读。第一届的五位学生基本都是本校青年教师，他们是刘永泽、乔世震、毛岩亮、史德刚、王永庆；第二届只有张树宏一位；我们是辽财会计专业招收的第三届学生，包括季秉学、董群先、谢军蓉、栾甫贵、周守华和我共六位。

我们那时候的导师是系里统一分配的，很荣幸，我的导师是欧阳清老师。欧阳老师是福建省福州市人，1952年复旦大学毕业，时任会计系副主任，主要从事成本管理与经济分析的研究，当时他主编的《工业企业经济活动分析》《成本会计学》《工业企业财务管理》等教材已影响广泛。他在“连环替代法”“品种结构对可比产品成本的影响分析”“材料配比对成本影响分析”“产品等级结构对利润影响分析”等方面的研究可以说达到了登峰造极的境界，对很多学术问题都有自己独到的见解。有多部著作获财政部、国家教委、中国会计学会等部门或组织的奖励。不仅如此，欧阳老师极其重视理论与实践相结合，其研究成果以“接地气”为特点。欧阳老师差不多每年都会有两到三个月的时间在企业搞调查、搞试点。他的研究成果在沈阳、鞍山、大连、抚顺等地区以及中国机械制造业、纺织业等行业有广泛应用。他主导的“成本核算改革”项目曾在沈阳中捷友谊机床厂等企业实施，取得了良好的经济效益。应该说，欧阳清老师不只是我学术上的好老师，也是我人生路上的提灯人。老师的为人一向为人所称颂，先后多次被评为辽宁省和大连市优秀党员；多次被评为大连市、辽宁省和财政部优秀教师及全国优秀教育工作者；多次被评为大连市、辽宁省和财政部劳动模范；荣获大连市优秀专家称号、全国“五一劳动奖章”，并获得国务院颁发的政府特殊津贴证。欧阳老师十分关心学生的成长和生活。谈恋爱、结婚、评职称、工作调动，只要有大事发生，老师在得知信息的第一时间都会送来关怀和希望。我毕业后未能如愿进财科所，欧阳老师连续几天过来安慰我；我从会计教研室到财务教研室是欧阳老师动员去的，我的夫人是老师安排他人介绍的；我去应聘东北财经大学出版社社长是欧阳老师动员的；我离开东财出版社去大连出版社，欧阳老师极力挽留。老师离开大连去上海定居前还专门到我家辞行，每次回

1986年，读研期间与导师欧阳清教授合影

大连都会电话联系，再见上一面。从1984年担任我的指导老师开始，欧阳清老师一天也未卸下过“导师”的担子，怕我摔跟头、怕我走弯路、怕我受委屈、怕我没进步。

研究生学习期间，除了听老师授课、与老师讨论问题、帮老师查询资料之外，我还有机会和老师一起到大连、沈阳、鞍山、抚顺、青岛、天津、北京等地进行调研，帮助企业进行内部核算制度改革和内部管理制度设计，也曾多次随同老师参加相关的理论研讨会、学术交流会、经验交流会及管理研讨班等。1987年，欧阳老师承接了纺织工业部“全国纺织工业经济效益分析”课题，我作为课题组成员，曾两次随老师去纺织工业部汇报，并与张先治等参加了纺织工业部在杭州举行的“全国纺织工业经济效益分析”会议。作为老师的助手，我还带领本科生到大连服装机械厂进行调查，根据工厂实际情况设计标准成本制度，帮助工厂开展成本管理改革。

我的硕士学位论文是《论经济分析的转轨变型》，论文写作期间，曾多次去《会计研究》编辑部、中国人民大学图书馆、大连理工大学图书馆及国家图书馆收集资料。通过欧阳老师的介绍，我还登门拜访了闫达伍老师、阎金鄂老师、王庆成老师、马英麟老师、李天民老师、魏振雄老师、王又庄老师、张以宽老师、李宝震老师、张柱中老师、管锦康老师、王文元老师。此外，还结识了杨继良、史学昌、章一梁、梁家梁、莫遵奎、崔羽白等一大批会计实务界的专家学者。正是由于与这些专家学者的交谈、沟通，让我对会计，尤其是经济活动分析有了更为深刻的理解；也正是由于这些前辈的鼓励，才让我在学术研究的道路上一直保持着一份激情和坚守。

1987年，硕士论文答辩后与答辩委员会成员及导师合影。
左起：刘明辉、王苹、沈其煜、欧阳清

1995年，与恩师欧阳清教授在一起

2004年，我离开东财时，恩师欧阳清教授来到我家

我参编的第一本教材是欧阳清老师主编的《工业企业经济活动分析》。如果说是陈安怀老师教会了我如何写作文，那么，欧阳老师无疑就是我在教材编写方面的启蒙老师。老师的教导让我至今不忘的有以下几点：第一，教材不同于学术专著。学术专著应该写个人独到的观点、写自己的见解和最新发现，学术专著贵在观点创新、观点独特。但教材不同，不能唯我独尊，不能夹带“私货”。教材要海纳百川，要介绍主流观点，着重讲述那些学术界公认的、已经实践证明有效的理论和方法，适当介绍本学科最前沿、最新的研究成果。一本好的教材，个别内容可以修订，可以有增减，但不可颠覆性地被推翻。因此，在主体框架设计好后，选择哪些理论（观点）进教材，哪些不能进，编者不仅要有学问，而且要有鉴别力。第二，教材编写一定要一手托两家。教材是教学双方共同依照的蓝本，教师要按教材讲，学生也得按教材学，一手托两家。教材内容的安排

要以学生为本、为教学服务。难易程度要符合学生的实际，要符合人们认知世界的规律，不要偏离学生学习知识的一般路径。第三，教材不是拼盘，框架体系要完整，要有内在逻辑。框架设计的一个重要原则就是突出主线，章节之间要有内在逻辑。从第一章到最后一章，都应紧密围绕主线，由表及里，由浅入深，由易到难，步步深入，逻辑井然。

读研期间，我几乎听过当时辽财所有会计大师的课程。王盛祥教授给我们讲授"成本会计研究课程"，谷祺教授给我们讲授"财务管理研究"课程，欧阳清教授给我们讲授"经济活动分析研究"课

2017年，恩师欧阳清教授在我办公室

程，夏乐书教授给我们讲授“经济核算与经济效益研究”课程，邓延芳教授给我们讲授“国际会计研究”课程，宫恺教授给我们讲授“管理会计研究”课程，沈其煜教授给我们讲授“审计研究”课程。我还有幸旁听过商经系王天柱教授的“商业会计研究”课程、财政系张复英教授的“预算会计研究”课程、财政系张同清教授的“农业会计研究”课程、基建系严乃宽老师的“基本建设会计学”课程、关联升老师的“工业企业经营分析”课程，聆听过汪祥春教授的“经济学”、林继肯教授的“货币银行学”、佟哲辉教授的“经济统计学”、周秀淦老师的“现代企业管理”课程。

读研期间，我们开始有机会听外教授课，外教在教授英文课程的同时，也给我们讲一些英美国家的文化，播放一些电影。我们还与辽财及大连理工大学的一些外教搞些课外活动（如当时时兴的英语角）。也是在那个期间，我们请一些留学回国的年轻老师利用课余时间为同学们讲授西方经济学等课程。此外，我们会计系还从日本请到西村明教授给我们讲授“经营分析”课程。这些经历，为我们打开了了解世界的另一扇窗。

读研期间，我和守华还是分在一个宿舍，同一宿舍的还有商经专业的杨孚平、李军。这届同学中，年龄差距比较大，40 年代、50 年代、60 年代出生的都有。最大的同学比我年长 15 岁。同学中，有的孩子已在读高中，有的已经二婚，有的还没谈过恋爱。有从农村出来的，有从工厂出来的，有从老师岗位返回的，有从公务员岗位回来的，更有我们这种从学校到学校的。有的同学热衷于听取各种学术报告，有的同学一天到晚在背英语单词，有的同学在拼命学习

1995年12月9日，作为答辩委员和夏乐书教授、沈其煜教授参加方红星等学生硕士论文答辩

各种经商知识，有的同学成天沉迷于邓丽君的歌声中。由于我们的出身不同、经历不同，加上我们所处的那个年代是一个思想解冻的年代，因此，同学们的价值观、人生观也存在着一些显见的差异。同班同学中有走上官场的夏德仁、解学智、李才、季秉学等，有下海经商的陈学明、顾晓慈。但更多的同学是做教学和科研工作的，周守华、栾甫贵、谢军容、邢天才、杨淑娥、林忠、周振东等多数同学始终在从事学术研究工作。

研究生期间，我自认为是我们那几届中学习最刻苦的学生之一。那时，我们每月助学金是48元。记得我领到第一个月的助学金时，心里就像揣了一只兔子，很是激动。在此之前，一直为钱所压迫，

2017年，与恩师夏乐书、师母王可君在一起。
左起：刘明辉、王可君、夏乐书、周守华、夏晔

我发誓再也不受钱欺负了，我也要压迫压迫钱，48 元钱被我放在鞋子里踩了足足一个星期。留下 18 元作为伙食费，剩下的 30 元全部存入了银行。读研期间，利用课余时间到函授大学、刊授大学、广播电视大学讲课，到企业做咨询。研究生三年，没跟家里要过一分钱，还给家里汇过 2300 多元。读研的后两年，差不多学校传达室的每一位阿姨都认识我，原因何在？就因为隔三岔五有杂志社给我寄样刊、寄汇款单、寄退稿信。

研究生期间，从生活上对我帮助最多的是夏乐书教授和王可君老师夫妇。他俩都是湖南人，家乡观念很强。研究生三年中，我和守华几乎所有的节日都是在他家度过的，每次去老师家，又是热茶

我们那届研究生有一部分是3年制的硕士生，一部分是2年制的研究生班学生。此照片是研究生班同学毕业时的合影。我们部分3年制的硕士生也一起参与合影

1987年，硕士毕业照

又是水果，不仅如此，一定要吃上一顿可口的饭菜才让走。老师知道我和守华家境不好，考虑我们爱面子，让我们帮他抄写教材，给我们高额报酬，变相接济我们。

读研期间，有几件事情印象深刻。一是处女作《全面成本控制论》被中国最高会计学术期刊《会计研究》发表，这对于激发我研究和写作积极性，甚至包括以后职业生涯的选择都有一定的影响。研究生期间，我先后发表了近25篇学术论文，其中，8篇文章获得有关部门的奖励。这一期间我的研究领域主要集中于成本管理、经济活动分析和独立审计三个领域。二是1986年9月作为东北财经大学的研究生代表出席了在天津财经学院召开的首届全国财经院校研究生经济理论研讨会，并以“论审计独立性”为题做了主题发言。这次会上我结识了一批青年财经学者，了解了有关学术会议的一些基本做法，这为我组织召开首届全国中青年会计理论研讨会，进而发起成立中国中青年财务成本研究会积累了初步经验。三是受聘担任东北财经大学大学生经济学会顾问，并为他们做过两次学术报告。

与著名会计学家黄鞠波研究员在一起

四是一向对英语心存恐惧、内心反感的我，居然在英语期末考试中考了个第一，获得99分的高分。这次考试，无疑给了我足够的信心，让我有勇气在此后翻译发表几篇英文专业文献，主译出版了四部英文专业著作。

对于硕士毕业后的规划，我的第一想法是继续攻读博士学位。1987年5月，硕士学位论文答辩前，我去了一趟北京，专门到财政部财政科学研究所（现中国财政科学研究院）拜访会计学泰斗杨纪琬教授，表达了想拜杨纪琬教授为导师攻读博士学位的意愿。杨纪琬老师委托黄鞠波老师和我做了一次谈话，黄老师表示知道我的名字，看过我发表的论文，并向我详细了解了我研究生期间的学习情况和未来打算。黄老师提出杨老师前几届学生可能主要是为财科所培养人才，如果我想读杨老的博士，最好是到财科所工作，希望我的毕业就业志愿能填财科所，或者是财政部主管的高校（如中南财经大学或中央财经大学），到时他负责到财政部改派。当然，我在填报就业志愿时毫不犹豫就填报了财科所。由于阴差阳错的原因，我没能去成财科所，而是被改派为留校任教。

留校后，时任会计系主任的谷祺教授多次找我谈话，劝我不要离开东财，也不要到东财其他院系读其他学科的博士，要为母校作贡献，为东财的会计学科建设作贡献。谷老师还提到，东财正在申报会计学博士点，要不了两年，我在东财一样读会计学博士。就这样，我的博士梦被耽误下来。

1993年，东财获得会计学博士学位授予权，谷老师成为东财首位会计学博士生导师。谷祺教授1952年毕业于上海圣约翰大学经济系，先后在东北财经学院、辽宁财经学院、东北财经大学任教。谷祺教授是我国财务学界一位领军人物。他主编了多部高水平的财务管理著作，被许多高等学校财经专业用作教材；他在财务管理基本理论上的独到见解，指引着财务管理学科的发展；他对财务管理学科建设的贡献世人皆知。他在会计学界同样是一位有影响的大师，在股份制企业会计、国际会计、审计、资产评估等学科领域均有系统的研究成果。他长期担任会计系的领导职务，为东财的会计学科建设、会计教材建设、师资队伍建设和教学规范建设等作出了奠基性贡献。谷教授虽学贯中西、名望甚高，但为人率真，淡泊名利，不喜张扬。我的记忆中，他总是一头华发,戴一副很普通的眼镜，穿一件深褐色的夹克衫,拿一个普普通通的布袋子,一脸和蔼的微笑。在我看来，谷老师不只是一位著名的财务学家、教育家，也是一位平衡大师、一位战略管理者。能成为谷祺教授的开门弟子，当然是我的荣幸。

1994年，谷老师开始招收第一届博士生时，适逢即将卸任系主任职务。当时谷老师面临两项决策，一是招收博士名额有限，只能招两位，但积累时间太长，等待读博的学生尤其是青年老师太多，他老人家需要排定先后顺序；二是自己要卸任系主任，也要选好接班人。当时两位副主任中，一位年龄较长但任职时间短，另一位年轻但任职时间稍长。在这种背景下，谷老师提出，谁当主任就暂缓读博，读博的就不要升主任。当然，最后的结局很好，通过各方努力，他们两位都成为了谷老师的第一批博士生。也是在这一年，谷老师分析了会计系的教师队伍结构，认为审计师资力量较弱，提出让我将主要精力放在审计学方面。本是主攻财务管理方向的我，从此主要从事审计教学和审计研究。

博士学位论文选择的是《独立审计准则研究》。审计的历史十分悠久，但当时审计准则的诞生不过50年的时间。对于审计准则一词，人们虽不陌生，但其真正含义如何，实用功能何在，基本要素有哪些，我国的学者和职业界对此研究并不多见。90年代以前，人们讨论审计准则，只是将其作为理论研究的一个领域，很少有人设想如何建立我国的独立审计准则。在这一总体环境下，更多的学者持“旁观者”的身份和心态，侧重于介绍和评价西方，尤其是美国的审计准则。经济体制改革以后，人们才开始研究建立我国审计准则的必要性、探讨审计准则的基本内容。1994年，我有幸成为中国注册会计师独立审计准则组的成员之一，并直接参与了第一批、第二批独立审计准则的起草。三年多下来的体会使我意示到我们对审计准则的认识和研究并不充分。尤其是第一批准则实施以后，这一点越发凸显。我认为，至少有如下几个问题亟待研究和回答：第一，独立审计准则究竟因何而产生？因何而发展？审计准则的演进轨迹如何？是谁需要审计准则？谁是推动审计准则发展的基本力量？回答这一问题，有助于我们了解审计准则产生和发展的基本动因，提示审计准则产生、发展的基本规律。第二，审计准则究竟是什么？其本质属性如何？审计准则有何特点与作用？它与审计理论结构中的其他概念关系如何？在注册会计师职业规范体系中所处的地位如何？回答这一问题，有助于我们正确认识审计准则的实质和作用，进而解决和回答准则制定过程中的许多争议。第三，审计准则的基本要素有哪些？各项具体要素的含义如何？其具体内容有哪些？为什么审计准则必须包括这些内容？回答这一问题，有助于我们合理确定我国审计准则的基本构架与结构。第四，各主要国家和地区审计准则的制定与实施情况如何？各主要国家和地区的审计准则有何异同？产生差异的原因是什么？解决了这一问题，有助于我们认识审计观念、审计目标和审计环境对审计准则的影响，进而为我国在制定和修订准则过程中作出合理的选择。第五，如何认识我国当前和未来社会主义市场经济环境的具体特征？如何确定我国审计准则的制定原则与目标？怎样评价我国审计准则的初始成果？如何完善和发展我国的独立审计准则体系？回答这一问题，对于我国进一步完善和修订审计准则具有最为直接的意义。第六，怎样理解审计准则的国际协调？审计准则的国际协调的动力何在，存在哪些障碍，已经取得了哪些成绩？在国际协调的进程中，中国应当扮演什么角色？回答这一问题，对于合理确定我国审计准则的走向，合理解决“中国国情与国际贯例”的矛盾，促进经济融入国际市场，具有极为重要的意义。《独立审计准则研究》一文的目标正是试图探讨上述有关问题的基本答案。

《独立审计准则研究》以审计准则的制定为主要论述对象，全文分为六个基本部分：第一部分为“历史回顾”，主要研究独立审计准则的产生、发展过程与原因，总结独立审计准则的发展规律，并得出如下几点结论：审计准则产生的基本动因是规范审计行为、维护市场秩序；审计准则的发展是会计师职业界、经济法律环境和社会公众多轮推动的结果；审计准则的发展过程呈现三条轨迹，一是由独立审计向政府审计、内部审计发展，二是由国家性审计准则向区域性、国际性审计准则扩张，三是由基本财务报表审计领域向其他鉴证服务和会计咨询、会计服务领域延伸。第二部分为“理论探讨”，主要研究审计准则的性质与特征、审计准则与审计理论结构中其他审计概念的关系，并得出如下结论：审计准则的实质在于规范，审计准则对于保证审计质量、为审计本身提供可信性以及减少审计风险、保护审计人员有其积极作用，也有负面效应；审计准则作为审计应用理论的重要组成部分，它与审计目标、审计假设、审计原则以及审计程序等具有密切的联系；审计准则作为注册会计师职业规范体系中的重要组成部分，与其他职业规范也存在密切关系。第三部分为“要素分析”，主要研究独立审计准则的基本要素，提出审计准则的基本构件包括独立性、专业胜任能力、责任与关注、内部控制、审计证据和审计意见六个要素。第四部分为“比较评价”，主要评介各主要国家和地区独立审计制定与发展的现状、存在的差异及原因，并认为各主要国家和地区独立审计准则存在差异的深层原因在于审计环境的不同。第五部分为“专题研究”，主要研究中国独立审计准则的制定背景、原则和思路，并提出了完善我国独立审计准则体系的若干设想。第六部分为“趋势展望”，主要研究审计准则国际协调的必然趋势与我们应有的对策，并立足于中国的实际提出了加快我国审计准则与国际协调进程的若干措施。

在我撰写学位论文的过程中，曾多次向杨纪琬教授、常勋教授、魏振雄教授、王世定教授等请教相关专业问题，与独立审计准则组的陈建明、周守华、马贤明、王越毫等讨论论文中涉及的相关问题，得到了他们的热心支持和大力帮助。论文写作期间，我还和准则组的同仁一起到上海、杭州、广州、深圳、厦门、西安、乌鲁木齐、北京、沈阳、大连、桂林等多地会计师事务所调研，与国际五大会

1997年，博士毕业照

计公司（当时安达信还未解散）首席合伙人或审计主管合伙人座谈，到AICPA、FASB、SEC等考察，积累了大量原始资料。

论文写作过程中，导师谷祺教授给了我很多有益的指导和帮助。开题阶段，谷老师提出看一篇文章水平的高低，看看其文献综述就能知道个大概。谷老师让我总结一下文献综述的一般要求。我总结出如下几点：一是相关性。文献综述与论文标题应该高度相关，不能脱离文章主题，更不能离题万里。二是代表性。文献综述应当反映关于研究主题的各种不同流派和不同观点，不能选择性地过滤不同观点。三是典型性。文献综述所涉及的文献应该包括研究主题的第一篇文献、各具有里程碑意义的文献和最新的研究文献。四是逻辑性。综述不应是材料的罗列，而是对亲自阅读和收集的材料加以归纳、总结，要符合逻辑。五是规范性。文献综述的写作应当符合写作规范，可按年代顺序综述，也可按不同的问题进行综述，还可按不同的观点进行比较综述，不管用哪一种格式综述，都要将所搜集到的文献资料归纳、整理及分析比较，阐明有关主题的历史背景、现状和发展方向，以及对这些问题的评述，主题部分应特别注意代表性强、具有科学性和创造性的文献引用和评述。六是准确性。文献综述要准确、客观，用于评论的观点、论据最好来自一次文献，尽量避免使用别人对原始文献的解释或综述。七是述评性。文献综述不应是对已有文献的重复、罗列和一般性介绍，而应是对以往研究的优点、不足和贡献的批判性分析与评论。因此，文献综述应包括综合提炼和分析评论双重含义。八是一致性。文献综述正文与后附参考文献前后应当一致。一般而言，正文中提及的文献应该在参考文献中都能找到，同样，参考文献中列示的文献也应包含在正文中。参考文献虽然放在文末，却是文献综述的重要组成部分。因为它不仅表示对被引用文献作者的尊重及引用文献的依据，而且为读者深入探讨有关问题提供了文献查找线索。因此，应认真对待。参考文献的编排应条目清楚，方便查找，内容准确无误。

我的博士论文在答辩时得到各位答辩委员的高度评价，杨纪琬老师评价我的论文对于独立审计准则的理论研究和规范建设具有里程碑意义。论文出版后，首印5000册不到两个月销售一空，重印后，仅江苏一地销售2000册。

1997年，博士论文答辩后与全体答辩委员合影。
左起：俞机先、王天柱、刘明辉、谷祺、杨纪琬、魏正雄、罗先和

五、孵化领军人才的中国中青年财务成本研究会

1988 年，党的十一届三中全会已经闭幕10 年之久，此时的中国会计学术界已从禁锢中解放出来，结束了有关会计是否具有阶级性的讨论，如何发挥会计在经济中的作用的讨论如火如荼。从划小核算单位、厂内银行，到承包、租赁，会计界的思想异常活跃。在这种背景下，许多青年教师、学生和实务工作者也积极投身于这场讨论。但当时财会领域的学术组织基本上是老先生当家，学术会议参会者需要足够的资历和年龄，青年教师和学生不大可能有参与机会。我们知道，智慧需要开启，思想需要碰撞，学术交流需要平台。没有机会，我们自己创造机会。

1988 年元旦，我和校友加老乡的李敬辉、夏博辉（人称“湖南三辉”），在我的宿舍（东北财经大学5 号楼204 房间）相聚，伴着几瓶啤酒、几碟凉菜，带着几分醉意，我抛出一个点子——召开一次全国范围内的以中青年学者为主体的财会理论研讨会，并得到两位的大力赞同。初生牛犊不怕虎，说干就干。第二天，我们开始游说老师和领导。运气很好，东财会计系领导及老教授们都表示支持。经过与学校有关方面协商，初步确定由东北财经大学科研处、会计

2017年11月，在杨纪琬学术思想研讨会上发言

系和辽宁人民出版社（碰巧我当时要在辽宁人民出版社出版《财务管理》一书，结识了经编室主任刘万庆先生，听闻我们有此计划，表示愿意资助1000元人民币并出版会议文集）为本次研讨会的发起和主办单位。

有了一个良好的开始，无疑给了我们巨大的精神鼓励。接下来，我们找到了颇具号召力的学长刘永泽，并拥戴他作我们的领头人。在他的组织协调下，于1988年2月中旬组建了会议筹备组，开始着手研讨会的筹备工作。后几经协商将会议研讨主题确定为“经济体制改革中的会计问题”。

那个时候，各院校之间来往很少，会计学界与政府会计管理部门和企业之间更是缺少联系，应当邀请哪些人参会，通过何种渠道邀请参会代表，这本身就是一个难题。我们确定了一个原则、两条途径：一个原则即“以文会友”，参会代表必须有论文；两条途径一是从近些年会计学术期刊上查找学术能人，直接发函要求其按会议主题提交论文，二是向各高校会计院系、科研院所、财政部门、企业单位发函要求推荐。最终，征得论文200余篇，并邀请其中的110位作者出席会议。

4月底，我和刘永泽同志登门拜访了会计学泰斗杨纪琬教授。杨老十分平易近人，听明来意，询问了一些具体细节之后，当即表示支持并答应出席会议，建议我们将会议时间定在6月初。随后我们提出趁此次会议成立一个以中青年为主体的财会学术组织。杨老表示，成立一个中青年会计学术组织的呼声很高，也确有必要，但此事有难度。原因是在此之前，王世定、李爽、李勇等人曾在中国会计学会的一次会议上提出过成立中青年会计学会的议案，此议案遭到了当时某位部长的否定。这位部长认为，会计理论研究又不是运动会，分什么老年和中青年？！沉思片刻后杨老说道，我们不妨挂羊头卖狗肉，可以考虑作为中国成本研究会的二级组织，成立一

与财政学泰斗、著名经济学家许毅研究员在一起

个中国中青年财务成本研究会，研究领域可以涵盖财务、会计、成本管理和审计，待条件成熟后再加入中国会计学会。杨老当着我们的面给中国成本研究会的王振之老先生打了个电话，说明了一下情况。王老师当即表示同意。杨老还与许毅等老先生做了沟通，得到了这些老先生的认同。为了让事情进展得更为顺利，杨老还向我们推荐了两位同志，一位是时任财科所副所长的王世定，另一位是时任《会计研究》编辑部主任的楼申光（后来他们先后担任了研究会的首任会长和第二任会长）。至此，万事俱备，只欠东风。

中国中青年财务成本研究会的火种于1988年6月8日在大连点燃。是日，出席首届全国中青年财务成本理论研讨会的全体代表经过了三天的学术交流和关于成立学术组织的讨论酝酿，发出了《致全国中青年财务成本工作者的倡议书》，倡议成立“中国中青年财务成本研究会”，讨论通过了《中国中青年财务成本研究会章程》，并选举产生了以王世定同志为会长的第一届理事会领导机构。在杨老的帮助下，中国成本研究会批准本会为其二级组织，中国会计学会批准本会为其团体会员。从此，研究会托载起中青年财会工作者的责任与使命、希冀与憧憬，在财会科学的殿堂里展翅高飞。

中国中青年财务成本研究会的发展史上有三个意义非凡的里程碑。研究会成立无疑是第一个里程碑。从1988年成立至1993年，研究会作为一个以中青年为主体的群众性学术组织，几乎完全是自发的，没有政府拨款，没有人员编制，没有办公场所，更没有可资利用的行政资源。1988年7月下旬，研究会成立了“中国中青年财务成本研究会基金会”，制定了《中国中青年财务成本研究会基金会

1988年，在首届中国中青年财务成本理论研讨会期间。
左起：刘明辉、楼申光、李定安

管理条例》（以下简称《条例》）。按照《条例》规定，我们充分利用自身优势，在培训和咨询方面做文章，依靠研究会的自身力量筹措会议经费。

如何办好研究会、如何办出“中青年的特色”，时任会长的王世定同志有两个观点：第一个观点是要保持研究会的“年轻态”。他认为创立研究会的初衷就是为中青年财会工作者搭建交流平台，年轻才有活力。研究会创立伊始，就对年龄进行了明确限定，即“就任本会理事时年龄不超过45周岁”。第二个观点是研究会的使命是研究，应当有组织、有重点地研究。秘书处于1988年12月起草了《中国中青年财务成本研究会科研规划实施办法》（草稿）和《中国中青年财务成本研究会1989—1993年学术研究课题》，随后成立了“企业成本核算制度”等8个课题组。

1989年理事会换届，楼申光同志接任会长。为了保证多活动、多出成果，研究会要求理事一定要“理”事，并定了一个规矩，凡是两年不参加学会活动的，一律取消理事资格。这一做法导致个别事务较忙的理事中途去职，但也确实增强了研究会的凝聚力和影响力。当时，理事还须每年向秘书处申报科研成果，参加研究会组织召开的各种学术研讨会、年会和研修班。研究会的各项活动开展得有声有色，这也吸引了一大批同志前来参加，导致会议规模失控。基于这种状况，理事会开始研究成立分会，为广大中青年财会工作者寻求更多的交流机会。1989年5月，研究会第一个省级分会湖北省中青年财务成本研究会成立，随后，在不到两年的时间内，河南等10多个省市自治区纷纷成立省级分会。为推动培训，研究会在北京和大连设立了培训中心，开展了多期培训与研修活动。为促进会员多出成果、加强学术交流，研究会先后与多家财会杂志社开展合作，共同开辟“中青年财务成本论坛”专栏，并与有关院校、分会合办杂志，组织编辑现代财务成本管理系列丛书。

第二个里程碑应以1993年第三届理事会的成立为标志。这次会议上，代表们推举时任财政部会计司司长的冯淑萍同志任会长。冯淑萍会长认为学术研究要为政府和企业服务，要积极参与会计准则的研究，要为企业改革出谋划策，这对于引导学院式研究向田野研究发挥了不可低估的作用。两年后继任的贾谌会长则反复强调理论要与实际相结合，要将各次年会打造成“科研院所、政府部门、企

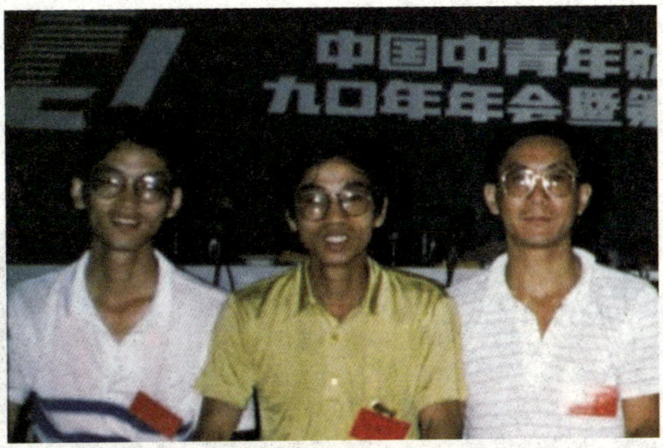

1990年，中国中青年财务成本研究会第三次理论研讨会期间湖南老乡合影。
左起：夏博辉、刘明辉、谢志华

业界”三位一体的学术和工作交流平台。在他的推动下，一大批政府会计管理工作者、行业协会人士和企业财会骨干加入本会并成为理事，研究会与政府财政部门的关系大大加强。从此，为理论界人士与实务界人士提供了更多面对面交流甚至是交锋的机会。

为推动合作研究，研究会于1996年7月成立“三友会计研究所”，组织会员进行了多项课题研究。并与东北财经大学出版社合作，先后组织编辑出版“三友会计论丛”系列著作68部，组织翻译出版“三友会计译丛”21部[①]。

1998年，陈毓圭同志当选第四届理事会会长。他积极倡导学术创新和研究范式的转变。为鼓励学术创新，从1999年开始，研究会设立了一笔学术奖励基金，于每次年会期间评选五篇优秀论文、一

① 此数据截至2002年8月。

1992年，与著名会计学家阎达伍教授在一起。
前排左起：李皎予、阎达伍、楼申光、周守华、刘明辉、陈学荣；
后排左起：夏博辉、何建群、刘永泽、王明为

项学术创新奖。2001 年 8 月，研究会与中洲光华会计师事务所合作建立了“中洲光华中青年财会学术奖励基金”，分设“中洲光华杯优秀论文奖”和“中洲光华杯学术创新奖”，2003 年设立“TCL 杯优秀论文奖”，2004 年设立“天健杯优秀论文奖”。这一期间，研究会积极推动学术研究的规范化，鼓励研究范式的转变，代表们提交年会交流的实证类研究论文也越来越多。2000 年，为系统总结改革开放以来的会计研究成果，研究会还与中国会计学会合作，组织编写了《中国会计研究文献摘编（1979—1999）》。

第三个里程碑以研究会更名为中国会计学会财务成本分会为标志。2002 年，在民政部要求社团重新登记的背景下，按有关规定，研究会与会计教授会等其他同类会计学术组织一道成为中国会计学会的分会。研究会更名后，按照民政部的要求去掉了“中青年”三个字。理事会围绕未来发展趋向出现了两种不同观点：一种观点认为更名只是为了满足变更登记的需要，不能改变研究的宗旨，还是应当坚持创办这一组织的初衷，以中青年为主体，研究范围仍包括财务、会计、审计、内部控制等领域；另一种观点则认为，既然已经更名，就不应再设年龄限制，而且应将研究范围主要限定为财务成本管理领域。经过反复讨论，持第一种观点的意见占了上风。2002 年 8 月 16 日至 18 日，研究会召开了第四届理事会第七次常务理事会，进行换届选举，产生了第五届理事会。陈毓圭同志续任理事会会长。新一届理事会通过了研究会“组织发展办法”“科研基金管理办法”“科研组织与管理办法”“秘书处工作条例”等文件。同时为了体现中青年的特点、培养后续力量、作好领导层的过渡，研究会还吸收了一大批年轻的领军人才加入理事会。

2003年，中国中青年财务成本研究会年会上。
左起：刘明辉、谢志华、陈毓圭、冯淑萍、王化成、陈建明

2003年，出席中国中青年财务成本研究会理事会。
左起：刘明辉、陈毓圭、王化成

研究会从成立开始，就在章程中明确了其历史使命——“繁荣学术研究、促进学术交流”。在我担任秘书长或会长的22年中，研究会先后成功举办了23次年会和17次专题理论研讨会。每次会议都会邀请数位国内一流的知名学者、政府官员或企业家出席会议并做演讲。目前，一年一度的夏季年会已经成为知名学者、会计管理人士及首席财务官风云际会的高端平台，被广大财会界人士誉为“年度会计思想盛宴”。24年来，年会参会代表累计3300多人次，累计交流学术论文3000余篇，会议主题涉及经济体制改革中的财务成本问题、治理整顿中财务成本改革、财务治理与财务控制研究、风险管理与风险导向审计研究、改革开放30周年与中国财会审计的变革等诸多方面。为集中体现各届年会的讨论成果，秘书处还从参会论文中精选了部分文章先后汇编出版了近20部文集。每一次会议，都是一次精英云集的聚会，都是一次思想的碰撞，都是一次观点的交锋，迸发出智慧的火花，以及不经意的商机。我们因思索而变得深邃，因交流而变得睿智，因碰撞而变得成熟，因交锋而看得更清、更远①。

2008年，研究会成立20周年，我为20周年纪念册作卷首寄语：

学长于专，专以达博。有志者，学有专长、术有专攻。浩瀚乾坤，学海无涯，方寸天地，大有作为。

学精于勤，勤能补拙。有恒者，精心苦练，功到事成。道山学海，天道酬勤，尽职者成，用心者胜。

① 这些数据截至2002年8月。

学成于道，道立人正。有道者，诚以立身，信以达人。亘古亘今，正道沧桑，顺道者昌，逆道者亡。

学贵于用，用进废退。有为者，自审自省，行知学贵。大凡贤师，学以致用，学不能践，万卷徒空。

一些经典的讨论场景、一批富有个性的参与者，总在我的脑海中挥之不去，不时浮现在我的眼前。难以忘记，1988 年大连会议最后一天楼申光高声宣布“中国中青年财务成本研究会成立了”；1989 年辽阳会议期间商议合办《会计学家》时的激情；1990 年扬州会议期间代表们首次见到研究会会徽时的惊讶和赞赏；1991 年宜昌会议期间游览三峡的豪情；1992 年长沙会议期间厦门大学博士军团的集体亮相；1993 年、2001 年北京会议期间小组讨论时会议室的人满为患……难以忘记，我们曾在关于企业承包、企业租赁的优劣与得失的论争中针锋相对；曾为抓大放小、企业重组、管理层收购等问题争论得面红耳赤；曾因是否应当推行风险导向审计而咬得“遍体鳞伤”……我们曾有很多时候因对某一问题的争论而废寝忘食，但更多的是通过争论加深了理解、提高了认识、形成了认同、把握了真知、增进了友谊。难以忘记，大连海滨、长白山下、西子湖畔、深圳口岸、长江两岸、云贵高原、黄土高原、四川盆地都曾留下我们的脚印。难以忘记，杨雄胜的博学善辩、黄世忠的敏锐自信、谢志华的前卫独到、王化成的潜心钻研、赵德武的低调谦逊、汤谷良的铁齿铜牙、张龙平的澎湃激情……正是他们的积极参与，研究会才有如此的凝聚力和影响力。

30 多年过去了。当年的“一大代表”或第一届理事，仅有吴少平一人时为副教授，另有几位讲师，绝大多数代表是刚刚研究生毕业或正在读研。当时的我们既无学术地位，也无经济基础。而30年后的今天，研究会的历届理事中，已产生百余位博士生导师、数位省部级领导、一批司局级领导以及商界精英。如全国人大常委预算工作委员会副主任冯淑萍女士；国家审计署董大胜、石爱中两位副审计长，孙宝厚总审计师；中投公司副总经理、申银万国证券董事长汪建熙博士；位及大学党委书记或校长的汤云为、赵德武、孙铮、王华、宋献忠、魏明海、谢志华、李建发、秦荣生、黄世忠；证监会第二任首席会计师张为国及现任首席会计师陈毓圭都曾是研究会理事。30年间，我担任研究会秘书长①18年，担任会长②4年，参与了研究会成立以来的所有活动，亲历了研究会举办的全部23次年会和17次专题理论研讨会，见证了研究会的成立、发展和壮大。研究会在成长，我也在成长，从当年研究生毕业不到一年的青年助教，逐步成长为讲师、教授、博士生导师。

有人说，你是中国会计学会财务成本分会的缔造者、贡献者；我说，没错，但我更是中国会计学会财务成本分会的受益者、收获者。

---

① 中国中青年财务成本研究会的历任秘书长分别为刘明辉、方红星、孙光国。

② 中国中青年财务成本研究会的历任会长分别为王世定、楼申光、冯淑萍、陈毓圭、刘明辉、张龙平、方红星。

六、难了的东财会计学科情

应该说，我与东财会计学科[①]从结缘到离开，都非出于自己的本意。但我将一生中最好的时光献给了东财会计学科，提到东财会计颇有一种说不清道不明的情感。我因不得已而留校任教，我从未担任过会计学院的领导，却积极参与并影响着东财会计学科的改革与发展，见证了东财会计学科的历史变迁和进步，曾为会计学科所取得的每一点哪怕是很细微的成绩而欣喜，为东财会计学科的发展，我贡献了自己的智力、时间及各种资源。但最后，又不得不和东财说一声“再见”。

从小到大，我一直希望与“书”为伍，有过很多与“书”有关的梦，比如读书、买书、卖书、写书、编书、教书、管理书。但说实话，对于教书心理上是有障碍的，原因有三：一是说话南腔北调，怕学生听不懂；二是身材矮小，怕够不着黑板，怕学生笑话；三是

① 东北财经大学会计学科始建于1952年。1952年，由东北财政专门学校、东北银行专门学校、东北计划统计学院及东北人民大学财政信贷系、会计统计系合并组建东北财经学院，开始设立会计系。1953年、1954年，东北商业专科学校、东北合作专科学校，东北人民大学的工业经济专业和东北工业会计统计专科学校的工业统计、工业会计两个专修科，也先后并入东北财经学院，会计系并入财政系。1981年恢复会计系建制并获得硕士学位授予权。

读研期间，利用课余时间做过函大、刊大、电大及自考的兼职老师，也做过监考，见过不少学习不认真、考试作弊手段高明的学生，不愿意背一辈子“捕快”的骂名。因此，毕业时首选工作是到财政部财科所工作。1987 年 6 月，本届研究生都已陆续接到工作分配通知，但我们会计专业的研究生却迟迟等不到分配通知。一直到月底，我们才接到分配通知，我一看就傻眼了，我被省教育厅改派为留校任教。应该说当时的心理是极不愿意的，在时任会计系主任谷祺（后来成为我的博士生导师）老师的反复劝导下，我才很不情愿地留了下来。

初始，我被分配到工业会计教研室，教研室主任是时任校长李克俭教授的夫人王彦波教授，王教授对我不错，不仅关心我的工作和生活，1988 年春节还给我送过一箱苹果。在会计教研室的近两年时间内，我的讲课课时达到 1400 多小时，讲授课程涉及“会计原理”“工业会计”“成本会计”等，授课对象涉及本科生、函授生及专业证书班学生。

我教的第一批学生是当时时兴的专业证书班学生。1987 年 9 月至 12 月，先后到山东济南、大连金州、黑龙江哈尔滨、齐齐哈尔、佳木斯等地为专业证书班学生讲授“会计原理与工业会计”课程。专业证书教育是为适应职工定向培养的需要、解决工学矛盾和学用矛盾而出现的新事物，因其培养对象是在职员工，所以学生年龄普遍比我岁数大。这些人深知知识的重要，比较好学、肯学，且对老师极为尊重。济南工行一位叫曲发富的领导，当时是济南班的班长，30 多年来和我一直没有中断过联系，只不过形式由原来的信件、明信片、电话演进到现在的短信、微信等。每到过年过节还会寄上烟茶月饼等礼品。平时工作上碰到什么问题，也愿意和我“请教请教”。差不多一两年就来大连看看我。他比我年长几岁，但一直称我为老师，称我夫人为师母。几年前，在我夫人的强烈要求下才改口叫“胡老师”。

我最大的一个学生是哈尔滨专业证书班上的，他是哈尔滨一家银行的保卫处处长，当时已经59岁了。这个学生很认真，每天下课时都会问我很多问题，第二天一早还主动送上作业本，让我批改作业。我很奇怪，一个快要退休的保卫处处长那么拼命学会计，是否有什么特殊考虑。于是我问他，你们拿到专业证书可以增加退休金吗？他说，应该不会。我又问，你家是不是开了什么企业或者有什么买卖？他说，没有。我再问，退休后想到会计师事务所或者做兼职会计？他说，更不可能，退休后准备到世界各地去走走，不会再工作。我说，那你为什么要上专业证书班？他说，我只是证明一下我不比年轻人差，我们保卫处有三个年轻人念专业证书班，他们能做到，我也一定能做到。他的答案是如此的简单，却让人如此难猜。更重要的是，这一答案始终让我难以忘怀。目前，我也快到这位仁兄的年纪了，我是否做好了与年轻人比一比的准备呢？

1989年，在我的强烈要求下，转入我的本行——财务与分析教研室。头几年主要是给财政、税务、统计等专业的本科生讲授“工业企业经济活动分析”和“工业企业财务管理”等课程。因平时上课管得较多、喜欢提问、检查作业、监考严格，被学生评为“四大杀手”之一。

20世纪80年代末90年代初，学术界很重视理论与实际相结合。企业开始实行目标管理、承包制度、租赁制度，以及工资总额与效益挂钩等办法，企业推广现代管理方法的积极性空前高涨，我组织邵良志、王明为等年轻教师深入企业开展企业调查、管理咨询与制度设计，取得了不错的成绩。那段时间我们先后完成了“沈阳重型机器厂划小核算单位”“大连粮食工业总厂内部银行制度建设”“大连绳网厂责任会计制度建设”“鞍山化纤毛纺织总厂责任会计与内部银行建设”“抚顺电瓷厂全面质量成本管理体系”“抚顺挖掘机总厂物流成本管理”“齐洛瓦电冰箱厂标准成本管理”“中捷友谊厂标准成本管理”等项目。与此同时，我还与夏春玉、刘永泽、杨雄胜等分别合作编写了《物流管理会计》《清产核资》《资产评估指南》《经济监督通论》等著作。

1990年前后，中国会计理论界开始提出会计教育改革的问题，欧阳清老师让我关注一下这方面的研究动态并提出一些建议。通过对一些研究成果的跟踪，我提出几条建议，一是停止有关“是大会计还是大财务”的争论，科学界定会计、财务的学科（专业）性质，明确其不同的培养目标，分别设置专业和课程体系，以解决财务与会计不分的问题。二是将课程模块化，以解决教材及课程中有关内容的重复与遗漏问题。当时，普遍存在这么一种情况，对于某项内容，编写教材时争着写，授课时又谁都不讲。以“成本习性分析”为例，当时《财务管理》《管理会计》《成本会计》《经济活动分析》等教材中都有大量篇幅介绍，但上课时任课老师都以与其他课程重复为由不予讲授。三是实行实验室教学，缓解理论与实际脱节的问题。我的建议得到了系主任谷祺教授和分管教学工作的副主任欧阳教授的支持。东财会计系很快建起了东北地区第一家会计实验室，一举解决了学生实践能力提升和青年教师案例开发等多方面的难题。

1992 年，中国财务会计制度全面改革，财政部推出“两则两制”（指《企业会计准则》和相关行业会计制度，《企业财务通则》和相关行业财务制度）。我有幸参加了财政部会计司在长春举办的“两则两制”培训班。为满足会计培训的需要，我们在不到半个月的时间内编写了《财务会计》一书，并为会计系全体教师举办了“两则两制”培训班。随后又在沈阳、大连、鞍山、辽阳等地为企业财会人员培训“两则两制”。

1992 年，我破格晋升副教授，我和时任会计系副主任的刘永泽等人都面临一个研究生教育问题。我们曾多次讨论东北财经大学会计学科建设尤其是研究生课程建设等问题，并先后两次去北京、上海等地调查，学习、了解中国人民大学、上海财经大学等学校在会计教学改革方面的成功经验及下一步的设想，在此基础上提出了我们的改革建议和具体设想。我们的建议主要有三个：一是合理区分本科教学和研究生教学的内容，以“财务管理”课程为例，本科生只讲单个公司制实体财务管理的基本原理与方法。超过这一范围的内容，如合伙企业财务管理，合并、清算财务管理，企业集团、跨国企业财务管理，财务管理理论框架（目标、环境、假设、原则等）、衍生金融工具、企业估值等内容在研究生阶段讲授。二是增设“现代会计前沿”“现代财务管理前沿专题”，聘请全国各地的学术权威一道讲授一些前沿问题、热点、难点和重点问题，以指导学生从事科学研究。三是增设一些研究方法与方法论的课程，从境外请一些实证研究的高手给研究生和青年老师讲授研究方法。我们还在《财经问题研究》(1993年第3期)合作发表了《试论改革会计学科体系》一文，提出结束按部门和行业设置会计专业的做法。此后，东财结束了在各系分设财务、会计类专业的做法，将商业会计、物资会计、外贸会计、基建会计、资产评估等专业的师资并入会计学院。

1993年7月至1995年5月这期间，应该是我人生的一个关键期，发生了几件重要事情。一是1993年7月，成功竞聘东北财经大学出版社社长。也是这一年，我开始招收硕士研究生。二是1994年7月因参加中国注册会计师协会组织的注会考试辅导师资培训，带来了我教学研究生涯的变化，并从此转到审计教学部，主要讲授“审计”“管理咨询”“审计理论研究”等课程。三是1994年8月师从谷祺教授攻读博士学位，圆了我的博士梦，尽管晚了七年。四是1994年11月加入中国注册会计师审计准则组，成为中国第一份审计准则（独立审计基本准则）的起草人。五是1995年5月破格晋升教授，成为当时东北财经大学最年轻的教授。

1995年12月，经财政部批准，在原会计系的基础上组建了全国第一家会计学院。尽管我当时已经调到出版社两年，但我全程参与了整个筹备工作。1997年会计学被评为财政部重点学科，2002年被教育部评为国家重点学科，2007年再次被确定为国家重点学科。在这三次学科评审前期的材料准备、现场答辩和与各学校及专家的沟通过程中，我也始终是骨干成员之一。为向其他高校学习取经，1997年我和刘永泽曾前往北京、上海等地拜访杨纪琬、石成岳、朱小平等人。2002年我和刘永泽一起参加重点学科评审的现场答辩。2007年，我和万寿义一起去南京大学、上海财经大学等学校学习取经。

从王盛祥、欧阳清、谷祺、夏乐书、邓延芳等老一辈东财会计学人开始，东财会计学科特别注重培养学生的基本专业技能和动手能力，所培养的学生始终以素质高、专业知识扎实、动手能力强、受社会欢迎而著称，社会声誉有口皆碑。目前在各级政府机关、国内高校、大型集团公司或上市公司、大型会计师事务所和跨国公司，到处都活跃着学院校友的身影，他们在各自的工作岗位上为国家财经管理事业和社会经济建设作出了巨大贡献，取得了骄人成绩。据中国科学评价研究中心发布的研究报告《2006中国大学评价报告》，在全国382所设置会计学专业的大学中，东财会计学专业本科教育的排名为第三。根据中国科学评价研究中心发布的《中国研究生教育评价报告（2006—2007）》，东财会计学专业研究生教育的评价等级为A+。

在东财会计学院任教期间，我曾多次到香港、台湾等地参加学术会议，或担任授课任务。作为东吴大学的讲座教授，多次为该校研究生执教，与刘源俊、刘兆玄两任校长和马君梅院长、马嘉应主任结下了深厚友谊。多年来，与郑丁旺、李志文、何顺文、张国梁、郑振兴、徐林倩丽、韩季瀛、黄金发、李宏健等有过广泛合作与交流。

在东财会计学院授课期间，我先后主持国家自然科学基金项目、国家社会科学基金项目、财政部重点科研课题、中国会计学会重点科研项目、中国注册会计师协会规划项目等科研课题30余项；在《经济学动态》《会计研究》《审计研究》《财务与会计》《财会通讯》等核心期刊上发表学术论文200余篇，其中40余篇被权威杂志转载，30余篇论文获政府有关部门或学术团体的奖励；出版《独立审计准则研究》《审计学概念与方法》《审计》《独立审计学》《高级审计理论与实务》《走向21世纪的现代会计》《公司财务理论》《财务管理》《会计委派制读本》等著作、教材、译著30余部。先后为本科生、硕士生、博士生开设过"工业会计""企业经济活动分析""企业财务管理""现代会计前沿专题""资产评估研究""审计理论研究""高级审计理论研究""独立审计准则研究""公司财务理论""企业价值评估"等十几门课程。曾多次获得东北财经大学优秀教师、大连市劳动模范、大连市先进青年教师等称号；1996年被评为财政部部属院校跨世纪学科带头人；2000年被确定为辽宁省

1999年3月，在东吴大学访问讲学，与东吴大学校长刘源俊（左四）、商学院院长马君梅（右四）、会计系主任马嘉应（右三）及曹文沛（左一）、詹乾隆（右二）、杨惠雅（右一）等合影

百千万工程百名人才；1996 年和2000 年两度获霍英东教育基金会高等院校青年教师（教学类三等奖和研究类一等奖）；2001 年被评为大连市优秀专家。

1997年，与台湾管理会计学会理事长李宏健先生合影

七、辉煌的东北财经大学出版社

1993 年，东北财经大学进行干部改革制度试点，首次在全校范围内公开选聘东北财经大学出版社社长。在谷祺老师、欧阳清老师、夏乐书老师、邓延芳老师、刘永泽老师等多位老师和同事的鼓励下，我报名参选。当时参与竞聘的同志还有学校科研处处长、出版社副社长、电教室主任，他们都已拥有正处或副处级职务。对我这个新手来说，可谓竞争异常激烈。报名后，我利用短短几天时间查阅了大量出版方面的法规制度和专业书籍，通过各种途径了解东财出版社的现状，向中国财政经济出版社、辽宁人民出版社、大连理工大学出版社的同志请教出版社经营管理的经验。我准备了一份厚重的竞聘纲要，提出“向改革要活力，向开发要潜力，向管理要效益”，在由校领导、近20 名专家学者及出版社中层干部参加的竞聘大会上，我的竞聘发言赢得了一次又一次掌声，也赢得了评委的投票。

向改革要活力、向开发要潜力、向管理要效益

改革的重点领域有五：一是改革人事管理体制和干部体制，实行全员聘用制和全员合同制，进行机构和人员调整，真正做到“人

1994年，在东北财经大学出版社工作期间

员能进能出、干部能上能下、机构能设能撤”；二是改革内部分配体制，真正做到多劳多得、同工同酬、奖优罚劣、奖勤罚懒；三是改革编辑管理和运作体制，试行项目负责制、策划编辑责任制；四是改革发行管理体制，推行分区负责制、营销经理负责制；五是改革出版、印制管理体制，实行分环节印制责任制度。

开发的主要任务有四：一是搞好人才开发。要通过外引内挖、兼收并蓄，尽快培养、引进一批业务精、政治强、作风正的专业人才和懂经济、会管理、善经营的管理人才；与此同时，还要下力气建立一支一流的作者队伍。二是搞好选题开发。注重选题整体策划与全面论证，向少品种、多印数、高质量、长效益、系列化方向进军。三是搞好市场开发。积极拓展销售渠道、增加销售网点，开辟新市场，提高市场份额。四是搞好技术开发。即开发图书装帧技术，提高图书质量；开发电脑编校技术，提高工作效率；开发网络技术，实现网上销售。

管理的重点领域有四：一是加强财务管理，将财务管理活动渗透到从选题策划、签订合同至售后服务整个生产经营活动中去，努力增产节约，加速资金周转，提高经济效益；二是加强版权管理，积极开展版权贸易和版权合作，坚决打击盗版侵权活动；三是实施全面质量管理，强化质量监管措施，全面提高图书质量和服务质量；四是加强仓储管理，提高仓储效率，提高服务质量，消减库存差错。

1993年8月，校党委常委会任命我为东北财经大学出版社常务副社长（主持工作），因出版业需持证上岗，校党委未让我直接到任，派我参加了10月份由中宣部、国家新闻出版总署和国家教委联合举办的首期大学出版社社长培训班（地点：中国人民大学），进行为期三周的学习培训。培训结束后我又经历了为期近一个月的调研

与中国注册会计师协会原秘书长丁平准先生合影

和工作计划准备，一直到 11 月中旬（竞聘时我对学校提出了唯一一个要求是接手前出版社需经过审计）才到出版社走马上任。

初到出版社可以说困难重重，一是当时出版社已经资不抵债，财务上已经相当困难。二是人心涣散，当时出版社员工中比较有能力的要么辞职离开了，要么边上班边自己开公司、做生意，光印刷厂就开了两家，还有开书店的，做纸张生意的，有好选题就从社里买书号自己运作，亲朋好友的差书稿由社里买单。三是基建工程停工待料。

上任后，我与班子成员“约法三章”：一是不翻历史旧账，不纠缠于过去的是非；二是一切从头开始，把精力集中到出版社的发展上；三是坚持民主集中制，任何决策都要经过集体讨论，一旦通过就必须无条件执行。随即做了五件事：一是去了一趟财政部人教司，借了30万元用以解决资金断流问题；二是围绕“向改革要活力，向开发要潜力，向管理要效益”开展了一场全社范围的大讨论；三是出台了一个“风险目标管理责任制”实施方案；四是宣布禁止从事第二职业，所有在外开公司的要么关闭公司，要么辞去公职；五是明确出版社主打产品方向为财经高等教育教材，出版理念是“出好书、出人才、出效益”。几板斧下去，出版社面貌一新，仅一年时间，出版社便扭亏为赢。

东北财经大学出版社社训

但凡成事，均缘于势。得势则事成，失势则事不顺。顺势而行，如顺水行舟；借势而动，如假梯登高；造势而为，如太空揽月。治学、从政、经商、置业，均不可一日无势。势者，长处，趋势也。

势缘何物，势乃人为。识人、用人、育人、成人，乃人本之真谛。育人才，成能人，则可造大势。育人、成人之根本在教育；教育之要件在教材，教材之基础在出版。换言之，人本之基础在书本。

凡事均需讲效益，所谓成事，亦即有效。高效可造宏基，无效难以为继，此乃事物发展之规律。基于此，我们崇尚出好书、出人才、出效益！

刘明辉谨识

1998年，陪同王世定教授、罗先和教授参观东北财经大学出版社图书代办站

随着出版改革的进一步深化，我又进一步提出“控制总量，优化结构，提高品位，突出双效”指导原则和“围绕一个‘效’字，抓住一个‘新’字，保证一个‘实’字，落实一个‘精’字”的出书思路。围绕一个“效”字，就是围绕两个效益，巩固本版特色，突出原创风格，培育优质品牌；抓住一个“新”字，就是把握最新契机，反映最新成果，开拓最新领域，从内容到形式都追求最新；保证一个“实”字，就是抑制浮躁心态，注重实事求是，强调实际实用；落实一个“精”字，就是精心策划，精雕细刻，精益求精，不断把书做好，尽可能提高再版率和市场占有率。

我在东财出版社的8年间，发货码洋、销售收入和创利额等主要经济指标连年攀升，对外版权贸易开展得有声有色，至2000年，综合经济实力位列大学出版社前十位。先后有200余种图书获得国家及省市新闻出版局的优秀图书奖，成功跻身全国优秀出版社之列。策划编辑的《城市经济学》一书获第十二届中国图书奖。策划组稿的“会计师资格考试用书”“中国注册会计师实务丛书”等累计创利逾千万元。策划“当代中国经济科学前沿文库”“三友会计论丛”等多套丛书、系列书，先后出版百余位教授专家的学术著作，在学术界树立起了良好的社会形象和品牌形象。1996年开始与McGrawHill、Thomson Learning等国际著名出版商合作，先后推出百余部英文原版教材和翻译教材，极大地推动了财经专业的双语教学和财经教育的国际化进程。2001年2月，出版社被新闻出版署、国家版权局评为“全国图书版权贸易先进单位”。

我在东财出版社的8年间，为出版社建立了一整套规章制度，

1996年，与东北财经大学党委书记于洋、万国集团董事长孙立哲先生商谈“哈佛案例教材”引进相关事宜

盖了一栋一万多平方米的现代化办公大楼，留下了五处房产，培养了一批出版管理人才，积累了一系列的常销书、看家书，奠定了厚实的企业文化和先进可行的长期发展战略。

从会计专业的视角看，我在东财出版社的8年中做过几件对会计学科建设具有较大影响的事情。

一是设立了三友会计博士论文出版基金，策划出版了“三友会计论丛”（现已连续出版十六辑），免费为刘峰、蔡春、张龙平、陈建明等一大批青年才俊出版了博士论文。这在学术著作出版难的当时，无疑是一个了不起的举措。一方面，这一举措从很大程度上缓解了我国会计学术著作出版难的局面；另一方面，这一举措也为东财出版社储备了一支高水平的作者队伍，并为东财社占领会计学术出版高地奠定了良好的基础。

二是从美国引进出版了一大批会计经典教材（尤其是哈佛案例教材），包括百余种原版影印教材和几十种翻译教材，这些教材的引进对于推动我国会计教学改革、教材建设、双语教学发挥了重要作用。

三是策划出版了“三友会计名著译丛”。这套书涵盖了哈佛、斯坦福等世界一流名校顶尖教授和权威学者的权威著作和经典教材，这些著作和教材在核心收藏书目和专业教材排行榜中名列前茅，多次再版，被世界众多著名大学选用，具有深远的影响力。这些著作和教材的翻译和出版，对于我们建立现代会计审计理论体系，具有重要的借鉴意义和参考价值。

四是策划出版了一套“走向21世纪的现代会计”，这套书充分吸收了20世纪中后期中外会计、审计、财务管理三大学科创新与发展的最新成果。

五是编辑出版了一套会计本科教材，这套教材连续列入国家“十一五”“十二五”“十三五”规划教材，其中本人主编的《审计》和常勋老师主编的《国际会计》被列入国家精品教材。

2001年，去职东北财经大学出版社社长前与班子成员合影。
左起：许景行、刘明辉、方红星、杨跃先

六是作为最初的策划人，与中国会计学会合作组织、策划出版了《中国会计研究文献摘编》（1979—1999），这套书共六卷，计900多万字，工程极其浩繁。

七是策划发起成立三友会计研究所，为中青年会计工作者的学术研究和学术交流搭建了一个平台。

八、应运而生的三友会计研究所

20世纪90年代中期，随着我国以社会主义市场经济体制为取向的会计改革与发展的不断深入，会计基础理论研究的薄弱和滞后已经产生了越来越明显的“瓶颈”效应。我个人强烈意识到，这对于中国会计理论界而言，既是严峻的挑战，又是难得的机遇。说它是“挑战”，是因为当时的会计理论研究已经落后于实践，许多实践问题急需相应的理论指导；说它是“机遇”，是因为这个时期往往最有可能出现“百花齐放，百家争鸣”的昌明景象。应该说，迎接挑战，抓住机遇，是发自我内心的一种强烈愿望，也是义不容辞的责任。考虑到东北财经大学出版社有场地和资金优势，且可将研究计划与选题计划结合起来，研究成果与丛书出版结合起来；东北财经大学会计学院作为我国成立的第一家会计学院，可以解决研究机构日常人员值班及对外联系等事宜；中国中青年财务成本研究会作为一个学术团体在发布研究计划、组织学术研究、进行成果鉴定、推广学术成果等方面具有先天优势。而我个人与这三个单位都有密切关系。为此，我与时任会计学院院长刘永泽教授和时任中国中青年财务成本研究会会长楼申光先生进行了沟通，结果一拍即合，他俩完全同意。这样，由东北财经大学会计学院、东北财经大学出版社与中国中青年财务成本研究会联合组建的“三友会计研究所”于1996年7

成本会计学
现代高级会计
现代高级会计
决策与控制会计
成本管理系统设计
国际会计学
国际财务报告
国际会计
比较国际会计

会计制度论
独立审计质量保证论

会计信息的产权问题研究
独立审计质量保证论
企业资金安全性控制研究
现代会计
企业发展的
上市公司
中国会计模式论

会计的国际透视
会计准则研究
现代会计结构论
企业财务战略
会计行为论
租赁会计

月正式成立。之所以叫“三友会计研究所”，寓意有四：一是力求实现学术团体、教学单位、出版机构三方的优势互补；二是致力于会计、财务、审计三个领域的科学研究和专业服务；三是希望能够密切联系老、中、青三代会计工作者；四是发挥理论界，实务界、教育界三方面的积极性。

三友会计研究所成立以后，每年发布研究课题，有效地引导了会计学术研究的方向。在出版社的支持下，连续出版了十多辑“三友会计论丛”和“三友会计名著译丛”，为我国的会计改革与发展作出了应有的贡献。

2002年l月，东北财经大学会计学科获批全国重点学科，于同年10月将三友会计研究所更名为财务与会计研究中心。其时，三友会计研究所已在内部控制和风险管理方面形成一支强大的研究队伍且取得了丰硕的研究成果。为了突出优势、彰显特色，在我的强烈劝导下，会计学院几位主要领导接受了我的建议，于2004年6月，正式更名为内部控制与风险管理研究中心。2005年5月，内部控制与风险管理研究中心正式获批辽宁省人文社科重点研究基地（A类）。内部控制与风险管理研究中心下设资本市场与风险控制研究室、财务呈报与会计控制研究室、公司理财与管理控制研究室、风险导向审计与战略控制研究室、会计理论与会计方法研究室。我担任风险导向审计与战略控制研究室首席研究员。

九、我与中国注册会计师职业准则建设

我有幸于1994年加入独立审计准则组，并一直参与审计准则的起草、讨论和修订完善工作。在审计准则的起草、征求意见、修订、培训过程中，有幸与会计审计界的大家——杨纪琬、葛家澍、徐政旦、阎金锷、常勋、张以宽等有过较多的接触。尤其是担任独立审计准则中方专家咨询组组长的杨老和曾代理杨老的常老，更是对我影响较大。

在审计准则的起草过程中，杨老经常不辞辛苦亲临我们的工作现场与我们交谈讨论问题或是通过电话与我们沟通，无论是大方向、大原则上的把关、掌舵，还是一些具体细节上的措辞和取舍，杨老都会认真对待。

在第一批独立审计准则的起草过程中，本人负责独立审计基本准则的起草工作，其间，我们碰到两个基本问题。

第一个问题是审计准则的名称问题。当时情况下，关于审计准则的称谓五花八门，在准则的起草、讨论、征求意见过程中，有人主张使用“独立审计准则”，有人主张使用“民间审计准则”，有人主张使用“社会审计准则”，有人主张使用“外部审计准则”，有人主张使用“公认审计准则”，有人主张使用“事务所审计准则（会计师事务所审计或审计师事务所审计）”，甚至有人主张使用“有偿审计准则”，当然，也有人主张将“审计准则”改称为“审计标准”“审计规则”。我们准则组内部也存在很大分歧，各抒己见，互不相让。最后是由杨老裁定的，确定为“独立审计准则”。杨老认为，称为“独立审计准则”的理由有三：一是当时注册会计师协会和注册审计师协会尚未合并，但两会合并的趋势已不可挡，当时情形下不宜称为“注册会计师审计准则”或“会计师事务所审计准则”；二是“独立性”是注册会计师审计区别于政府审计和内部审计的本质所在；三是欧美国家也习惯称注册会计师为独立审计师，符合国际惯例。

第二个问题是关于独立审计目的的表述。国外审计准则对审计目的的表述存在较大差别。美国审计准则一直使用“公允反映”概念，英联邦国家多数沿用“真实、公允反映”概念，欧洲大陆的一些国家（如德国、法国）却强调会计报表是否符合法定要求。国际审计准则则在其第13号准则——审计报告准则中表述为，“审计师应当在其审计报告中清楚地说明被审计单位会计报表在所有重大方面是否按照财务报告框架发表了真实、公允的意见或进行了公允的反映”，“在适当时候，还应说明会计报表是否遵循了法定要求”。之所以产生这些明显差异，既有理论上的争论不休，也有实务观念的各持己见，更有各国会计准则是否具有法律地位等众多因素。审计目的决定了注册会计师发表审计意见的内容和形式。我国独立审计准则对审计目的如何表述，也同样存在较大的差异。有人主张强调合法性，因为，我国《企业会计准则》和国家其他有关财务会计法规与美国等国家不同，属于法规的范畴，是对企业会计报表的法定要求；有人主张强调公允性，认为公允体现了公正、恰当的要求，审计意见应当表明会计报表是否对企业财务状况、经营成果和资金变动情况公正、恰当地披露；也有人强调一贯性，因为会计政策、会计估计的重大变化对会计信息可比性带来了重大影响①。针对这一问题，当时审计准则组也难以取得共识，于是将这一问题报告给了杨老。1995 年 5 月的一天晚上 12 点多钟，我们刚结束讨论，准备就寝时，突然接到杨老的电话，杨老说，他反复考虑了一下各方意见，认为注册会计师应当在其审计报告中着重反映会计报表的"合法性、公允性和一贯性"，之所以做此选择，主要原因有三：一是体现了与国际审计准则的一致性；二是采用了最小公倍数的办法，可以照顾各方的意见，博采众家之长；三是充分考虑了中国国情，照顾了当时会计准则、会计制度变动频繁的现实。根据杨老的意见，《独立审计基本准则》第四条明确指出："独立审计目的是对被审计单位会计报表的合法性、公允性及会计处理方法的一贯性发表审计意见。"在《会计报表审计准则》和《审计报告准则》中又进行了进一步阐述，即注册会计师审计会计报表的目的是对被审计单位"会计报表的编制是否符合《企业会计准则》及国家其他有关财务会计法规的规定"，"会计报表在所有重大方面是否公允地反映了被审计单位的财务状况、经营成果和资金变动情况"，以及"会计处理方法的选用是否符合一贯性原则"发表意见。

① 陈建明. 1996. 中国独立审计准则的特色与特点.会计研究，3：1-6.

杨老提出，制定准则一定要从实际出发，要充分考虑中国独立审计的环境和背景；要符合我国现行法律、法规关于注册会计师审计的有关规定；要适应有中国特色的社会主义市场经济环境的要求；要考虑注册会计行业的内部机能情况，要着眼解决“注册会计师离不开，信不过，靠不住”的状况；要考虑中国企业内部控制和会计基础较差的实际，从中国的实际出发制定准则，解决目前存在的实际问题；要务实，就不能照抄书本、不能照抄国外，不能关门搞准则，要多外出调查，多征求意见，尤其是注册会计师的意见。在杨老的指导下，我们花了大量时间，到上海、杭州、广州、深圳、厦门、海口、桂林、成都、乌鲁木齐、西安、沈阳等地进行调查访谈，并同步开展准则培训和宣讲工作，几乎走遍了全国各地，真正了解了中国需要什么样的准则，着重解决准则草稿中“中气不足，洋味过浓”等问题。

杨老还特别交代我们，在征求意见这一环节，最好与培训宣传结合进行。因为当时背景下，我国注册会计师行业还远未走上正轨。1995 年以前，我国尚未形成严格意义上的审计理论和审计概念体系，人们对审计的理解还停留于对“查账”的认识，审计与“会计检查”“财政物价税收大检查”似乎是同义语。而审计准则中所使用的一些专业术语，注册会计师可能还是第一次接触，这种情况下，只有将培训宣传与征求意见有机结合起来才能真正起到征求意见的作用。我清楚记得，1996 年在新疆乌鲁木齐的一次准则座谈会上就

1997年3月，随中国注册会计师协会审计准则代表团
在美国财务会计准则委员会（FASB）访问。
左起：刘明辉、秦荣生、FASB主席、马贤明、王越毫

有人针对“注册会计师应当保守客户的商业秘密”[①]这一条款提出疑问，质疑为什么只是保守“商业秘密”，而对保守“工业秘密”“农业秘密”“交通运输秘密”“金融秘密”没有提出要求。显然，这位与会者将商业秘密理解为商业企业的秘密了。

杨老特别关心青年的成长，除了各种会议等场合多次聆听杨老的教导外，我还与杨老有过多次近距离接触。第一次是1987年7月，因发起首届中青年财务成本研讨会，我与刘永泽去杨老家拜访杨老，并经杨老鼓励、指点、帮助，促成了首届中青年财务成本研讨会的顺利召开和中国中青年财务成本研究会的成立。第二次是1988年杨老参加中国中青年财务成本研究会的成立大会并亲自指点我修改开幕词和会议日程安排。第三次是1995年年底和陈建明去杨

① 商业秘密（Trade Secrets），是企业的财产权利，指不为公众所知悉的、能为权利人带来现实的或者潜在的经济利益或者竞争优势的技术信息和经营信息，包括设计资料、程序、产品配方、制作工艺、制作方法、管理诀窍、客户名单、货源情报、产销策略等。

老家请教博士论文，杨老建议我研究独立审计准则。第四次是1997年，杨老参加我的博士毕业论文答辩。第五次是参加杨老80大寿生日聚会，听杨老给我们讲麻将规则——十三幺的十三种和牌方法……

每次与杨老见面，都能留下深刻的印象。杨老甘为人梯的奉献精神、诲人不倦的人格魅力、虚怀若谷的高尚品格、一丝不苟的治学态度、坚持不懈的学术追求将永远激励我们！

我很幸运，有机会参与并见证了中国注册会计师执业准则体系的制定与完善进程，作为财政部注册会计师审计准则委员会委员和准则小组的资深成员，从1994年第一批审计准则起草，到此后的每一项执业准则的制定和修改，我参与了所有项目的讨论、修改工作，并承担了《独立审计基本准则》《职业道德基本准则》《鉴证业务基本准则》《其他鉴证业务准则》《职业道德守则》《关联方关系与关联方交易》《利用专家的工作》《利用其他注册会计师的工作》《利用内部审计人员的工作》等十几项准则及一批规范意见、指南的起草工作。

在制定审计准则的过程中，我与陈建明、黄世忠、秦荣生、王鹏程、张龙平、王越豪、杨志国、陈箭深、马贤明、廖良汉、唐建华、常治安等一批专家成为无话不说的好友，结下了深厚的友谊。

作为审计署国家审计准则委员会的成员，我还参与了《国家审计准则》的讨论、修改工作。在参与准则制定和修改的过程中，我先后研究过国际审计准则和美国、日本、英国等十几个国家及我国香港、台湾地区的审计准则，以便能够随时了解国际审计理论与实务的变化，确保自己能够与国际审计的变革与进步保持同步。

我很幸运，有机会见证我国会计准则、内控规范的建设历程，有机会参与财政部《内部会计控制规范》和五部委《内部控制规范》的起草、讨论和修订工作。作为财政部会计准则委员会的咨询专家，曾参与多项会计准则的讨论修订工作。正是由于我对内控规范和会计准则的深度参与，让我保持了对会计、内控理论与实务发展的了解，实现了知识更新。

2004年，审计准则组成员与著名会计学家常勋教授在一起。
前排左起：陈箭深、蔡桂如、刘明辉、罗梅、常勋、秦荣生、陈建明、黄世忠；
后排左起：马贤明、王鹏程、潘同文、周守华、张连起、童登书、于延祺、王越豪、林英士、廖良汉、尤家荣

十、我与中国会计人才队伍建设

我自以为，我为中国会计人才队伍建设是做过一些工作的。具体地说，我做过以下几个方面的工作：一是从1995年开始连续20多年参与会计专业技术资格考试有关科目的教材编写和考试命题、审题工作。二是从2001年开始连续10多年参与注册会计师职业资格考试相关科目的教材编写和命题工作。三是从2005年开始参与全国会计领军（后备）人才培养项目的立项讨论、标准拟定，连续多年参与会计领军（后备）人才学术类的考试命题、判卷及面试工作。四是曾参与高级会计师“高级会计实务”科目考试命题工作。五是参与第三次全国会计大赛的试题命题工作。各种命题审题的实践，让我对命题理论、原则、基本要求、基本方法、一般程序、试题编制有了较深的理解。

除了承担上述命题审题工作，我还多年承担北京、上海和厦门三家国家会计学院的教学工作，讲授审计理论、审计准则、公司治理、内部控制、风险管理、会计委派制、收支两条线和国库集中支付等内容。

与专家合影。
左起：卞荣华、李玉环、刘明辉、肖书胜、周守华、朱海林、胡兴国

十一、创建津桥商学院的1000多个日日夜夜

2001年3月下旬，学校发出通知，在全校范围内公开竞聘开发区分校（国有民营二级学院）领导职务，要求应聘者要懂教学、通基建、善经营、会管理。我周围的同事、朋友都认为这是为我量身定做的，极力动员我去应聘。下发通知的那天正好在电梯里碰上时任校长的邱东教授，他说，你在出版社干了十来年了吧，是不是该换个位置？就这样，没有多想，我就报名应聘这个分校校长的位置。2001年3月28日，公开竞聘大会在校新建的办公楼一楼会议室举行，我和几位来自各院系的院长、系主任同台竞聘。我简要阐述了我的办学理念、办学目标和近期主要措施，并认真回答了各位领导和专家就学科建设、教材建设、校园建设、教学设施建设、行政管理、教学管理、学生管理等方方面面的问题。现场公布结果是我的票数最高。4月3日，校党委书记于洋、校长邱东、组织部部长慕青与我一起研究开发区分校班子配备具体人选。4月6日，学校正式任命开发区分校领导班子，校领导与开发区分校班子成员见面，提出三点要求：一是尽快确定分校人员编制，广泛招聘教职员工，配备中层干部。二是尽快做好图书馆、教学楼、外教公寓、教工食堂、机房、大学生活动中心改造工作。尽快启动学生宿舍建设、运动场馆建设。三是抓紧制订教学计划和第一批学生的军训计划。一个总

津桥商学院教学区全景

的要求就是务必保证2001年9月10日新生能够顺利报到，按时开学。时间之紧、任务之重、责任之大，超乎想象。从4月6日开始之后的近三百个日日夜夜，我每天都是工作12个小时以上。尤其是4月至8月，几乎完全是“白加黑，五加二”模式。那段时间的工作是无休止地起草报告、制订计划、命题审题、招聘面试、招标评标、咨询答疑、审查图纸、检查施工质量、制定各种规章制度……

5月上旬，经广泛调研并与校领导多次沟通，同意将开发区分校更名为津桥商学院。5月14日，学校发出通知，正式确定开发区分校的名称为“东北财经大学津桥商学院”。理所当然，我也就成为津桥商学院的首任院长，也是创始院长。5月22日，省教育厅正式批准东北财经大学国有民营学院成立，名称为“东北财经大学津桥商学院”。文件中指出，该学院属于国有民办二级学院性质，从2001年起开始招收普通本科教育层次的学生。为促进国有民办分院的发展，创造灵活的办学机制和先进的办学模式，津桥商学院在管理体制上实行董事会领导下的院长负责制，在用人机制和财务管理等方面具有一定的独立性和办学自主权，并在明晰产权关系的前提下相对实行独立核算。

5月中旬，学校正式批准津桥商学院的机构设置方案、人员编制、校园内建筑与环境改造方案、各种办公家具、教学设备、仪器、图书采购计划等。6月28日，学院新校区基建改造工程启动。6月，与ACCA签署合作办学意向书。7月10日、13日，在大连和沈阳分别召开招生宣传与咨询大会。7月12日，各职能部门主任配备到位，学校正式发文任命。7月23日—28日，第一次全员岗前培训，包括

2002年，津桥商学院领导班子合影。
左起：副院长刘宝斌、院长助理孙光国、院长刘明辉、
党总支书记陈国辉、副院长邹爱斌、副院长甄阜铭

国家教育法规与政策、办学体制、办学目标与理念、学院规章制度、办公自动化等学习。8月5日，第一位外籍教师George与学院签约。9月3日，学院新办公室建设完工全面启用，《津桥商学院学生手册》《津桥商学院内部管理规范》印制完毕。

9月7日，2001级1007名新生入学报到。因民办学院的学费标准相当于公立学院的五六倍，对一般家庭而言无疑负担不轻。报到当天，有近二十位学生交不上学费。他们的境遇让我想起自己的童年，我不忍赶他们回家，我想向学校争取给确有困难的学生给予必要的减免或救济。经与学校有关部门和领导沟通后，未能取得任何实质性的进展。随后，我们又采取了三个方面的行动：一是发动教职员工捐助；二是组织学生勤工俭学；三是通过各种渠道与一些企业达成定向培养协议，由企业资助学生学费。9月8日，我为5名学生各支付了12000元共计60000元的学费。在我的带动下，我们20几位教职工一起资助了另外5名学生的学费。通过同学关系联系到三个企业的老总共资助了5名学生。我们还联系食堂、物业等为学生勤工俭学提供机会。

9月10日，2001级新生开始为期17天的军训。军训在旅顺太阳沟基地进行，由大连陆军学院官兵负责军训安排。9月30日，完成通信系统建设、学生机房、语音室、多媒体教室建设。10月上旬，基本完成学院资源楼、教学楼、外教公寓、教工食堂、大学生活动中心改造，完成宣传栏建设、校园绿化工程，校牌、校门、交通路牌等周边环境改造。10月8日，津桥商学院建院以来第一天上课。11月30日，津桥商学院校园网（www.kingbridge.net）正式开通。12月

2001年12月，东吴大学商学院马君梅院长一行到访津桥商学院

19日，学院自行开发的“津桥商学院网络办公系统”投入运行。

2001年底，台湾东吴大学商学院马君梅院长一行来学院参观访问，双方就合作办学等一系列问题签署了一揽子协议。2002年1月11日，我院与英国Portsmouth大学签订合作办学协议首批26名学生加入项目。2002年2月25日，我院与加拿大注册会计师协会合作举办的CGA班正式开课。2002年4月2日，我院与澳大利亚阿德雷德大学签订合作办学协议。

2002年4月8日，辽宁省国有民办二级分院研讨会在我院召开。全省17所举办国有民办二级分院的普通高校主管院（校）长和教育专家共58人与会。我向全体与会领导与专家汇报了我院一年来的办学情况，得到了与会专家高度肯定与赞赏。

2003年春，“非典”来袭，我、津桥商学院，遭遇历史上的最大危机。口罩、白醋、板蓝根、体温计、防化服、消毒液、隔离带也成了我的最深记忆。当时，中国乃至世界的每一个角落都陷入了紧张的氛围之中。津桥商学院也不例外。作为一个占地面积仅有80亩的小校园要隔离人数高达4500多名的学生和教职员工，尤其是还有10名外籍教师，其难度可想而知。那个时候，比疫情扩散更快的是谣言和恐慌，到处在抢购口罩、白醋、板蓝根。平时一大包几元钱的板蓝根一下子飙升到三四十元，白醋价格从十元左右攀升至上百元。市场上根本买不到体温计。通过找到市政府副秘书长，才解决30支体温计，加上教职员工从家里带来的体温计，也不够一个班级一支。4月份的一天下午，院办和外事处的同志去给外教楼消毒。

2002年4月，澳大利亚阿德雷德大学校长IAN YOUNG到访津桥商学院。
前排左一：IAN YOUNG；后排左一：副校长艾洪德

2003年，澳大利亚阿德雷德大学副校长到访津桥商学院

敲门没有应答，以为没人，就开门进去消毒，开门后发现室内有一个陌生人。经盘问，是该外教半年前认识的一个异性朋友，来自广州，当天中午在外教的帮助下翻墙进院。获知这个情况后，我在第一时间召开班子会，做出三项决定：一是尽快找到这位外教，告知当时形势，在未得到上级指示前，在住所实施自我隔离；二是向学校“防非”领导小组请求，将这位外教及广州来客送往医院，由医院判断是否需要采取“隔离”等措施；三是向学校主管外事工作的校领导请求需注意的其他事项。

在津桥商学院的三年时间里，围绕“规范化、智能化、国际化、现代化”的办学目标，我带领班子成员积极推行创新战略，实施全方位的创新，做了大量工作：一是创新办学模式，积极吸收和借鉴港台地区及国外知名大学的办学经验，探索适应市场需要的具有中国特色的国有民办学院的办学模式和管理体制，学院实行董事会领导下的院长负责制，学院在产权明晰的前提下实行独立核算。二是创新办学目标，学院将秉承教育创造学生价值的宗旨，视增长学生的社会核心竞争力为学院的最高利益。在保证学生扎实的基础理论教育的同时，从专业理论、动手技能、沟通能力、社会经验、科技视野、职业敏感等多方面全方位提升学生价值，增强学生的市场适应能力和市场竞争能力。三是创新教学体系，充分利用校本部各学科的优势，并组织国内外专家学者开展多种形式的课程建设、开发与创新工作，全面强化学生的外语教学、数学教学和计算机教学，基本做到外语、计算机课程四年不断线；开设商务沟通、经济伦理、公共演讲等强化学生综合素质的公共课程；允许学生根据经济技术的发展和人才市场的需求自由选择课程。积极使用有声教材、影像教材、电子教材和网络教材，紧密跟踪财经科学发展的前沿，积极开发案例教材和多媒体课件。四是创新教学方式，积极探索并大胆实施完全学分制、学生选课制及通过等级考试免修制等，只要学生修满规定的学分，完成所有环节的教学科目即可毕业。鼓励学生大胆创新，独立思考，快速成材。鼓励并推动教师改变“填鸭式”“满堂灌”的教学方式，采用启发式教学、创新意识教学、点播教学、演示教学、交互探讨教学、虚拟现实教学、远程教学、多媒体教学等方式，积极探索讲授法、实验法、实证法、启发法、自学法、演示法、辩论法、答辩法等多种方法的有机结合。提倡通过参观、访问、调查、见习、实习、表演等方式进行现场教学或模拟现场教学，培养学生的实际动手能力。五是创新教学手段，学院将积极采用图像处理技术、音像处理技术、文字处理技术、电子计算机、电磁黑板、音频信息媒体、视频信息媒体等教学手段，为学生营造一个良好的教学环境。六是创新组织结构，实现组织结构的扁平化、高效化、灵活化；不断完善和创新“董事会”等决策机制，实现决策的科学化、民主化和快速化。七是创新劳动人事制度，实行全员聘用制和全员合同制，人事管理和干部管理方面真正做到“人员能进能出、干部能上能下、机构能设能撤”。八是创新内部分配体制，积极探索新的分配模式，做到按劳分配与按资分配和按“知”分配的密切结合。在津桥商学院的三年时间里，我还花了大量精力抓学科建设。在我看来，学科建设的重心主要包括以下五个方面：一是学科方向建设，它是学科建设的基础。在考虑学科方向建设时，既要考虑主体学科和学科特色，还要考虑学科新的增长点以及学科的交叉、融合与渗透。明确提出做强做大国际贸易、国际金融、会计学、财务管理等重点建设学科，将注册会计师专门化、CGA等作为学科新的增长点。二是学科队伍建设，一方面高度重视学科带头人和学术带头人队伍的建设，另一方面下功夫做好学科梯队和骨干教师队伍的培养。三是科学研究与学术成果建设，从高层引导、经费保障到政策支持等各方面鼓励科学研究。四是学科基地的建设，高度重视实验室、资料室、试验场地建设。五是人才培养体系建设，从层次结构、学科结构、人才培养类型方面构建人才教育体系。逐步建立起涵盖工、管、理、经济、法、文各学科的门类齐全，发展有序的学科结构。

2003 年底，我离开津桥商学院时，学院已经发展成为一所以经济学、管理学为主，兼有法学、理学等门类的多科性大学。学院一期工程占地面积近百亩，建筑面积13 万平方米。学院拥有全新的现代化教学设备，装备有2 个多媒体投影教室、3 个微机室、5 个多媒体语音教室、视听室，网络中心、电子图书馆，各类运动场所教学设施一应俱全。校园环境优美，来往交通便利，周边经济发达，文化氛围浓厚。学院后勤管理推行社会化管理模式，拥有建筑面积近6 万平方米的新建学生公寓，公寓寝室设有室内对讲、电话、网络系统；学生食堂、快餐厅、学生超市、浴池、洗衣房、美发店等各种生活设施均采用方便、快捷的IC卡智能管理系统。

2013 年5 月，经国家教育部批准，东北财经大学津桥商学院转设为大连财经学院。学院的办学理念、院训、院风依然是我当年亲手拟定。学院以“知难而进、敢为人先的创业观；信誉至上、质量至上的生存观；国际互动、规范办学的发展观；教书育人、修身养性的价值观”为办学理念，重在培养学生“互助友爱的团结精神、严谨高效的务实精神、勤奋好学的拼搏精神和全面发展的进取精神”。学院崇尚砺学精神，倡导勤学勤思勤练；崇尚学以致用，倡导读书读人读事；崇尚孺子风范，倡导唯礼唯义唯信；崇尚品行诚笃，倡导至真至善至诚；崇尚务实严明，倡导严肃严格严谨；崇尚中正谦和，倡导戒偏戒骄……

在担任津桥商学院院长期间，我的主要研究领域集中于民营企业的内部控制与财务管理方面。我申报的两项国家自然科学基金课题《我国民营企业内部控制研究》和《民营企业资本扩张与融资体制研究》获得批准立项。课题研究过程中，我先后带领学生到浙江杭州、山东青岛、吉林长春、辽宁沈阳、鞍山等地调研，走访了近30家民营企业及政府中小企业管理局、金融机构等单位的专家领导。这些调研工作为我们高质量完成课题研究报告发挥了重要作用。

十二、我与东北财经大学杂志社

2003年12月，我受命改任东北财经大学杂志社主任兼直属支部书记，《财经问题研究》常务副主编、《东北财经大学学报》常务副主编。在任8个月，做了五件事。一是积极组织关于学术期刊评价标准的讨论，以此为契机全面建立健全了杂志社的各项规章制度（计23项，近18万字），制定了东北财经大学杂志社章程、办刊理念和办刊宗旨；建立了以“匿名审稿制”“三审三校制”为核心的全面质量保证体系。二是在充分调查研究的基础上，对《财经问题研究》《东北财经大学学报》两份杂志实施全面改版，从封面设计、栏目设计、版式设计、编委会组成、审稿程序和方法等方面进行全面变革，使之面目一新。三是与辽宁省财政厅合作创办了《地方财政》期刊。四是初步建立了东北财经大学杂志社网站，为实现报刊的网上投稿、网上编辑、网上审稿、网上征订、网上发行以及电子版、网络版下载销售打下了良好基础。五是搞了两期培训班、出了一期增刊，为杂志社改善职工福利做了些工作。六是为杂志社更换了办公桌椅、办公电脑，改善了办公条件。《财经问题研究》曾获中国核心类期刊、中国期刊方阵双效期刊、全国双十佳社科学报、辽宁省一级期刊。

2004年，在东北财经大学杂志社工作期间工作照

十三、大连出版社的再造与重生

2004年，大连出版社因卖书号出版了“下半身诗人”沈浩波的一本诗集《心藏大恶》被中央领导点名批评，当时的新闻出版总署给予出版社停业整顿半年的行政处分。原社长被免职、两位副社长被记大过，总编室主任、编辑部主任被免职、责任编辑开除公职。出版社当年亏损903万元、净资产为-93万元。当年10月，我临危受命，出任大连出版社社长。其时，大连出版社已经深陷财务困境，处于官司不断、人心涣散的境地。市委组织部、宣传部“满世界”找新任社长的人选。因为同时有好几个人的推荐，我被作为重点考察人选。

当时，我正在考虑离开东财，中国人民大学、北方交通大学、杭州电子科技大学、上海立信会计学院、经济科学出版社等单位都在与我接洽。2004年9月10日，我弟弟因突发心脏病去世。因父母和弟弟一家都已定居大连，需要我的照顾，我离开大连去其他城市的计划已不可能。但对去大连出版社任职，心里难以接受。有一种宿命论的心理。早在1995年，时任大连市委宣传部部长的王会全就曾多次与东财党委书记于洋电话商调我去市里任市新闻出版局局长兼出版社社长，当时于书记曾两次征求我个人意见，我都回绝了。

时隔九年，还是去大连出版社任社长，比九年前还少了一个局长职务，一向决策果断的我，有点拿不定主意。在征得于洋书记同意后，我与时任大连市委书记的夏德仁同学通过一次电话。夏书记说，目前出版社问题较多、困难较大，这一方面说明工作难度大，另一方面也正好考验干部解决复杂问题的能力。从干部任用的角度说，从学校到地方担任一把手的情况很少见。从学校到地方，舞台大了、空间也大了，选择也多了。一段时间后，如果感觉不合适，还可再回到学校去。夏书记的最后一句话让我动心了。我在想，如果从东财到其他学校去，肯定彼此伤感情、不愉快，但如果从市里再到其他学校去，应该不会有大问题。

离开东财前，于洋书记、邱东校长、艾洪德副校长、马国强副校长、夏春玉副校长、李东阳副校长等领导分别和我谈话。于洋书记谈话的核心意思有几点：你是从东财成长起来的，无论何时不能忘了东财；如果在大连出版社干得不顺利，随时欢迎回东财；争取与市里沟通一下，人事关系放在东财不要转出，即使不得已人事关系转出了，希望你能保留东财的教授和博导身份，能继续指导博士生、硕士生，继续为学生上课，继续担任在东财的各种学术职务。其他几位领导的谈话，意思差不多，但多了几分客气，比如说，感谢你长期以来为东财会计学科建设、为东财出版社的发展壮大、为津桥商学院的创建所作的贡献；你离开东财，对东财是一大损失；恭贺高升；希望继续为东财作贡献……

上任前，市委副书记怀忠民、市委组织部部长李明也、市委宣传部部长魏小鹏分别找我谈话，强调了出版工作的重要性、出版社

2005年，在大连出版社工作期间工作照

所面临的困境以及市委市政府对出版社新一届班子的信任与期望。怀书记还特别承诺将组织各委办局在大连出版社召开现场会，为大连出版社解决办公楼、书库、流动资金等问题，让我热血沸腾。但后来，因为各种原因这些承诺并没有兑现。

2004 年 10 月 8 日，我正式走马上任，先是由市委组织部副部长马超带我到大连报业集团宣布我任集团副社长的任命，随后由市委宣传部副部长杨成林和报业集团社长王仪奎送我到大连出版社并宣布我任大连出版社党组书记、社长的任命。10 月 9 日，召开班子会议，我只谈了一个问题，即买卖书号的危害。在我看来，卖书号有百害而无一利。首先，卖书号不可避免地造成内容把关失控，被人利用导致政治问题；卖书号不可避免诱发编辑徇私舞弊，引发经济问题；卖书号必然导致出版社难以积累品种，没有常销书、畅销书，

辽宁省新闻出版局副局长王维桓来大连出版社视察工作

常年忙于生计；卖书号，不利于人才培养、品牌建设、渠道建设，不利于出版社长期发展。

面对大连出版社处于停业整顿、严重亏损、资不抵债、人才流失的恶劣处境，我花时间找干部员工逐个谈心，了解到员工们的普遍心态是人心思变、人心思治、人心思富。大家认为，大连出版社要摆脱严重依赖卖书号的局面，必须在制度建设、队伍建设、品牌建设、渠道建设上下大功夫，在全面质量管理、全面预算管理、全面风险控制上花大力气，在体制创新、机制创新、流程再造方面做大文章，既维护团结稳定的大局，又大刀阔斧地改革创新。

经过充分讨论，我确定了“让规则看守秩序、用贤能壮大势力、创品牌抢占市场、聚资源提高效益”的办社宗旨和“内容为王、导向为魂、创新为要、品质为本”的出版理念。

为迅速解决出版社的财务困境，我做了四件事情：一是从东财出版社借款30万元买了些纸张；二是将当时在编的《满铁书目》（已经投入30万元，尚需投入800万元）以80万元的价格转让给了东方出版中心；三是与各印厂洽谈还款计划，半年内不再催收欠款，且无条件接受印刷任务；四是发动全体营销人员出差清收应收账款。与此同时，组织策划了《居民安全防范手册》一书，累计发行203.7万册，基本解决职工工资与“五险一金”的资金来源。

2005年开始，依靠我在会计行业的优势，先后组织策划出版了《房地产开发企业会计与纳税实务》《会计准则研究文库（10册）》《最新会计准则重点难点解析》《会计之星·博士论坛》《会计之星·博导文库》《第三届全国会计知识大赛法规汇编》《第三届全国会计知识大赛辅导讲座》《高级会计实务考试辅导用书》等一系列两个效益俱佳的图书，使出版社逐步摆脱困境，走上正轨。实现了“一年扭亏为盈、两年资产翻番，三年实现腾飞”的奋斗目标。

以下是我在2008年大连出版社20周年社庆时的致词。

致辞

编辑有术，无术难出精品。编精于勤，精于巧，败于惰。浩瀚乾坤，书海无涯，编无常术，编无止境。

出版有径，无径难以成事。事成于谋，成于执，止于庸。雄关

2018年年底，大连出版社班子成员在样书室。
左起：副社长金东秀、社长兼总编刘明辉、支部书记兼副社长代剑萍、副总编毕华书

漫道，捷径难求，有智者成，有谋者胜。

经营有道，无道失信于人。商贵于诚，贵于信，废于诈。亘古亘今，正道沧桑，顺道者昌，逆道者亡。

管理有方，无方不成规矩。规立于正，立于严，弃于松。大千世界，人本制胜，得人得势，得心得助。

基于此，我们崇尚励精图治，倡导精选精编精制；崇尚开拓创新，倡导惟智惟勇惟新；崇尚经营有道，倡导惟德惟义惟信；崇尚和气生财，倡导和谐和睦和合；崇尚务实严明，倡导严肃严格严谨；崇尚以人为本，倡导识人用人育人。

大家出版，大道至上，不求最大，但求最强。值此民和年丰、岁比丰登之际，我们诚邀八方才俊，联袂同盟，问鼎五洲！

刘明辉谨识

2009年底，大连出版社按照中央和省市部署，实行转企改制，成立大家出版传媒股份有限公司，成为第一家拥有管理层和员工持股的股份制企业。

2011年，面对信息技术的发展、阅读习惯的改变、市场竞争加剧的形势，我力排众议，提出实行战略转型，将幻想儿童文学作为我们的主攻方向，并高高举起了保卫想象力的旗帜。

为保卫想象力，我们摸索出一套属于自己的发展模式：以幻想儿童文学为主体的专业化运作模式；以原创精品为标志的精细化生产模式；以“保卫想象力”为理念的特色化出版模式；以优质IP全版权运营为特点的产业化运作模式。

2018年，参加上海童书博览会

“大白鲸”品牌图书

2019年，与大连新闻传媒集团党委书记、董事长王会军（左）、大连市委宣传部巡视员宁明（右）一起出席“盛文·北方新生活”大连24小时书店开业典礼

2018年，国家版权局版权司司长于兹柯（左三）、副司长汤兆志（左一）、辽宁省新闻出版广电局局长助理季秉学（右一）来大连出版社视察工作

2017年，陪同前东北财经大学会计学院院长刘永泽教授、安永审计服务主管合伙人王鹏程博士参观大连出版社

2016年，在大家出版传媒（大连）股份有限公司工作期间

2017年1月，在中国版协2016年度中国十大出版人物颁奖仪式上

为保卫想象力，我们通过项目带动、投资拉动、平台促动、合作互动、奖励鼓动、外脑推动、精品牵动和创新驱动，成功实现了“幻想儿童文学‘十个一’工程”建设即：叫响一个理念——保卫儿童想象力；办好一个沙龙——“幻想屋”儿童文学主题沙龙；开办一个论坛——中国幻想儿童文学高层论坛；完善一个系统——幻想儿童文学协同编撰系统；搭建一个平台——幻想儿童文学多媒体平台；组建一支队伍——儿童文学阅读推广人队伍；成立一个中心——幻想儿童文学研究与翻译中心；设立一个奖项——“大白鲸世界杯”原创幻想儿童文学奖；抓好一个项目——幻想儿童文学产业基地建设项目；实现一个目标——打造中国原创幻想儿童文学产业链领导者品牌)。

为保卫想象力，我们策划实施了一大批重大项目，其中“中国幻想儿童文学在线”“中国海洋梦”等五个项目成功入选国家新闻出版改革发展项目库；“‘幻想屋’儿童文学数字出版升级改造工程”“幻想儿童文学产业化基地建设”“中国幻想儿童文学新媒体平台建设项目”三个项目成功获得中央文化产业发展专项资金2170万元支持；“大白鲸计划”入选中央文化产业发展专项资金示范项目。

为保卫想象力，我们积极创新体制机制，按照“一个项目多家合作，一项合作多方资源、一项资源多方利用、一个品牌多家共享”的思路，通过设立全资子公司、品牌许可、联合投资等方式，与大白鲸世界、大连圣亚、八尾猫文化、河南超凡影视等战略合作伙伴成功打造了“大白鲸”“八尾猫”“快乐星球”等系列文化产业品牌，产品形态包括图书、电影、电视、舞台剧、动漫作品、主题公园等，这些立体呈现的产品线、产业链受到了受众的广泛认同，引起业界强烈反响。

为保卫想象力，我们按照“内容为王、导向为魂、创新为要、品质为本”的出版理念，策划、出版了一大批幻想儿童文学品牌图书。《志愿者》等多种选题入选国家主题出版重点出版物选题规划。《大白鲸原创幻想儿童文学读库》等近百种图书入选“十三五”国家重点出版物出版规划项目。《百年见证》获第六届中华优秀出版物奖；《拯救天才》《大熊的女儿》获第十届全国优秀儿童文学奖；《拯救天才》《古蜀》分别入选2016年、2017年国家新闻出版广电总局向全国青少年推荐百种优秀出版物；《冰冻星球》《白鲸传奇》等10多部作品分获第五届至第八届全球华语科幻星云奖最佳少儿科幻原创图书奖。

为保卫想象力，我们专注特色出版，注重融合发展，赢得了特色鲜明、双效显著的良好局面，收获了各种荣誉：2015年6月，被国家海洋局授予“全国海洋文化产业示范基地”；2016年6月，被辽宁省新闻出版广电局授予“辽宁幻想儿童文学产业基地”；2016年9月、2017年9月，连续被图书馆报评为“最受图书馆欢迎的少儿出版机构”；2017年9月，被中国出版协会授予“数字出版创新奖”；2018年，被中国质量协会议定为“用户满意企业”（出版业唯一一家获此殊荣）。2016年12月，我被中国版协评为“中国十大出版人物”；2019年，荣获新闻出版行业最高个人成就奖——韬奋出版奖。

十四、结语：这一万天，我很幸运

纸短话长，意犹未尽，以下是2014年为纪念从事会计工作三十年而作，且借为自传的结语。我相信，只要我能坚守那份执着，未来的我会为过去的我叫好，会为现在的我骄傲！

参加学术研讨会

这一万天，我很幸运

今年农历5月18日，是我五十岁生日。如果从大学入学算起，我在十六岁时就已登上那条叫会计的“贼船”。如果从大学毕业算起，我已为会计扛了三十年的长工。尽管往事历历如在眼前，但三十年，一万多个日日夜夜，对一个人来说，确是相当漫长的一段时光。回顾走过的路，检视一下自己走路的姿态，数一数自己留下的脚印，确是一件令人感慨的事情。三十年来做过的每件事情，或多或少都会留下些许或美好或酸楚的回忆。写过的每一部作品，带过的每一位学生，都有一个令人难忘的故事。有自豪，也有遗憾。自豪，是因为我没有为蝇头小利而放弃自己的理想，没有为各种诱惑而改变自己的信念。遗憾，是因为有些事情本可以做得更好，如果可以重来，我会修正差异。打小，我就明白了一个道理，叫作“好运气偏爱有梦者”。作为一位资深的“成功病患者”，这三十年我一直很用心，一直在追梦，自然也就很幸运，有时甚至有些好运气“泛滥成灾”的感觉。

我很幸运，我几乎已经实现了我在孩提时期及少不更事时就已种下的种种光辉远大而不靠谱的梦想。念小学时，我的梦想是做一名小学老师，中学时我的梦想是能成为新华书店的售货员或图书管理员，大学时我的梦想是能够成为一名作家。这些梦都与书有关，都是关于书的梦。我很幸运，尽管我未能成为一名小学老师，但我成了一名大学教授；尽管我没能当上图书管理员，但我成了一名出版人，照样天天和书打交道，甚至可以成为一些图书的第一位读者；虽然我没能成为一名作家，但我大一时的第一篇文学作品《家畜劳模评比会》获得了学校征文比赛一等奖，今天我还担任中国儿童文学研究会的理事、副会长、儿童文学阅读推广中心主任职务，这让我有很多机会和作家打交道，听作家讲故事，假以时日，说不定我也能成为一个预备作家。我的前半生始终是在跟书打交道，从念书到教书，从写书到译书，从出书到卖书，无一不是做的书和文的“生意”。职业的特点逼着我广泛阅读各种书籍，涉猎各个学科，这开阔了我的研究视野，夯实了我的专业功底。

我很幸运，我的学士学位论文能够在中国最权威的会计专业期刊《会计研究》上发表。正是有了这一良好开端的激励，我才能一直钟情于写作与研究，先后在《会计研究》《审计研究》等省级以上刊物发表学术论文、译文共300余篇，其中50余篇被权威杂志转载，40余篇论文获政府有关部门或学术团体的奖励。在这30年里，我先后编著、主编、参编各种学术专著、教材、教学参考书及工具书共62部，由本人独立撰著或主编共31部，个人累计著述字数约1300万字。在此期间我还有幸获得“大连市优秀专家”称号和“霍英东教育基金会高等院校青年教师一等奖（研究类）”。我的这些著述主要集中在审计理论研究、内部控制研究、公司财务理论研究、财务分析、公司治理等方面，虽说算不上自成一家，更谈不上有传世之作，但每一篇文章都凝聚着我的心血。

我很幸运，我能在24岁的时候结识一大批会计青年才俊，发起成立了中国中青年财务成本研究会（后改为中国会计学会财务成本分会），并先后担任秘书长15年，常务副会长兼秘书长3年，会长3年，名誉会长3年。25年来，我亲历了时代变迁对会计研究、会计教育、会计职业带来的影响，亲历了我们这代会计人应对环境变迁所做的种种努力。我们一起比拼，一起成长，一起成熟，而今天，我们中的绝大多数早已成为或正在成为各个学校的学科带头人、掌门人。

我很幸运，作为主要倡议者和发起者，能在1994年发起成立“三友会计研究所”（后更名为“内部控制与风险管理研究中心”“中国内部控制研究中心”），积极推动会计学术研究和著作出版，出版了一大批博士论文和高水平论著及译著。尤其是“三友会计论丛”和“三友会计名著译丛”的出版，成就了一批中青年学者著书立说的梦想，也为提升东北财经大学出版社在业内的影响力和知名度立下了汗马功劳。

我很幸运，我能以28岁的年龄破格晋升副教授，31岁破格晋升教授，并成为财政部跨世纪学科带头人。我所带的硕士、博士已有多人成为博士生导师、硕士生导师，成为领军人才、学科带头人甚至是掌门人。我几乎讲授过会计学专业本科生的所有课程，为研究生开设过“现代会计前沿专题”“会计设计”“内部控制与风险管理”“管理咨询”“审计理论”“高级审计研究”“审计准则研究”“财务理论”“资产评估”“企业价值评估”等新课。业内同行只知道我爱开玩笑、爱辩论，但授课时我会开启标准好老师模式，很严肃、很认真，基本没有一句废话。有业内同仁调侃我“老师看着不怎么样，但带的学生都不错”，但我听着舒服、受用，我不知学生从我这获得了什么教益，但深知自己从学生身上学到过很多东西。

我很幸运，能以29岁的年龄担负起东北财经大学出版社社长的重任，并成功将资不抵债的东北财经大学出版社做强做大，使之成为今日的全国百佳出版社；作为东北财经大学津桥商学院的首任院长，仅用3年多的时间，使学院成为管理规范、理念超前、声誉良好、资产总额达两亿元、学生人数近3000人、在省内外很有名气的新型学院。在担任东北财经大学杂志社主任的一年内建立健全了以

“匿名审稿制”“三审三校制”为核心的全面质量保证体系、建立了东北财经大学杂志社网站，为实现报刊的网上投稿、网上编辑、网上审稿、网上征订、网上发行以及电子版、网络版下载销售打下了良好基础。2004年9月，调任大连报业集团副社长，兼任出版社社长，在大连出版社停业整顿半年、年度亏损903万元、净资产为-93万元的情况下，带领全社员工艰苦奋斗，一举扭亏为盈，出版码洋、销售收入、实现利润等各项指标达到建社以来的最佳水平。我因此先后被评为大学出版工作者协会优秀社长，大连市宣传文化系统六个一批人才，辽宁省宣传文化系统四个一批人才，辽宁省十大新闻出版工作者，全国新闻出版行业领军人才。我很幸运，我在承担繁重管理任务、经营压力的情况下，并未放弃对学术研究的追求，至少做到了每年能发表两篇论文。

我很幸运，我有机会参与并见证了中国注册会计师执业准则体系的制定与完善进程，作为财政部注册会计师审计准则委员会委员和准则小组的资深成员，从1994年第一批审计准则起草，到此后的每一项执业准则的制定和修改，我参与了所有项目的讨论、修改工作，并承担了《独立审计基本准则》《职业道德基本准则》《鉴证业务基本准则》《其他鉴证业务准则》《职业道德守则》等十几项准则及一批规范意见、指南的起草工作。作为审计署国家审计准则委员会的成员，我还参与了《国家审计准则》的讨论、修改工作。在参与准则制定和修改的过程中，我先后研究过国际审计准则和美国、日本、英国等十几个国家及我国香港、台湾地区的审计准则，以便能够随时了解国际审计理论与实务的变化，确保自己能够与国际审计的变革与进步保持同步。

我很幸运，我有机会见证了我国会计准则、内控规范的建设历程，我有机会参与了财政部《内部会计控制规范》和五部委《内部控制规范》的起草、讨论和修订工作。作为财政部会计准则委员会的咨询专家，曾参与多项会计准则的讨论修订工作。正是由于我对内控规范和会计准则的深度参与，让我保持了对会计、内控理论与实务发展的了解，实现了知识更新。

我很幸运，我有机会参与了财政部会计人才选拔和领军人才培养工作。作为资深命题专家，连续20多年参与全国会计专业技术资格考试相关科目的教材编写、命题或审题工作；连续多年参与注册会计师全国统一考试两个科目的教材编写和命题工作；多年参与会计领军人才（学术类）选拔的命题、评卷和面试工作。还曾参与高级会计师实务科目考试和第三次全国会计大赛的命题工作。命题工作与其说是考别人，不如说是考自己。每一次命题都是一次学习，都是一种提高。同一科目命题次数多了，那种搜肠刮肚、那种煞费苦心、那种反复推敲，是一种煎熬，也是一种重生。每一次命题，对我而言也是接受一次继续教育。

我很幸运，我承担国家自然科学基金、国家社科基金、财政部、教育部、审计署和中国会计学会等的近30项课题研究，包括“民营企业内部控制研究”“民营企业融资政策研究”“内部控制理论研究”“人力资源内部控制研究”“审计理论基本框架研究”“中国会计研究文献摘编”等，为圆满完成研究任务，我曾多次带领学生深入企业调查研究，足迹遍及东北三省以及北京、上海、浙江、江苏、广东、山东等十余省市的几十家上市公司及会计师事务所。我还曾多年担任辽宁省财政厅注册会计师行政处罚听证主持人，并多次参加财政部监督检查局行政处罚论证会议，先后担任多家上市公司独立董事或财务顾问，这些经历让我对企业实际情况多了一份了解。这些经历和经验对于提高我的教学和科研水平无疑很有助益。

我很幸运，我有机会担任国家自然科学基金、中国会计学会科研课题等研究课题的评审工作，有机会承担过十余所高校博士生论文评阅工作，有机会担任辽宁省高级会计师和出版专业高级职称评审工作，有机会担任一些学术团体或学术会议的优秀论文评选工作。这些经历，让我有机会学习同行的研究方法，了解业内的研究动态和最新成果。

我很幸运，我几乎参加过我国所有会计学术团体的活动，曾担任中国会计学会第五届理事会理事，第六届理事会理事、副秘书长、财务成本分会会长，第七届理事会常务理事、审计专业委员会副主任委员，第八届理事会常务理事、审计专业委员会主任委员；中国审计学会第四届、第五届、第六届、第七届理事会理事；中国成本研究会第四届、第五届、第六届理事会常务理事；中国总会计师协会第一届至第四届理事会理事；中国企业财务管理协会专家委员会委员。作为会计学术活动中的优秀板凳队员，经常扮演替补学术评论员或临时主持人的角色，这对于提高我的组织能力、辨识能力和辩论能力，无疑提供了很好的机会。

过去的三十年，我们一起经历了我国社会经济环境发生的巨大变化，共同见证了我国会计行业取得的巨大成就，一道感受了会计在经济社会中的作用，目睹了我们会计人为我国经济发展所作出的重要贡献。我们是见证者，也是参与者。我们为我们所处的时代而幸运，为我们所付出的努力而自豪。我赞成这样一些口号，叫作“有梦者不盲目”“拯救未来的唯一希望是改变现在”。五十岁，也许是人生的一个加油站，也许是一个转折点，也许是一个新起点。我相信，只要我能坚守那份执着，未来的我会为过去的我叫好，会为现在的我骄傲！

第二部分

主要学术观点

我以为，会计学人主要有四种类型。第一种类型：以纯粹理论研究为己任，多侧重会计基本理论问题的研究，重在探索会计学的概念框架、逻辑体系和价值理想；第二种类型：热衷于对会计发展现状进行检视、提出批判，通过批判现状，推动会计变革和社会进步；第三种类型：主要致力于会计理论或实践成果的传播和积淀，其意义在于学术传承；第四种类型：偏好应用研究、热衷参加社会实践，这种实践包括相关会计制度与会计准则的制定、会计教育创新实践、现代会计前沿理论的田野实验和会计咨询实践等。就我个人而言，则是第一种和第四种兼而有之。从研究领域来说，虽说总在说要“少刨坑、深挖井”，但因各种因素的影响，我实际上总在跨界。年轻时，我曾在会计学、审计学、财务学、经济分析、资产评估、管理咨询、经济监督、物流管理等学科间游弋；中年时，曾问到过内部控制、风险管理、公司治理、出版管理、文化产业经济和儿童文学等多个看起来风马牛不相及的学科领域。从自身愿望讲，我更愿意将主要精力集中于审计理论和内部控制研究，但实际上因工作的需要，难以做到。我以为，我在每个领域的努力都是在挖一口井，挖一口属于自己的井。当挖到深处时，我欣喜地发现，其实所有的井都是相通的，并共同汇入了一条深深的河流，一条融汇了知识与经验、流淌着想象力和创造力的河流。

一、审计理论体系研究

我对审计理论的探索，始于攻读硕士学位期间对审计独立性和审计管理体制的探讨，但真正潜心研究审计理论是在 1994 年我加入独立审计准则组以后。我先后翻译过《审计与保证服务》《审计概念与方法——现行理论与实务指南：一种系统的方法》等多部经典审计著作；撰著出版了《审计》《审计与鉴证服务》《高级审计理论与实践》《高级审计研究》《审计学：教程、案例与练习》等十几部审

2019年，在北京大学光华管理学院出席财政部会计名家培养工程成果报告会

计教材和著作，并发表了百余篇学术论文，对审计理论体系进行了较为系统的阐述。

（一）审计理论的含义与作用

我认为审计理论是人们基于对审计实务活动的认识，通过思维运动而形成的关于审计系统化的、合乎逻辑的、合乎客观事物发展规律的理性认识，是由审计的基本概念、基本原则、基本原理以及由此推演出来的派生概念、原则、原理等内容所构成的审计知识体系。也就是说，审计理论是审计实务的抽象，是上升到理论高度的抽象。它不以人们的意志为转移，是对审计实务进行认真概括和总结的产物。

审计理论的作用主要表现在两个方面：一是解释现行的审计实务；二是预测和指导未来的审计实务。具体包括：（1）解释审计的职责和范围。（2）指导审计准则和审计程序的制定。（3）指导并推动审计实务。（4）解释审计实务。（5）增强审计报告的有用性。

（二）关于审计动因与期望差距

我认为，审计学科是一门依附性很强的学科。审计作为一种社会现象，是为满足某种客观的社会需要而产生和发展的。可以说，没有社会需求便不会产生审计；不能满足社会需求，审计就无法发展。审计动因是指审计产生、存在与发展的动力和原因。研究审计动因事实上也就是研究社会对审计服务的需求以及审计的供给。社会需求是不断变化的，当审计自身所能完成任务的能力不能达到社会的全部期望时，就出现了“期望差”。事实上，这种期望差是始终存在的。自审计产生至今，审计自身能力始终处于一种被动状态，始终在为满足社会需求而努力。当旧的审计需求满足了，新的审计需求又产生了。利用经济学的基本理论来探求审计动因，研究社会对审计服务的需求，将从根源上认识审计本质、审计目标、审计假设、审计规范、审计控制等理论问题，从而有助于构建一个具有完备性和逻辑性的审计理论结构体系，因此具有重要的理论意义和应用价值。

我认为，审计动因的确定应该符合以下衡量标准：(1) 能回答审计源于并满足了何种社会需求。(2) 不但能解释审计产生的原因，而且能解释审计发展的推动力。(3) 能由审计动因推导出审计本质、审计职能、审计目的和审计责任等相关审计概念。(4) 能解释不同类型审计（如注册会计师审计、国家审计、内部审计，再如社会责任审计、自然资源资产负债表离任审计）的产生原因及推动力。(5) 能解释对审计进行管制的合理性。(6) 能说明审计为什么需要保持独立性。(7) 能解释不同时期、不同国家审计发展水平存在差异的原因。

通过对信息理论、代理理论、受托责任理论、保险理论、冲突理论等主要的审计动因理论进行剖析后，我提出审计的起源、产生、存在、发展不是由单个因素决定的，而是由多个因素共同决定的。

2012年，为博士生讲授“高级审计理论研究”

审计活动的复杂性与重要性，导致审计的产生必然是由于多个因素共同决定的。我认为推动现代审计不断发展的主要因素有：

（1）权力分散的结果。随着社会环境的改变、组织规模的不断扩大，无论是由财产所有者还是由少数管理人员直接控制组织的全部经营管理工作都变得越来越不现实，这时就出现了权力的分散。权力分散既包括财产所有权与财产管理权的分离，也包括经营管理权的不断分解、下放。权力分散使得财产所有者或者有关管理人员在获取信息时可能面临风险，因此有必要进行监督检查。就国家审计而言，不论社会制度如何，财产所有者都需要对财产管理者，即政府行政部门的管理活动进行监督；就内部审计而言，由于决策权和其他管理权部分的下放，有些部门或分支机构要实行独立经营，随之，最高管理层的许多决策活动就要转变为监督活动，根据管理跨度原则，最高管理层直接控制的人员相对于间接控制的人员越来越少，因而也就越来越需要专职的监督人员来协助自己完成对企业的总体控制；就注册会计师审计而言，由于公司所有者——股东不参与管理，管理权交由公司管理部门如董事会等执行，公司所有者同样需要聘请独立的审计师对管理部门的管理活动予以监督。所以，权力的分散是审计产生的原因之一。

（2）客观条件的约束。在理论上，组织中的财产所有者和高层管理人员可以获得有关经营管理的信息，也有权对经营管理者和中下层管理人员的活动进行检查。但由于受到在权力分散基础上的法律、时间、空间、成本等一系列条件的限制，他们不能直接取得完整、可靠的信息，或者无法进行直接监督，因而聘请具有某种资格

（独立性、专业训练）的人来对相关信息进行验证、代为检查成为一种必然。就国家审计而言，现代政府收支巨大，政府职责日益扩大，政府活动、政府项目日趋复杂，使得立法部门无法有效履行自己的监督职责，因而有必要建立国家审计组织，招聘或利用各种专家，来对政府行政部门的活动进行检查监督；就内部审计而言，现代企业规模不断扩大，分权式管理方式不断深化，企业的管理层无法对下属的活动实施直接监控，于是，设置内部审计部门的方式被广为采用；就注册会计师审计而言，股份公司的结构使财产所有权与管理权实现了分离，股东不但不能直接参与公司管理，而且无权亲自检查公司的财务报表，这就需要有人代表股东验证财务报表，这种限制是通过法律来明确的，属于法定的限制。所有这些约束都是促使审计产生的原因。

（3）复杂技术约束。现代社会下的经济业务日益复杂，错误和舞弊的可能性都在增加，账务处理和报表编制需要专门的技术，信息使用者为了得到真实准确的信息，在自己不具备财务信息鉴证能力的情况下，有必要雇用独立的第三方对财务报表进行审计。愈加复杂的技术因素无论在过去、现在还是未来都是影响审计的一个重要因素。不难推断，如果决策者可以轻易地自己对信息的真实可靠性进行鉴证，那么审计就没有产生的必要。未来经济业务会更加复杂，信息技术、网络技术和计算机技术的广泛应用使信息存取方式发生变化。经济的发展需要更多样的信息，对信息的鉴证需要更多样的知识，一个决策者不可能同时具备这些专业知识，因此有必要利用独立专家对信息质量进行鉴证。

(4) 趋利动机的存在。信息提供者在提供信息给使用者时总有一定利己的动机。比如，公司希望得到银行贷款而向银行提供财务报表，为了能得到贷款，管理者就有高估资产、低估负债的倾向，银行需要对财务报表的真实可靠性进行鉴定。或者，为了使其业绩更加突出乃至使股票期权顺利实现，管理者在向社会公众公布财务报表时，会有虚增利润的动机。总而言之，人性的贪婪和自私使得信息提供者只要有机会就会选择利己的方式处理信息，而这一方式对信息使用者很可能是不利的。正是由于趋利动机的存在，信息使用者为了避免决策失误要求对信息进行鉴证，同时有些信息提供者为了证明自己并未由于趋利动机而使信息发生歪曲也要求对信息鉴证。双方的要求只能由一个独立的第三方完成才更公正，这样就产生了对独立审计的需要。

(5) 调和矛盾的需要。根据经济学的原理，任何一个人或一个集体都有自己相对独立的利益，而在社会经济资源一定的前提下，不同利益主体之间必定存在着一定的矛盾。这种矛盾既体现为公司股东和公司管理部门之间的矛盾，也包括公司管理部门与债权银行之间的矛盾。就国家审计而言，财产的所有者希望作为财产管理者的政府行政部门能以最小的成本来从事最高效的经营活动，而财产管理者可能会要求较高的报酬，即较大的成本，在两方利益冲突的情况下，客观上就需要对管理者的经管活动予以审计，使得所有者和管理者对所需合理成本尽量达成一致；就内部审计而言，高层管理人员与中下层管理人员之间同样存在着局部利益的对立，于是，也就产生了内部审计，使高层管理人员和中下层管理人员对所需合理的经营成本达成一致；就注册会计师审计而言，股东和经营管理人员更是存在着利益上的冲突，因为对股东来说，企业的经营管理所需费用归根到底是他们所支付的费用中的一部分，是利润的减项，而对管理人员来说，企业的经营管理费用正是他们主要的收入来源，这也就是二者冲突的根本原因。这样，客观上就需要独立审计，对他们在此类利益分配等问题上的矛盾予以调节。

(6) 降低风险的需要。由于经济上或营业上的原因，如经济衰退、决策失误和意外同业竞争等，企业面临严峻的营业风险，所有者的投资极有可能化为泡影。为减少营业风险所带来的损失，就要求企业提供更多的财务与非财务的信息，而且投资者更关心的是关于企业前景的信息。但由于存在信息风险，向投资者提供不可靠信息的可能性与日俱增。为了把信息风险降到一定水平，就要由审计师对信息进行审核，并提供评价，因而产生了对审计的需要。

我认为，审计产生的根源是社会对审计的需求，但是审计人员并不总是能够满足这些需求。早期的账项基础审计发展到风险导向审计以后，审计目标已经从查错防弊发展为对财务报告的公允性提出专家意见，因此长久以来审计职业界普遍认为审计职能不应该以查错防弊为主，审计准则也一直都不主张审计师具有查找和报告舞弊的责任。可是在另一方面，审计报告的使用者却持有不同的观点。他们一般都认为审计师必须承担除了检查和鉴证财务报告公允性之外的更多义务，例如审计师应当负有查找舞弊和非法活动的责任，从而保护审计报告使用者的利益。因此，职业界和审计报告使用者对审计师责任的理解有了差距，也就是我们所要讨论的期望差。理解上的期望差导致在现实中对审计服务的需求大于审计师的供给，出现了审计的供需矛盾。

审计服务的需求量是由许多因素决定的。除了随机因素的影响，经常起作用的因素还有：审计服务的价格、相关服务的价格、审计利益集团的支付能力、审计利益集团的偏好等。审计服务的供给量也是由许多因素决定的。在随机因素之外，通常起作用的因素还有：审计服务的价格、相关服务的价格、审计的技术能力、提供审计服务的成本等。根据经济学的均衡理论，可以得出“均衡的审计服务量和价格是由审计供给和需求共同决定”的结论。然而，现实生活中的审计信息呈现出公共物品性质。这造成了：一方面，审计结果的不可排他性，可能使审计信息使用者采取“搭便车”行为；另一方面，审计结果的不可观察性，使审计市场的价格很难建立在可观测的基础之上。不仅如此，由于审计结论是针对不同公司的情况作出的，这会导致审计结果的异质性，从而使审计结果具有不可加性。因此，审计市场并不是一个有效的市场，审计供给相对于审计需求不足，这种审计供给与审计需求之间的矛盾是造成审计期望差距存在的经济学动因。

审计期望差距是指公众对审计的需求与公众对目前审计执业的认识之间存在的差距，它既包括由于审计能力不足而形成的差距，也包括由于公众的错误认识而形成的差距。在现实中，审计期望差距是始终存在的。在整个审计的发展历程中，当伴随着企业经营失败而出现重大的财务丑闻时，社会总会针对审计师的职业能力、独立性和应承担的责任展开广泛的争论。而经历危机后，社会公众和审计师职业界都会对审计作出重新的认识。也正是这种由于审计供求之间矛盾而产生的审计期望差距，才驱动着审计的不断延伸与发展。

我认为，审计期望差距是引起审计目标演变的动因，由于审计职业是一种公众职业，只有满足公众期望，这个职业才能生存下去。因此，审计职业界必须不断地研究公众期望，同时改善自身的技术，尽可能满足公众需求。而由于审计期望差距的存在，审计师无法达到公众的期望。审计师的法律责任体现了审计期望差距这一性质，即构成审计法律责任关系的各方有着不同的思考问题的角度，存在着不同的利益考虑。由于二者方向的相悖性，故都存在着不尽合理甚至"谬误"的成分或因素。

为了研究审计期望差距的解决对策，我从消除业绩缺陷差距、消除准则缺陷差距与消除不合理差距三个方面进行了分析。根据审计期望差距的性质，我认为审计期望差距是不可能完全消除的。审计期望差距表现为社会公众对审计师工作不满意，而审计师认为自己的工作是恰当的。产生审计期望差距的心理学原因有：自我关注、自我服务偏见、社会比较、知行不一、归因错误、先入为主、从众行为。对于前三种原因导致的审计期望差距可以采用普及心理知识、在错觉中寻找真实措施，对于知行不一可以采用角色扮演、知行合一的措施，对于归因错误可以采用换位思考的措施，对于最后两种可以采用借助媒体，师夷长技以制"疑"的措施降低由此产生的审计期望差距。

（三）关于审计理论结构的逻辑起点

我认为，审计理论结构是指审计理论诸要素（组成部分）及其相互联系的组合，审计理论必须有相应的框架结构——审计理论结构来支撑整个体系，审计理论结构是审计理论的重要组成部分。研究审计理论必须考察审计理论结构，而研究审计理论结构面临着一个不容回避的问题，即从何处入手，以什么作为逻辑推理的出发点。研究审计理论的逻辑起点，有利于我们正确地认识和构建审计理论、运用和检验审计理论、归纳和演绎审计理论、发展和创新审计理论。

从哲学的角度讲，逻辑起点指从抽象上升到具体全过程出发点的概念、范畴或判断，也叫作上升的起点。它是构造一门学科理论体系的出发点或建基点，是该学科理论体系中最基本、最抽象、最简单的一个理论范畴，它对该学科其他理论要素的建立和发展以及整个理论体系的构造均有着决定性的作用。作为审计理论结构的逻辑起点，它至少应符合以下要求：（1）逻辑起点的实质内容应表现为审计体系中最抽象、最一般、最简单的思维规定；（2）逻辑起点应是审计体系中的直接存在物，即它必须是不以审计体系中任何其他范畴为中介前提的范畴，而其他审计范畴反倒必须以它为基础和依据；（3）逻辑起点应该揭示审计理论诸要素的内在矛盾以及审计系统整体的一切矛盾萌芽，逻辑起点本身所包含的矛盾是整个审计体系运动、发展的内在动力和源泉；（4）逻辑起点与形式逻辑系统中的公理不同，它既不是任意的和暂时承认的东西，也不是随便出现和姑且假定的东西，而是为后来的事物运动过程所证明把它作为逻辑开端是正确的；（5）从最一般的意义上讲，逻辑起点范畴作为审计系统中的一个基本要素，同整个体系发生着多方面的联系。这种联系不仅规定着审计系统整体的本质，而且也规定着起点范畴在审计理论体系中所处的地位和所起的作用。

在对不同逻辑起点的分析与考察后，我提出以审计环境为逻辑起点构建审计理论体系，认为将审计环境作为构建审计理论结构的逻辑起点是切合实际的选择。理由主要有：（1）审计环境是一种真实的存在，是审计系统中最简单、最普遍、最常见、最基本的现象。（2）审计环境构成审计理论体系的核心要素，是推导其他抽象的审计理论与概念的基础。审计环境是审计动因的决定因素；审计环境是审计理论体系的核心，它比审计假设所反映的社会环境约束条件更为全面、综合，也界定了审计目标所“意欲表达的理想境地”的特定内容，是审计实务的基石，以之为起点，能使整个审计理论建立在更为宽泛而坚实的基础之上。（3）审计环境反映了审计根本属性，决定着审计的需求与供给，是整个审计体系运动、发展的内在动力和源泉。（4）审计环境是审计系统本身与影响审计的外部因素的结合体，审计环境具有联结理论与实践的功能。审计环境不简单等同于审计实践活动，它是对间接或直接影响审计的环境因素的高度抽象与概括，涵盖政治、经济、法律、科技、社会、自然等多个因素。另外，审计环境来自于审计实践，并不断与之进行物质与能量的交换。（5）审计环境是衡量审计系统是否先进、科学的基本标准，离开审计环境，不能解释各不同国家或同一国家在不同历史阶段审计理论与审计实务所存在的差异。审计环境深刻地体现了审计的这一集合特征，是审计理论跨世纪的研究主题。（6）审计环境蕴含多样化研究方法。审计环境倡导的多样化研究思维方法、多元化理论模式能促进审计理论自身发展。审计理论研究的开山鼻祖、美国的莫茨和夏拉夫教授正是将数学、逻辑学、伦理学等研究思想渗透到审计学中来才开创了人类审计理论发展史上的第一座丰碑。

（四）关于审计理论结构的构建

我认为，建立科学的审计理论结构应遵循如下原则：（1）客观性原则。一方面，审计理论应包括尽量多的经验内容，如果审计理论结构中包括的可以对之进行实证检验的经验命题数量越多，而且这些命题又能接受实践的检验，那么这个理论结构就会有更多的经验内容，就更有价值；另一方面，审计理论要有许多高质量的证据的支持，这直接关系到审计理论的价值能否实现。（2）全局性原则。一方面，审计理论结构应从审计机制运行的角度出发，对这一事物从不同的侧面和层次进行全面的描述；另一方面，审计理论结构是对审计要素诸多特征的概括和描述。（3）逻辑性原则。一方面，审计理论结构必须保持思维逻辑的一致性，理论结构中的概念框架、推理判断都必须严格按照逻辑规律展开；另一方面，审计理论结构必须达到内在的简要性，也就是说，审计理论结构构建时，要在逻辑上表达出一种简洁、扼要的形式。（4）历史性和动态性原则。任何审计实务活动都处在一个多样性和层次性的复杂的社会经济环境之中，这就使审计理论结构不可能是绝对封闭和绝对静止的，而是开放的、历史的、发展的。

由于构建的逻辑起点和组成要素选择不同，人们对审计理论结构模式的理解呈现出多样性态势。在对各种主流审计理论结构模式予以解剖分析后，我以审计环境为起点构建了适合我国审计现状的审计理论结构，这一理论结构由审计理论研究的起点、前提与导向，审计基本理论，审计规范理论，审计应用理论和审计相关理论五个层次组成。

（1）审计理论研究的起点、前提与导向。①审计环境是审计理论研究的逻辑起点。审计环境影响审计目标、审计假设，以及由此确立的审计基本理论、规范理论和应用理论。审计系统中的一切理论问题都是由审计环境展开的，并在此基础上层层深入，形成合理的逻辑层次关系。以审计环境为起点建立的审计理论体系及以理论为指导的审计实务工作能否实现人们的期望，是对审计目标确立恰当与否的最好检验。在审计环境中，对审计目标起主要作用的是社会公众对审计的期望及相关法律对审计的约束。②审计假设是审计理论研究的前提。审计假设是人们对变化不定的社会经济作出的一些合乎逻辑的推论和判断，它设定了审计工作的空间、时间和质量单位。审计假设为有效地实现审计目标提供必要的前提条件，是建立审计基本理论、规范理论和应用理论的逻辑前提。但这种假定和判断不能凭空设定，它受制于审计外环境，离开审计环境的审计假设，只能是“沙滩上盖高楼”——不牢靠。③审计目标是审计理论和实务的导向。这是在认真研究审计环境和审计假设的基础上确定的，既对审计基本理论起导向作用，也对审计规范理论和审计应用理论起导向作用。审计目标是审计活动的既定方向和预定结果，是审计行动的基本指南。审计目标既反映社会（审计环境）对审计的要求，也反映了审计作用于社会（审计环境）的实质内容。审计目标的确定受到审计环境的影响，并随着审计环境的变化而变化。一方面，有什么样的审计目标便给审计工作、审计报告等提出什么样的要求；另一方面，审计目标也给审计准则提出了要求和前提，它规定着审计信息的质量特征。

(2) 审计基本理论。审计基本理论是指可以通用于任何独立审计活动的各种具有普遍指导性的审计理论。它是审计理论的精髓，由审计导因、审计性质、审计职能、审计主体、审计客体、审计原则和审计概念体系等构成。审计基本理论具有以下特征：①高度的抽象性。它没有具体的实践导向，没有实物可加参照，只是产生于高度抽象的理念之中，如审计职能，是看不到和无法直接感受到的事物。②普遍的适用性。它不受部门、行业等审计客体变化的影响，也排除了不同审计类型的差别可能给理论研究带来的障碍。③严密的逻辑性。由于这种审计理论是高度理性思维的成果，无论是它所属的各种不同理论之间，还是同一理论的结论、论据、论点之间，都呈现出极强的逻辑性，整个审计基础理论的结构十分严谨。

(3) 审计规范理论。审计规范理论是指在审计基础理论指导下，按照审计实践的基本规律而建立的一种审计理论。它由职业技术规范理论、职业道德规范理论和质量控制规范理论等内容构成，主要研究如何根据审计环境的要求，构建适合时代和地域特征的职业规范体系。这种理论的主要特征表现为：①规范性。审计规范理论主要用以规范审计师的执业资格和执业行为，目的在于提高审计质量。②权威性。审计规范理论具有权威性和强制性，它实际上制约着审计实务。③指导性。审计规范理论中的那些准则、规则，可以用于指导审计的实际工作。

（4）审计应用理论。审计应用理论是在审计基本理论和审计规范理论指导下建立的一种旨在指导审计实务、提供操作指南的审计理论。它包括审计组织理论、审计操作理论和审计控制理论三个有机部分。这种理论的主要特征表现在两个方面：①具体性。这种理论常常能被找出相应的实物参照系，总是解决某一特定方面的实际问题，常常具有一定的可操作性和可察见性。②有用性。它不像审计基本理论那样空洞枯燥，无法用于实际工作。该理论所包含的内容相当广泛，如审计计划、审计程序、审计技术方法、审计策略与审计证据、审计报告等方面的理论，都应归入此类。

（5）审计相关理论。审计相关理论是从事审计理论研究和审计实践工作所必须具备的其他学科理论，主要包括：哲学和经济学理论、系统科学理论、财务和会计理论、管理科学理论、统计科学理论、侦查逻辑科学理论、计算机与网络技术理论、计算技术、行为科学、人力资源理论、环境理论等。

审计理论结构如图1所示。

（五）关于审计环境

我认为，任何事物的产生与发展都离不开环境的影响，审计作

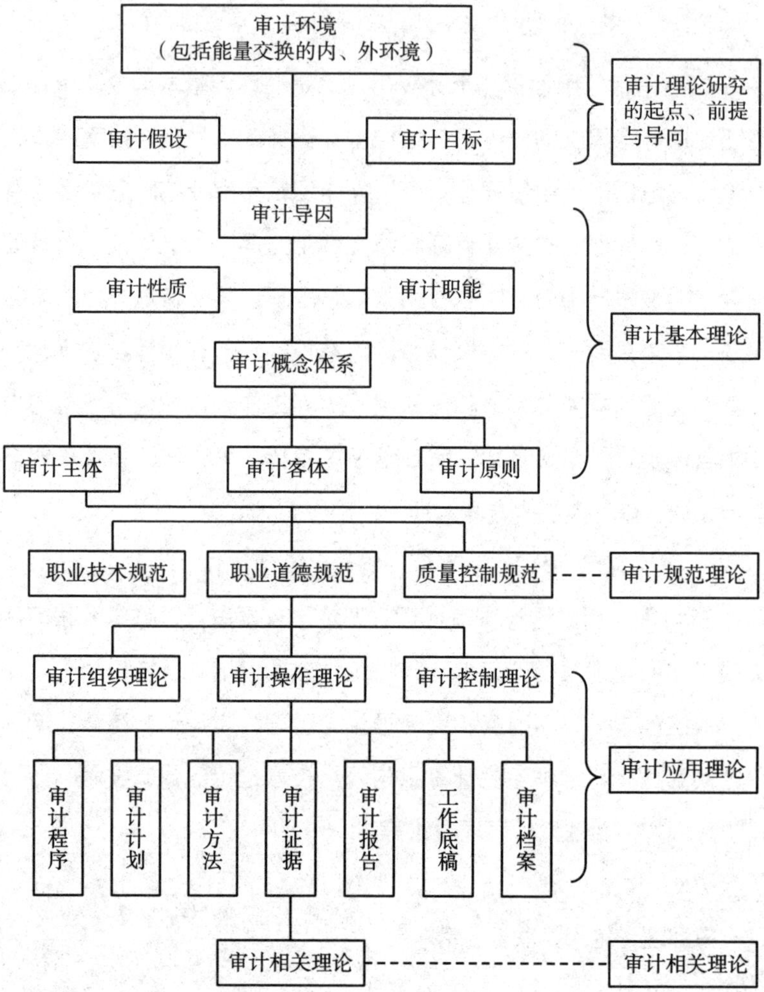
审计环境
（包括能量交换的内、外环境）
审计假设
审计目标
审计理论研究的起点、前提与导向
审计导因
审计性质
审计职能
审计概念体系
审计基本理论
审计主体
审计客体
审计原则
职业技术规范
职业道德规范
质量控制规范
审计规范理论
审计组织理论
审计操作理论
审计控制理论
审计程序
审计计划
审计方法
审计证据
审计报告
工作底稿
审计档案
审计应用理论
审计相关理论
审计相关理论

图1　审计理论结构

为社会文明的产物当然也离不开环境的影响。所谓审计环境，是指与审计的存在、发展密切相关，影响审计思想、审计理论、审计实务以及审计发展水平的客观现实因素和历史因素的总和，是内部环境因素和外部环境因素的对立统一体。影响审计环境的因素很多，主要包括经济、诉讼及判决、法律、科学技术、相关利益群体、文化等因素。审计环境对审计理论和实务的影响主要表现为以下几个方面：(1) 审计环境决定了审计需求与供给。(2) 审计环境决定了审计目标的确立与调整。(3) 审计环境决定了审计模式的建立与调整。(4) 审计环境决定着审计职能的扩展和变化。(5) 审计环境促进了审计程序和方法的变更。(6) 审计环境推动了审计技术与手段的进步。(7) 审计环境制约着审计的具体内容。(8) 审计环境决定了审计风险水平。

（六）关于审计目标

关于审计环境与审计目标的关系，我认为，审计环境的变化导致了审计目标的演变。其中，社会的需求对审计目标的确定起着根本性的导向作用，决定着审计目标的变化；审计自身的能力对审计目标的确定起着决定性的平衡作用，决定着审计目标的供给；法律、法庭判决以及会计团体制定的审计准则代表了相关方博弈的过程和结果，是审计目标明确化的具体表现形式。审计目标的演变分为四个阶段：(1) 查错纠弊阶段；(2) 鉴证财务报表的真实公允阶段；(3) 鉴证财务报表的真实公允与查错纠弊并重阶段：(4) 降低信息风险（包括但不限于财务信息风险）阶段。

现阶段，降低信息风险已成为审计的主要目标。促使审计目标向降低信息风险转化的原因也是多方面的。一是社会公众的信息需求在不断扩大，传统的财务信息已远远无法满足。长期以来，受制于公认审计准则的作用，审计行业致力于产出一种标准的复核性导向的审计产品，而对财务报表以外的信息不发表意见，社会公众不得不从审计职业之外获取这些信息。但在他们看来，年度报告中所披露的大多数其他信息，如对于评价企业地位、发展及未来趋势都是至关重要的，它可以满足社会公众的信息需求。这些信息在某种程度上比已审的会计信息还要重要。如果这样，社会公众将不会一如既往地支付审计费用，从而导致事务所之间的审计费用上的竞争，最终给审计职业带来巨大的经济压力，甚至制约职业的全面发展。满足公众这种需求的潜在方法就是对审计报告进行改革，增加对非会计信息评价的内容，以增加信息的可信性，也就是降低信息的风险。二是经过长期的实践，审计师在技术上已初步具备了这方面的能力。抽样技术的发展、内部控制技术的提升、信息与网络技术的进步、风险导向审计模式的推广，使得审计具备了不断降低信息风险的能力。三是伴随着经济的高速发展，审计师的法律责任在日益扩大，但审计的建设性职能却在日益缩小。现代审计发展到今天已具有一种社会职能，站在社会的角度，将审计范围局限于会计数据是极为不妥的，审计应迎合社会公众对企业管理的期望业绩水准，对企业管理的行为或业绩进行判定。由于面临大量诉讼的威胁，加上对总体管理业绩进行评判，实际上是一种主观判断，背离了鉴证职能增加信息可靠性的本质，审计职业界极不愿意深入到非会计数据能反映的领域。缩小这种距离无非是两种选择，一种是审计职业自我挑战，也就是扩大审计的鉴证职能；另一种是审计职业日益为其他职业替代。显然，为了维护审计职业的生存与发展，明智的选择应是第一种，也就是提供更多的保证服务，对企业管理揭示的信息提供全面的评价，降低信息风险。

（七）关于审计假设

我认为，审计假设是根据已获得的审计经验和已知的事实，并以已有的科学理论为指导，对审计事物所产生的原因及其运动规律作出推测性的解释。简言之，审计假设是指关于审计的科学猜测或设想。审计假设具有三个方面的特点：（1）审计假设是不证自明的公认的“当然”之理。审计假设之所以不证自明，或者是因为它们早已经过人们长期的实践检验，被认为是理所当然的；或者是因为它们是审计师已经获得的理论成果；或者是因为审计师为了理论推导而设定。（2）审计假设是逻辑推理的出发点。假设在任何理论大厦里都占据着基础的位置。（3）审计假设来源于审计实践并用于指导审计实践。

我认为，审计假设就是以事实为依据作出的合理推断，审计假设具有如下的性质：（1）审计假设在本质上是普遍性的，而且是推导其他审计命题的基础。（2）判断审计假设能否成立的唯一标准是审计实践。（3）审计假设随审计环境的变化而变化。

在详细回顾和剖析几种主要的审计假设模式之后，我提出了构建审计假设体系的原则，最后确立了风险导向战略系统审计假设体系。该假设体系分为4 个层次12 条假设：

（1）信息不对称假设。由于权力分散（尤其是财产所有权与经营者分权）进而造成的信息不对称是审计存在的直接原因。在信息不对称的情况下，需要一个机构来解决在事前不对称的情况下提供真实信息（让人说真话）、在事后信息不对称的情况下确实履行责任（让人不偷懒）的问题。

（2）信息不确定假设。信息不对称是审计产生的直接原因，而被审计单位管理层提供的财务报表和其他资料等所反映的信息的不确定性是审计产生的根本原因。诸多影响因素的存在导致了信息的不确定性，这种不确定性导致信息可能呈现出真实有用的信息、错误的信息或虚假的信息三种情况。错误和虚假信息，会给信息使用者造成决策失误，从而导致巨大的经济损失。为了避免这一情况，信息使用者客观上就需要一个来自外部的、持独立、客观、公正立场的第三方对被审计单位管理层提交的信息的公允性加以验证，这样就产生了审计。

（3）信息可验证假设。信息可验证假设，是指反映被审计单位的财务收支及有关的经营管理活动的会计信息是可以验证的。在现实生活中，虽然我们还不能证明所有的经济活动都能予以验证和评价，但由于存在审计标准（如会计准则、相关法规、合同、相关经济技术指标和优良管理的范例等），人们普遍接受信息可验证假设。

（4）信息重要性假设。信息重要性假设，是指会计信息的内涵微妙、复杂、重要，以致如果没有业经审计的信息，无法作出合理的决策；而验证信息的真实、可靠是审计过程的主题，没有审计不可能正确地理解、评价或判断信息。

（5）审计主体独立性假设。这一假设认为，随着财产所有权和经营权的分离，客观上需要一个与上述二者没有任何利害冲突的独立“第三人”对会计信息的真实可靠性作出鉴证和评价。第三人假设不仅说明审计产生的理由，而且还从性质上明确审计是一种证实、评价性活动。更重要的是，根据这一假设，推导出从方式上审计必须是一种委托审计，从而将审计与会计检查、经济监察等区分开来，使得审计具有自身的基本特征。

（6）审计主体胜任性假设。审计主体胜任性假设，是指审计师在履行审计职责过程中应具备专业胜任能力，包括技术、知识和经验等。审计师在进行风险识别、评价、估量时，需要根据具体的情况，作出大量的判断和决策。假定审计师具备职业所需的胜任能力，就是说审计师有能力进行一系列的判断和决策，识别所有影响审计风险的因素，达到审计目标。

（7）审计主体理性假设。这一假设认为，审计师也是理性的、追求自身利益或效用最大化的人。审计师在执行业务过程中所表现出的自利性体现为对审计公费和客户数量的追求。但出于理性的考虑，审计师不能无视法律和规范的存在而出具虚假报告。理性的审计师会从长远的角度考虑其行为的最大效益，并主动接受法律和规范的约束。

(8) 内控相关性假设。内控相关性假设是指内部控制是否健全和一贯有效与财务报表是否存在错报、漏报以及是否存在错误与舞弊息息相关。也就是说，健全、有效的内部控制系统能够减少甚至消除错误与舞弊事项的发生。这种假设是现代审计所必须具备的一个基本条件，没有它，一切有关控制测试和评价的要求都会失去逻辑上的理论依据。因此，在审计过程中必须了解、评估内部控制结构，针对内部控制风险提出应对措施，唯有如此才能把审计风险降低到社会可接受的水平。

(9) 风险可控性假设。风险可控性假设是指，虽然审计风险是不可消除的，但审计师可以通过设计恰当的审计程序，通过风险的识别、计量、评价、预防把审计风险控制到社会可接受的水平。审计风险由固有风险、控制风险和检查风险等三要素组成，虽然固有风险、控制风险的发生是审计师无法控制的，但审计师可通过评价它们的水平的高低，通过检查风险的控制，而间接地控制审计风险。实践证明，认为审计风险是可控制的，从而把这一思想贯彻到所实施的审计程序中去，把审计资源重点分配到高风险的审计领域，可以较好地揭露企业财务报表中所包含的重大差错和舞弊，从而缩小社会公众的需求和审计能力之间的差距，使审计风险控制在社会可接受的水平范围之内。

(10) 认同一贯性假设。认同一贯性假设是指如果没有确凿的反证，过去被认为是正确的，将来也会被认为是正确的。设定这一假设的主要理由是解决企业经营业务的连续性与审计行为的阶段性之间的矛盾。任何企业的经营活动都是连续不断的，而会计是分期反映的，审计行为是阶段性的，财务信息是一个累积的结果，审计要鉴证的是期末余额，因而要假定前后会计期间反映的财务报表的逻辑关系都具有连续性。只有根据这一假设，审计师才能认为根据上期的审计过的资产负债表的期末余额转记过来的本期期初余额是可信的，通过对本期发生的业务的真实性进行审查，即可鉴证本期期末余额。除非有确切的相反证据证明前期资料有误时，才对那些对本期有影响的前期资料作出调整。这一假设不仅为审计师执行所有验证工作提供了指南，而且是审计师在验证过程中，当被审计单位发生不可预见或意外的财务状况和经营变化时，为审计师提供一种必要的保护，从而使审计责任有了一个合理的界限。

（11）证据力差别假设。证据力差别假设是指不同的审计证据其可靠性是不同的，需要受其来源、及时性和客观性的影响。比如，书面证据比口头证据可靠；外部证据比内部证据可靠；已获独立的第三方确认的内部证据，比未获独立的第三方确认的内部证据可靠；自行获得的证据，比由客户提供的证据可靠；内部控制较好时所提供的内部证据，比内部控制较差时所提供的内部证据可靠；不同来源或不同性质的审计证据相互印证时，审计证据较具可靠性；越及时的证据越可靠；客观证据比主观证据可靠。审计工作的核心就是获取审计证据，审计证据是作出审计结论的依据。证据力差别假设为审计工作的顺利进行提供了必要的基础，没有审计证据假设将无法展开审计工作，得出最终的审计结论。

（12）责任明确性假设。责任明确性假设认为，管理责任和审计责任是两个完全不同的概念。保护资产的安全、完整，保证会计资料的真实、完整、合法，是被审计单位管理层理所当然的管理责任，这一责任不能由审计师来承担；审计师的责任是依据公认的审计准则和会计原则的要求出具审计报告，对被审计单位财务报表的合法性、公允性及一贯性表示意见，并对审计报告的真实性、合法性负责。根据这一假设，财务报表是否公允表述，其判断标准以是否遵守公认的会计原则为标准。根据这一假设，审计师为了履行其职责，必须对审计工作作出周密的安排，并以应有的职业态度去执行审计业务，以便尽可能地发现被审计单位财务报表所存在的问题。这一假设的重要意义，就在于它合理地区分了管理责任与审计责任，为判定审计师的法律责任提供前提，使审计师不至经常陷于诉讼的旋涡，从而有利于审计事业的发展。

综上所述，(1)(2)(3)(4)假设主要是对审计产生的原因假设；(5)(6)(7)假设是对审计主体应具备资格条件的假设；(8)(9)(10)(11)假设为开展审计工作提供逻辑依据和技术方法的假设；假设(12)是为明确管理责任和审计责任而作的假设。上述12条审计假设可以构成一个完整的审计假设体系，一系列重要的审计概念都可以从这些审计假设中推导出来，从而有助于构成一个严密、科学的审计理论结构体系。

(八)关于审计概念体系

我认为，审计概念是从审计实践中抽象出来，用审计名词或术语表示的一种理性认识。审计概念体系是相关审计概念互相联系、互相制约构成的一个完整的系统。审计概念体系的存在有着非常重要的意义，其作用主要体现在以下两个方面：（1）审计概念体系是构建审计理论结构的基石。（2）审计概念体系还是指导审计实践的路标。统一、规范的概念体系一经形成，便可采用逻辑推理的方法从中推导出实务中可以遵循的规则、标准、程序、方法，可以用来解决新问题，乃至预测将要发生的新现象，从而有效地指导和规范审计实践。

我认为，审计概念体系可以界定为“可信性”“过程”“传输”“执行”四个方面，涵盖“专业胜任能力”“职业道德”“独立性”“审计判断”“审计证据”“审计风险”“重要性”“真实与公允”“审计报告”“沟通”“审计准则”“审计测试”“应有的关注”“职业怀疑”“质量控制”等概念。

（1）“可信性”涉及的是审计师，它与人们是否相信审计师出具的报告有关。它首先要求审计师具备相应的“胜任能力”，这从技术角度阐明了审计师应该具备的素质；从道德角度来看，它还要求审计师能够以诚实的行为品质来执行审计业务，也就是说他的执业行为应该受到“职业道德”的约束。此外，审计师还应该在实质和形式上保持其“独立性”，以便能够对事实进行不带偏见的判断和客观的考察，并将这一状态呈现在客户面前。“独立性”不仅是最为重要的一个概念，它还是审计的本质所在。丧失“独立性”，审计也就不能再称之为审计了。

（2）“过程”指的是审计调查过程。这可以看作是以“审计判断”作为中心活动来收集、审查、评价和运用“审计证据”的过程。在这一阶段，还涉及“审计风险”与“重要性”的概念。它们之间的关系是：预期“审计风险”与“重要性”水平呈反比，“重要性”水平的高低又与所要收集的“审计证据”的数量呈反比。当然，这一切自始至终都与“审计判断”紧密地联系在一起。

（3）“传输”主要指审计师在“真实与公允”的基础上对外公布其“审计报告”，却又不仅限于此。它还包括审计师与被审计单位以及社会公众之间的“沟通”，与前者的沟通有助于保证“审计报告”的“真实与公允”，与后者的沟通则可以引导公众正确使用“审计报告”并缩小审计期望差。

（4）“执行”部分与“过程”部分有些重叠，单列的原因在于突出审计师是执业者这一思想。作为执业者，就要遵循该行业的执业标准（“审计准则”）。为切实履行其对公众的责任，在执业，也就是进行“审计测试”的过程中，还应该保持“应有的关注”，保持“职业怀疑”并进行相应的“质量控制”。“执行”部分的概念实际上是对上述三方面内容顺利实施的保证。

二、审计职业规范体系研究

自1994年加入中国注册会计师审计准则组以来，我一直潜心研究独立审计准则，为中国注册会计师审计准则和注册会计师职业规范建设作出了重要贡献。我先后主持起草了《独立审计基本准则》《职业道德基本准则》《职业道德守则》《关联方关系及关联方交易准则》《利用内部审计工作准则》《利用专家工作准则》《利用其他注

1997年3月，在美国注册会计师协会（AICPA）访问。

册会计师工作准则》《集团财务报表审计准则》《鉴证业务基本准则》《历史财务信息审计、审阅之外的其他鉴证业务准则》等二十几项准则。作为中国注册会计师审计准则委员会委员和准则组的资深专家，几乎参与了所有准则、指南、准则释义、问题解答等的起草、修订和讨论工作。我还担任国家审计署国家审计准则委员会的专家，参与了国家审计准则的讨论修订工作。我在《独立审计准则研究》《审计理论研究》等专著中，对审计职业规范体系、独立审计准则相关理论进行了详细的分析并提出了自己的观点。

（一）审计职业规范体系的内在逻辑结构

审计职业规范体系是指用于加强审计人员职业道德修养、控制审计质量、规范审计技术等一系列规定和指导，它具体包括职业道德准则、职业技术准则、质量控制准则和后续教育准则等内容，其中，职业技术准则是职业规范体系的核心内容。

注册会计师职业规范体系的内容见图2。

注册会计师职业规范体系中的内容是互相联系、相辅相成、缺一不可的。独立审计准则将职业道德准则、质量控制准则具体化，并把它们融进审计业务的技术指导与要求中；职业道德准则、质量控制准则及后续教育准则则为独立审计准则有效实施提供可靠的保障。

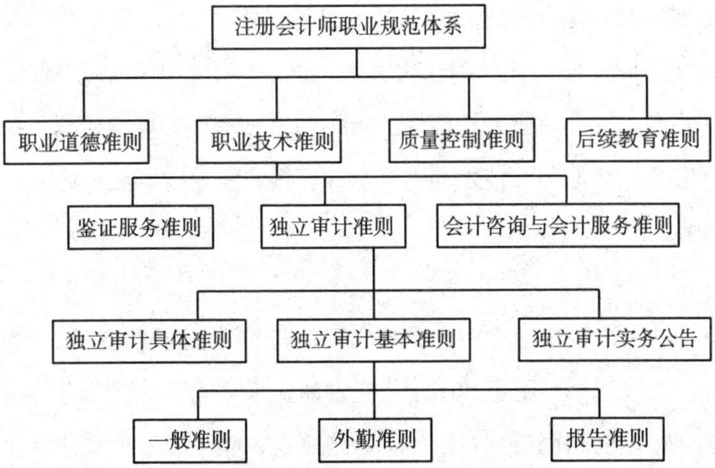

图2　注册会计师职业规范体系

1. 独立审计准则与鉴证服务准则、会计咨询与会计服务准则的关系

注册会计师的业务按类型可分为审计、非审计鉴证服务以及会计咨询与会计服务等。与之相适应的，注册会计师的职业技术准则也分为独立审计准则、非审计鉴证服务准则、会计咨询与会计服务准则等相对独立的几部分。

独立审计准则又称独立审计标准，它是注册会计师职业规范体系的重要组成部分，是注册会计师执行独立审计业务过程中必须遵循的行为准则，是注册会计师获取审计证据、形成审计结论、出具审计报告的专业标准。独立审计准则与其他职业技术准则既有密切的联系，又有明显的区别。与国际审计与鉴证准则理事会（IAASB）2005 年公布的鉴证准则比较，二者之间的联系有三：一是性质相同，二者均为注册会计师提供有关专业服务应当遵循的技术标准，它们共同组成注册会计师职业技术规范体系；二是规范对象相同，二者都是用以规范注册会计师执业行为的；三是基本精神相同，独立审计准则是其他职业技术准则的基础，其他职业技术准则是独立审计准则的延伸。

其他技术准则与独立审计准则比较，其区别主要体现在如下两个方面：一是适用范围不局限于历史性财务报表的审计；二是检查有关陈述或报告是否符合特定的标准或规定，而不局限于公认会计准则。

2. 独立审计准则与职业道德准则的关系

注册会计师的职业道德准则是指注册会计师在审计实践活动中应当遵循的行为规范，是对审计人员思想意识、品德修养等方面所作的基本规定，具体包括职业品德、业务胜任能力、技术要求、对客户的责任、对同行的责任等方面应达到的行为标准。对注册会计师而言，职业道德准则与独立审计准则犹如鸟之双翼、车之两轮，相辅相成，缺一不可。二者之间既有联系，又有区别。

它们之间的区别主要表现在两个方面：第一，职业道德准则是统御整个注册会计师职业界各种专业服务的行为规范；而独立审计准则只是约束注册会计师在提供审计服务时的行为规范。第二，职业道德准则侧重从社会道德的角度对注册会计师的行为提出要求；而独立审计准则则是着重从技术角度对注册会计师的行为提出要求。

两者之间的联系是：由于审计服务是注册会计师提供全部服务的一个组成部分，因此，独立审计准则中应当充分反映职业道德准则的基本要求；又由于职业道德准则的目的之一是从道德要求的角度促使注册会计师遵循独立审计准则及其他相关技术准则，因此，职业道德准则也需充分体现独立审计准则的要求。具体地讲，《职业道德基本准则》与《独立审计基本准则》的联系可以从如下四个方面来理解：（1）在独立审计准则中强调注册会计师应当遵守职业道德规范，并重复职业道德准则的要求，目的是保持独立审计准则的完整性；（2）职业道德准则强调注册会计师应当遵守独立审计准则等职业规范，并重复了独立审计准则的基本要求；（3）职业道德准则与独立审计准则的要求有重复的地方，但其适用范围比独立审计准则更宽泛；（4）职业道德准则中的某些要求在独立审计准则中没有出现，但对独立审计人员的执业行为也有影响。

3. 独立审计准则与质量控制准则的关系

质量控制准则是注册会计师职业界为保证各事务所在办理各项业务中达到职业道德准则和职业技术准则要求而建立的有关质量控制的系统要求，通常包括为实现会计师事务所全面质量控制所制定的各项政策和程序，以及为实施单项业务质量控制所采用的程序和措施。

独立审计准则与质量控制准则的主要区别在于：质量控制准则是要求各会计师事务所在提供专业服务时，从整体上控制、保证其服务质量的准则；而独立审计准则是注册会计师在执行独立审计业务时应该遵循的技术准则。前者用以规范会计师事务所，侧重于质量控制，适用于注册会计师、会计师事务所提供的各种专业服务；后者用以规范注册会计师，侧重于技术要求，主要适用于注册会计师执行独立审计业务。

独立审计准则与质量控制准则的主要联系在于：首先，二者的根本目的都是确保注册会计师和会计师事务所提高技术水准和执业质量，以高超的技能和完善的质量服务于社会、取信于社会。其次，二者的内容也是相辅相成、紧密联系的。质量控制准则中，大都强调会计师事务所应当遵守独立审计准则，恪守独立、客观、公正的原则，以应有的职业谨慎执行各项业务；而独立审计准则中也反映了质量控制准则的要求，如各国独立审计准则大都规定，注册会计师对各项业务应当妥善规划，并对业务助理人员的工作进行督导和检查。

4. 独立审计准则与后续教育准则的关系

后续教育准则是注册会计师职业界为巩固和提高注册会计师的专业知识和技能，确保注册会计师以足够的专业胜任能力提供专业服务而制定的有关注册会计师后续教育的系统要求。

独立审计准则与后续教育准则的区别在于：前者的直接目的与效用是明确注册会计师的审计责任和执业要求；后者的直接目的是为注册会计师的后续教育和技能提高提供指导。前者是注册会计师执行独立审计业务所应遵循的职业准则；后者是注册会计师在整个职业生涯都应遵循的职业准则。

独立审计准则与后续教育准则的联系主要在于：职业后续教育的内容包括独立审计准则等职业准则的培训和研习；独立审计准则要求注册会计师应当保持并不断提高其专业胜任能力，不得承办不能胜任的业务，这一要求只有通过适当的后续教育才能达到。

（二）独立审计准则理论研究

我的博士学位论文标题为《独立审计准则研究》。论文主要对如下问题进行了研究和回答：第一，独立审计准则究竟因何而产生？因何而发展？第二，审计准则究竟是什么？其本质属性如何？第三，审计准则的基本要素有哪些？各项具体要素的含义如何？第四，各主要国家和地区审计准则的制定与实施情况如何？各国之间审计准则有何差异？差异产生的原因是什么？第五，如何认识我国当前和未来社会主义市场经济环境的具体特征？如何确定我国审计准则的制定原则与目标？第六，怎样理解审计准则的国际协调？审计准则的国际协调的动力何在？在国际协调的进程中，中国应当扮演怎样的角色？

《独立审计准则研究》这一具有开拓性的研究成果主要贡献有四：一是透过审计准则发展的历史和现实，总结出独立审计规范化的规律；二是从审计环境的需要和规范独立审计的要求出发，探求独立审计准则的内在结构和基本要素；三是通过不同国家、地区间的对比分析，揭示出独立审计准则的共性和个性，进一步总结审计环境与独立审计准则的逻辑联系；四是通过前述研究，结合我国的现实，勾画出我国独立审计准则建设的合理思想与目标模式。

1. 独立审计准则的产生与发展

我认为，审计准则是审计工作自由度与统一度的平衡结果，其产生的基本动因是规范审计行为、维护市场秩序。审计和准则的发展是会计师职业界、经济法律环境和社会公众多轮推动的结果。在准则的制定过程中，学术界和与实务界、职业界与非职业界往往从存在分歧到最后倾向一致，准则综合地调整着与准则有关的各行各业的意见。审计准则不是从有关审计职能的知识体系中产生出来的，它是对审计工作中一般公认惯例的归纳和概括，是审计经验的总结和升华。

审计准则是对审计主体自身素质和工作质量的要求，从某种意义上说，也是审计人员的护身符；审计准则的产生和发展首先是基于职业界本身的需求，此外还包括审计报告使用者和社会公众的需求。审计准则的产生和发展与法律环境和经济发展密切相关，推动审计准则发展的基本力量包括会计师职业界、证券管理部门和国家权力机构等多个方面。

审计准则的发展历史过程呈现四条轨迹：一是审计准则从独立审计向国家审计和内部审计发展；二是审计准则从美国向世界各国传播；三是审计准则由基本财务报表审计向非基本财务报表鉴证和会计咨询与会计服务领域扩展；四是由单一国家的审计准则向地区性、国际性审计准则发展。

2. 审计准则的实质和特征

我认为，审计准则的实质在于规范，是一种关于审计主体资格及其审计行为的专业规范。审计准则是由权威机构制定或认可的、用以明确审计主体资格、指导审计人员执业和评价审计工作质量的专业规范。

独立审计准则的基本特征主要表现在以下几个方面：(1) 公认性。审计理论界和审计实务界的普遍认可，并非包括非审计职业界在内的“大家接受”。(2) 权威性。审计准则的制定、发布和实施必须取得某些权威机构的支持，这些权威机构可以是一个国家的立法部门、行政部门，也可以是经过授权的会计师职业团体。(3) 规范性。有了审计准则，审计人员在执行审计业务、出具审计报告时，就有了一个衡量尺度，可以随时进行对照检查，以便审计行为达到规范化。(4) 科学性。审计准则的科学性体现在四个方面：一是审计准则理论的正确性；二是审计准则操作的可应用性；三是审计准则结构的合理性；四是审计准则质量要求的政策定位的恰当性。(5) 发展性。审计准则是不断发展的，它将随着审计理论的发展而发展，随着审计实践的深入而不断完善，随着社会经济环境的变化而修正，随着人民对审计工作认识水平的提高而提高。(6) 最低要求性。审计准则只是审计工作的最起码要求，不是对审计工作各个具体问题的详细说明书。(7) 理论性。从国外各主要国家研究审计准则的经验看，早期多侧重于采取归纳审计惯例的简单做法来建立审计准则，缺乏理论指导，走了不少弯路，以后才逐步认识到在逻辑严密的理论指导下建立审计准则，才能保证审计准则更具有生命力。(8) 实践性。审计准则是审计理论和审计实践相结合的产物。具有科学性和实用性的审计准则，必须从审计理论上进行科学概括，再经过审计实践的反复检验，才能形成。

普遍认为，审计准则具有积极作用，但是我认为审计准则也存在负面效应。审计准则对于保证审计质量、为审计本身提供可信性，以及减少审计风险、保护审计人员具有其积极作用，也有负面效应。

3. 审计准则与审计理论其他部分的关系

我认为，审计准则作为审计应用理论的重要组成部分，它与审计目标、审计假设、审计原则以及审计程序等具有密切的联系；审计准则作为注册会计师职业规范体系的重要组成部分，与其他职业规范也存在密切关系。

我认为，审计准则的发展史亦即审计目标的演变史。审计目标确定以后，如何实现审计目标则是审计人员的责任，而对审计人员的工作如何规范则是审计准则的内容。同时，审计目标随着时代的不同，社会经济环境的变化而变化，因而审计准则的内容也在不断地发生变化。审计目标的变化对审计准则制定的影响是直接的。有什么样内容的审计目标，就会制定出什么样的审计准则。审计目标的演变史也就是审计准则的发展史。审计准则是保证审计目标得以实现的技术要求和措施。我认为，根据我国现阶段社会经济环境的要求，以及注册会计师审计的发展历程，现阶段的审计目标应分为两个层次：一是直接目标，包括验证被审计单位财务信息是否按照企业会计准则的要求，恰当反映其财务状况、经营成果和现金流量情况；揭露和报告对提供的信息有直接重大影响的欺诈和非法行为。二是终极目标——提高经济效益，优化社会效益。

我认为，审计准则的制定应以审计假设为前提。从对西方所存在的几种审计假设模式的分析可知，正确的、有效的审计假设是制定审计准则的前提。缺乏这些假设，不仅使审计准则的制定缺乏逻辑依据，也使审计工作的实施缺乏逻辑前提。

我认为，审计原则是制定审计准则的依据。审计原则是审计工作中客观存在的具有普遍性规律的反映；是审计理论的高度概括。审计准则却是用以指导和规范审计实务的，是审计理论的运用。审计准则的内容必须体现审计原则的精神实质。作为规范审计人员工作行为的审计准则同时也必须体现审计原则的内容，即审计原则是制定审计准则的重要依据；同时，审计准则又对审计原则的成熟和发展提出要求并起到促进作用。

审计准则与审计程序是有区别的。审计准则是控制审计行为和审计报告质量的一般要求，具有广泛的实用性，适用于每一项审计业务。审计程序是为了实现审计目标而由审计人员根据审计准则的要求执行的具体审计步骤，具有较强的针对性。审计准则是制定审计程序的基本要求和依据。在每一项审计业务中，审计人员必须设计相应的审计程序以达到审计准则所要求的质量标准。

独立审计准则与注册会计师职业的其他技术准则（包括独立审计准则、非审计鉴证业务准则、会计咨询与会计服务准则等）、注册

2016年，修订《高级审计研究》时的工作照

会计师职业道德准则、注册会计师审计质量控制准则以及后续教育准则共同构成注册会计师职业准则体系。独立审计准则与职业准则体系中的其他准则相辅相成，缺一不可。

4. 审计准则的基本构件

关于独立审计准则的基本构件，不同的学者存在着不同的观点。我认为，独立审计准则的基本构件包括独立性、专业胜任能力、责任与关注、风险评估、审计证据和审计意见及其表达六个要素。其中独立性和专业胜任能力主要针对审计主体的职业身份和必备素质而言，主要解决由谁审计的问题；责任与关注主要针对审计范围和执业责任而言，主要解决审计什么的问题；风险评估和审计证据主要针对审计程序和方法而言，主要解决如何审计的问题；审计意见及其表达则主要针对审计结果而言，主要解决如何出具报告的问题。

独立审计准则的基本构件，同时也是独立审计实务的基本内核和独立审计理论的重要概念。它们是独立审计准则、独立审计理论、独立审计实务的关键点。研究和构建独立审计准则体系，应以独立审计准则的上述要素为基础。

5. 审计准则的国际差异

不同国家或地区的审计准则之所以产生差异，其最根本原因在于其审计模式的不同。有什么样的审计模式，就会有什么样的审计准则。而各国的审计模式普遍受到社会生产力、经济、政治、法律等社会经济环境因素的共同制约，表现出不同的特征与特色。影响各国审计环境的具体因素包括：政府影响、法律约束、审计客户、竞争环境、审计历史和审计观点等。我对全球16个典型国家或地区独立审计准则的现状、差异进行评价，通过对比分析揭示其深层诱因，指出独立审计准则的国别差异应归因于审计环境的差别，独立审计准则建设应与审计环境相适应。

6. 中国审计准则的制定和国际协调

结合我国特殊的制度背景，我认为，制定中国独立审计准则应处理好八大关系：第一，国际与国情的关系；第二，科学与实用的关系；第三，现实与超前的关系；第四，规范与保护的关系；第五，重要性与完整性的关系；第六，普遍性与特殊性的关系；第七，专业团体与政府机构的关系；第八，职业界与社会公众的关系。

关于审计准则的国际协调，我认为，协调是通过协商与调和，缩小各国间审计准则的差异，逐步实现审计目标与审计原则的基本一致的过程。具体地说，审计准则的国际协调应从以下几个方面加以理解：(1) 协调的本质是协商与调和，协商是基础，调和是目标；(2) 协商是一个过程，是在认识差异、承认差异条件下，逐步缓解矛盾和冲突的过程；(3) 协商问题不仅仅是一个复杂的技术问题，更是一个复杂的政治问题，协商的过程实质上也是一个政治与经济利益的斗争过程，协商不应是孤立的，应与既定的政治、经济目标相结合；(4) 协商的目的在于逐步实现各国审计目标与审计原则的基本一致，协调不同于统一，也不同于标准化，协商不等于完全一致；(5) 审计准则的国际协调与国际准则，是两个层次不同的概念。

我认为，在国际协调中，存在动力也存在障碍。政治、经济、文化等差异是审计准则国际协调的根本障碍；审计观念、审计目标的矛盾是审计准则难以协调的主要矛盾；另外，风俗习惯、语言差异以及对相同措辞的不同理解等方面也会给国际协调带来障碍。

针对审计准则的国际趋同问题，我认为，审计准则实施的结果表明，中国独立审计准则与国际惯例的接轨已经成为不容争论的事实。中国独立审计准则的制定必须转变观念、放眼世界、借鉴国外先进经验，大胆吸收西方反映社会化大生产和市场经济发展要求的审计理论与方法，努力实现与国际审计准则的接轨。在考虑借鉴国际惯例、促进国际协调的同时，必须考虑中国国情，具体包括以下几个方面：一是社会经济制度对制定审计准则的影响；二是市场经济发育程度对审计准则的影响；三是经济法律环境对审计准则的影响；四是注册会计师本身的业务素质对审计准则的影响。

中国在审计准则国际协调进程中的基本策略：一是应尽量采用与国际惯例一致的会计、审计语言描述相似的经济现象；二是审计准则的国际协调应与经济发展保持同步；三是积极创造条件，尽快加入会计师地区性和国际性组织，争取双向协调；四是加强国际交往，推动国际学术交流和技术合作；五是进一步开放会计市场。

我以世界贸易组织服务贸易会议关于会计服务的背景资料、交流文件和中国服务贸易的具体承诺等资料为依据，介绍了会计服务的国际贸易形式及会计服务国际贸易遇到的障碍，对各国会计行业规制的调查等。我认为，会计服务国际化存在的障碍是对会计业的规制，具体包括一般阻碍与特殊阻碍。其中，一般阻碍包括国际支付的限制、人员流动限制、对技术及信息转移的限制、“国内采购”的公共购买行为、差别税收/双重税收、垄断、津贴补助；特殊阻碍包括国籍限制，住所/公司限制，职业资格/进入要求，限制（不相容）执业的划分（范围），对广告、拉客及服务费的限制，在提供服务数量方面的限制，会计、审计及其他标准的差异，企业组织结构的限制，国际关系限制（使用国际公司的名称）。

（三）鉴证业务基本准则中的相关概念

2006年，财政部发布了“中国注册会计师执业准则”体系，我负责起草了《鉴证业务基本准则》和《中国注册会计师审计准则第3101号——历史财务信息审计或审阅以外的鉴证业务》。尽管鉴证业务是审计师从事的主要业务领域，但这一概念的提出时间不长，理论界和实务界对这类业务的内涵、外延并不熟悉，为此，我撰写了系列文章对鉴证业务的含义、类型、特点等进行了探讨。

我从经济学视角对鉴证业务三方关系人（责任方、注册会计师和预期使用者）进行了解释。我认为责任方可以看作信息商品的生产者，属于代理人范畴；预期使用者可以被视为信息商品的消费者，属于委托人范畴，二者之间的信息不对称可能造成市场交易的低效率。作为一种降低信息不对称的机制，注册会计师鉴证被引入上述的委托代理关系中，这一机制可以改善市场效率，即注册会计师鉴证机制实质上提供了重要的信号，从而使得预期使用者能够根据这一信号对不同质量的信息作出选择。在分离均衡的情形下，即使不考虑鉴证服务对于改善鉴证对象信息质量所起的作用，其传递信号的作用也具有积极意义：对高质量的生产者而言，他们更愿意对上述市场信号进行投资，以便把他们与低质量的生产者区分开来。

我认为，注册会计师鉴证业务包括基于责任方认定的业务和直接报告业务，两者的区别主要表现为：

（1）预期使用者获取鉴证对象信息的方式不同。在基于责任方认定的业务中，预期使用者可以直接获取鉴证对象信息（责任方认定）。在直接报告业务中，可能不存在责任方认定，即便存在，该认定也无法为预期使用者所获取。预期使用者只能通过阅读鉴证报告获取有关的鉴证对象信息。

（2）注册会计师提出结论的对象不同。在基于责任方认定的业务中，注册会计师提出结论的对象可能是责任方认定，也可能是鉴证对象。在直接报告业务中，无论责任方认定是否存在、注册会计师能否获取该认定，注册会计师在鉴证报告中都将直接对鉴证对象提出结论。

（3）责任方的责任不同。在基于责任方认定的业务中，责任方对鉴证对象信息负责，可能同时也要对鉴证对象负责。在直接报告业务中，责任方仅对鉴证对象负责。

（4）鉴证报告的内容和格式不同。在基于责任方认定的业务中，鉴证报告的引言段通常会提供责任方认定的相关信息，进而说明其所执行的鉴证程序并提出鉴证结论。在直接报告业务中，注册会计师直接说明鉴证对象、执行的鉴证程序并提出鉴证结论。

按照鉴证业务的保证程度，可将鉴证业务分为合理保证的鉴证业务和有限保证的鉴证业务。我认为，这两类业务的区别主要表现在以下几个方面：

（1）目标不同。合理保证的目标是将鉴证业务风险降至具体业

作学术演讲

务环境下可接受的低水平，以此作为以积极方式提出结论的基础，并对鉴证后的信息提供高水平的保证。有限保证的目标是将鉴证业务风险降至具体业务环境下可接受的水平，以此作为以消极方式提出结论的基础，并对鉴证后的信息提供低于高水平的保证。但该保证水平应当是一种有意义的保证水平，即能够在一定程度上增强预期使用者对鉴证对象信息的信任。

（2）证据的收集程序不同。在合理保证的鉴证业务中，为了能够以积极方式提出结论，注册会计师应当通过一个不断修正的、系统化的执业过程，获取充分、适当的证据。与合理保证的鉴证业务相比，有限保证的鉴证业务在证据收集程序的性质、时间、范围等方面是有意识地加以限制的，主要采用询问和分析程序获取证据。

（3）所需证据的数量和质量不同。注册会计师需要获取充分、适当的证据作为其对鉴证对象提供某种水平保证的基础。相对于有限保证的鉴证业务而言，合理保证的鉴证业务提供的保证程度相对较高，与此相应地，对证据数量和质量的要求也就更为严格。

（4）鉴证业务风险不同。鉴证业务风险通常体现为重大错报风险和检查风险。在重大错报风险一致的情况下，鉴证业务风险主要取决于检查风险。而检查风险的高低取决于注册会计师所实施的证据收集程序的性质、时间和范围。由于有限保证的鉴证业务的证据收集程序在上述方面受到有意识的限制，因此，其检查风险高于合理保证的鉴证业务。相应地，有限保证的鉴证业务的风险水平高于合理保证的鉴证业务的风险水平。

（5）鉴证对象信息的可信性不同。与有限保证的鉴证业务相比，注册会计师在合理保证的鉴证业务中实施的证据收集程序更为系统和全面，收集的证据更充分，提供的保证水平更高，相应地，鉴证后的鉴证对象信息也更为可信。

（6）提出结论的方式不同。合理保证和有限保证提供的保证水平不同，鉴证后鉴证对象信息的可信性也不同，为了使预期使用者能够清楚地了解二者的区别，两者提出结论的方式也不同。合理保证的鉴证业务要求注册会计师以积极方式提出结论，有限保证的鉴证业务要求注册会计师以消极方式提出结论。

我认为，对某项具体鉴证业务而言，其保证水平一般都是事先约定好的，而不是根据注册会计师的工作执行情况再确定的。当然，如果业务环境变化影响到预期使用者的需求，或预期使用者对该项业务的性质存在误解时，注册会计师也可以应委托人的要求，考虑同意变更业务的保证水平。实务工作中，保证水平的确定取决于法律法规和执业准则的要求，以及注册会计师的职业判断。

任何鉴证业务的主体都包括责任方、预期使用者和注册会计师，他们之间的关系构成了鉴证业务的三方关系。我认为，内部控制鉴证从审核到审计变革的根本原因在于：随着社会经济环境的变化，鉴证业务三方关系具体内容发生了变化以及在此基础上鉴证主体三方展开的动态博弈。在内部控制审核期，公司所有权与经营权进一步分离，所有权更加分散，企业“内部人控制”的现象更加突出，委托人要求对内部控制进行鉴证的意愿更加强烈。从内部控制鉴证服务的供给方（注册会计师）来看，经过理论界、职业界的共同努力，内部控制鉴证的目标开始明确（对内部控制有效性提供有限保证）、鉴证范围开始确定（集中于企业内部会计控制）、公认的鉴证标准已经出现（内部控制结构）、鉴证的法律责任逐渐清晰，注册会计师提供内部控制鉴证服务的意愿与能力均得到提高。在内部控制审计期，企业与其所面临的多样的、急剧变化的内外部环境的联系日益增强，企业的经营风险增大。从需求方看，21世纪初，安然、世通、施乐等舞弊事件的发生，给投资者造成巨额损失，严重影响了正常的经济秩序，极大地动摇了投资者对资本市场的信心。为了加强企业内部控制，扼制财务舞弊案件的发生，仅进行自愿性的内部控制审核是不够的，必须实行强制性的内部控制审计。从供给方看，明确的鉴证目标（对内部控制有效性提供合理保证）、合理的鉴证范围（主要是财务报告内部控制）、公认的鉴证标准（COSO内部控制整体框架等）、科学的鉴证方法（自上而下、风险导向的方法）以及明确的法律责任为注册会计师提供内部控制审计服务奠定了良好的基础。

三、审计模式与风险导向战略系统审计研究

（一）审计模式的界定与分类

我认为，审计模式是指审计目标、审计范围、审计重点和审计程序等要素的组合，它规定了如何分配审计资源、如何控制审计风险和规划审计程序、如何收集审计证据、如何形成审计结论等问题。从本质上讲，审计模式是发现舞弊或重大错报的方法，而不是报告舞弊或重大错报的手段。

我认为，审计模式和方法的演进经历了以下几个阶段：账项基础审计（accountingnumber-basedaudit，古代至20世纪40年代末期）；内控导向审计（internalcontrol-orientedauditing，20世纪50年代初期至80年代末期）；传统的风险导向审计（risk-orientedauditapproach，20世纪80年代末期至20世纪末期）；风险导向战略系统审计（risk-orientedstrategic-systemsaudit，20世纪末期至今）。

风险导向战略系统审计是一种改进后的风险导向审计模式，它

具有以下特征：一是注重对被审计单位生存能力和经营计划进行分析，从宏观上把握审计面临的风险；二是注重运用分析程序，以识别可能存在的重大错报风险；三是在评价内部控制有效的情况下，减少对接近预期值的账户余额进行测试，注重对例外项目进行详细审计；四是扩大了审计证据的内涵。注册会计师形成审计结论所依据的证据不仅包括实施控制测试和实质性程序获取的证据，还包括了解企业及其环境获取的证据。

（二）现代审计学的风险概念体系及特点

我认为，现代审计学所涉及的众多风险概念是一个有机整体，它们共同构成了现代审计学的风险概念体系。该风险体系具有整体性、目的性、层次性和与审计过程及审计程序的密切相关性等特征。首先，整体性表现为：从构成上看，在现代风险导向审计风险概念体系中，既有体现现代审计目标的风险概念，又有反映各风险间客观逻辑关系的风险概念，既有反映与运用审计程序有关的风险概念，又有揭示与运用审计程序有关的风险产生原因的风险概念。它们分别从审计目标、风险之间存在的客观逻辑关系、注册会计师对风险的主观评价和评价失当的原因等四个不同的角度，揭示了现代审计学各风险概念之间的关系，使之成为一个有机的整体。目的性表现为：在现代审计学中，风险引导着审计工作的展开，各关键的风险概念之间形成了一个完整的目的——手段链。

注册会计师审计的最终目的是降低信息风险，而要降低信息风险，注册会计师必须控制审计业务风险（在这一环中，降低信息风险是目的，而控制业务风险是手段）。控制审计业务风险的关键是控制审计风险，减少发表错误审计意见的可能性（在这一环中，降低业务风险是目的，控制审计风险是主要手段）。控制审计风险的关键在于控制检查风险。为了确定检查风险的恰当水平，注册会计师应确定重大错报风险（在这一环中，确定检查风险是目的，评估重大错报风险是手段）。为了评估重大错报风险，注册会计师应评估经营风险，包括评估战略风险、经营流程风险、控制风险并确定剩余风险（在这一环中，确定重大错报风险是目的，评估经营风险、控制风险和剩余风险是手段）。

我认为，现代风险导向审计概念体系具有明显的层次结构。处于这一风险概念体系顶端的是信息风险和审计业务风险，它们是决定审计服务数量水平的关键因素。处于第二层次的是违约风险、审计风险和业务关系风险，它们是导致审计业务风险的因素。在承接审计业务后，控制审计业务风险的关键是控制审计风险，而重大错报风险与检查风险是审计风险的要素。因此，它们同处该风险概念体系的第三层次。重大错报风险主要取决于被审计单位的经营风险、控制风险和剩余风险，经营风险、控制风险与剩余风险处于审计风险概念体系的第四层次。在审计中，注册会计师运用审计程序对上述风险及其关系进行主观评价，与检查风险有关的风险概念处于现代风险导向审计概念体系的第四层次。而揭示与运用审计程序有关的风险产生原因的概念处于该风险概念体系的第五层次。

现代风险导向审计是将风险评估贯穿于审计全过程的一种审计

2010年，给研究生讲授“风险导向审计”

模式。在这一模式中，风险评估是核心内容。在审计的不同阶段，“风险”的含义各不相同。在业务承接阶段，注册会计师所评估的风险是指业务风险；在计划审计工作阶段，注册会计师确定的风险是期望的审计风险；在运用风险评估程序阶段，注册会计师以评估经营风险为切入点，目的在于评估财务报表重大错报风险；在控制测试和执行实质性程序阶段，注册会计师是为了降低检查风险；在审计终结阶段，注册会计师应对整个审计工作进行检查和评价，目的在于评估审计风险是否降低到了可以接受的水平。风险概念不仅与审计过程有机结合，而且与审计程序密切相关。在审计过程中，注册会计师针对不同的风险设计和实施不同的审计程序。

四、注册会计师行业、市场结构与监管模式研究

（一）注册会计师制度变迁

我对改革开放以来中国注册会计师制度中的正式制度的嬗变过程进行总结，将其分为四个阶段：恢复起步阶段（1980 年 12 月—1986 年 7 月）、初步确立阶段（1986 年 7 月—1993 年 10 月）、规范发展阶段（1993 年 10 月—2006 年 2 月）、趋同提高阶段（2006 年 2 月至今）。同时，以时间的先后顺序为线索、以注册会计师制度的核心内容为重点，勾勒出中国注册会计师制度中的正式制度的嬗变过程，并在此基础上，根据制度变迁理论，对中国注册会计师制度嬗变原因、特点和经验进行探讨。我从注册会计师制度嬗变方向、方式、路径依赖三个角度总结了注册会计师制度的嬗变特点。我认为，在嬗变方向上，注册会计师制度试图追求建立一种有效率的制度；在嬗变方式上采用的是自上而下的强制性制度变迁，在变迁的过程中采用增量渐近的方式进行。注册会计师制度在变迁过程中存在着路径依赖。我认为，改革开放以来，我国十分重视注册会计师正式制度建设，取得了辉煌成就。在推进正式制度建设的同时，我国在

注册会计师制度非正式制度的建设方面也迈开了步伐，正式制度与非正式制度和谐发展、良性互动的局面正在形成。

（二）审计市场结构

从产业组织的视角对我国审计市场结构进行分析，我认为，传统产业组织理论SCP范式的分析无法解释审计市场上长期存在的大型事务所的寡头垄断。原因在于审计行业的市场集中不会带来破坏性竞争，不会导致社会福利净损失，也不会剥夺消费者剩余。进一步引入可竞争市场理论，也可以证明审计市场上的垄断结构并不会带来垄断性的结果。因此，对于审计市场而言，传统的有效结构和完全竞争本身并不重要。在审计市场可竞争的垄断均衡中，事务所将在潜在竞争者的约束下达成规模经济效应和自由竞争活力的融合，垄断性的市场结构也因此成为现实有效的审计市场结构。审计市场的管制重点不在于市场结构，而应以促进可竞争性为原则，消除人为进入壁垒、减少沉没成本。同时，从资产专用性、产品异质、合约范围经济三个角度对注册会计师行业的规模经济问题进行了探讨。

（三）注册会计师行为与制度约束

我从经济学的视角分析了注册会计师行为与制度约束。我认为，注册会计师是理性的经济人，注册会计师的目标也是追求自身利益最大化。因此，我提出了注册会计师行为与制度的关系的三个命题：

首先，自利原则，即追求自身利益是驱策注册会计师执行审计业务的根本动机。其次，理性原则，注册会计师是理性的，他能够根据市场情况、自身处境和自身利益之所在作出判断，并使自己的审计行为适应从经验及理论中学到的东西，从而使其所追求的利益尽可能最大化。最后，公共原则，该命题是这三个命题中的核心命题，亦即：只要有良好的制度保证，注册会计师以追求个人利益最大化为动机的审计行为就会无意识地、卓有成效地增进社会的公共利益。这也是最有意义的命题。正是以上这些原因，使得注册会计师行为需要制度进行约束，这种制度包括正式制度与非正式制度。

（四）注册会计师行业管理模式

我从正式规则、非正式约束与约束机制三个方面对中美上市公司会计监管制度进行比较分析，并提出了以下改进建议：首先，要转变监管思路与指导思想，放弃证券发行的核准制，实行注册制，但是前提是加强企业的信息披露。其次，要完善会计监管实施机制，在完善的过程中要遵循系统性原则、充分性原则与灵活性原则。同时，要注意权力和责任相结合、动力和压力相结合。参与监管的各部门之间要相互制约、相互监督、相互合作。再次，创新现有正式规则。最后，培植非正式约束。因为意识形态等非正式约束作为个人与其环境达成的“协议”，有助于节约信息费用，克服“集体行动”中的“搭便车”问题，并能减少强制执行法律与法院的费用。

结合我国政治经济体制以及历史文化背景，我对我国注册会计师行业管理模式的现实选择进行了分析。我认为，经济转轨时期，我国的选择应当既不同于英美国家的斗争模式，也不同于大陆国家的同属模式，而应建立一种兼而有之的平衡模式。但是，在我国目前注册会计师行业自律严重缺位的情况下更应该强调自律。自律型管理模式是依据“市场失灵”和“政府失灵”两个基本假定建立的，自律的形成有赖于他律。

我从法学视角分析了会计监管，并提出会计监管兼具公法和私法的特征，是用公法的调节方式调节私法领域内的关系。监管权是一种复合性的公权力，有其自身的不足，因此监管必须适度。我国目前的会计监管存在着监管机构权力过度膨胀、权责不对等、多头监管导致权力之争以及民事诉讼机制的缺失等问题。在构建我国的会计监管框架时有必要融合公法和私法两种手段，推进自愿性信息披露，建立民事赔偿诉讼机制，强化对监管机构的制约。

我认为，中国政府对审计市场的管制与监管构成了制度环境中最重要的部分，进而影响到审计市场的深化与发展。管制与监管之间既有联系又有区别。其共同点表现为：(1) 目标的多元性。如维护社会公共利益，保护市场公平竞争及市场参与者的合法权益，推动经济的高效发展等。(2) 权力的重叠性。管制和监管都是依靠国家法律、行政命令、规章制度以及相应的实施、执行体系。(3) 执行效果的相似性。适当的管制与监管会促进市场的高效有序运行，但是过度的管制与监管会降低市场活力，使市场失去竞争的动力，甚至会出现管制或监管失灵。(4) 功能的互补性。有效的管制能够降低监管的复杂性，同时监管的加强可以弥补管制的不足。管制与监管的不同之处体现为：(1) 管制多是“有形之手”，而监管多为“无形之手”。政府管制常用的手段主要有：对市场实行限入准则、颁发许可证、实行固定价格政策等。市场主体都是在这只“有形之手”的指引下行走，不得偏离指定的轨道。而监管这只“无形之手”在市场没有失效的时候，我们似乎看不见它的存在。(2) 管制的着力点在市场交易之前，而监管则将其重点倾注于交易的过程中。管制是为了尽可能挑选出高素质的队员参加比赛，而监管侧重于比赛过程中规则的公平与公正。(3) 管制具有“非平等性”，监管具有平等性。管制是以行政力量给一部分特定的市场主体撑起一把保护伞，同时将部分主体排除在市场之外。而监管的目的在于缓解市场主体间的信息不对称，所调节的是一种平等市场主体之间的关系。

我认为，我国审计市场自恢复重建以来，经历了市场经济对计

2010年6月7日至9日，在台湾政治大学出席2010海峡两岸会计学术研讨会

划经济的取代及许多深化改革的新思路、新制度对原有政府管制体系的突破，同时也面临着政府管制与市场监管之间错综复杂的关系。我将审计市场的发展分为以下四个阶段，一是无统一管制与监管的初始阶段（1993 年 1 月之前）；二是单一管制阶段（1993 年 1 月—1998 年 1 月）；三是重管制轻监管阶段（1998 年 1 月—2006 年 1 月）；四是强化监管阶段（2006 年至今）。我还以审计失败为参数，分析了管制与监管对市场结果的不同影响，通过对不同时期审计失败次数及处罚及时性的对比，分析在中国的制度背景下管制与监管对中国审计市场发展的推动作用。

（五）注册会计师行业的规模效应研究

我认为，注册会计师行业具有较为明显的规模经济效应，但大型事务所的规模优势主要体现在大客户市场上。在我国注册会计师行业，“四大”会计师事务所在大客户市场上表现出明显的规模经济效应，本土事务所则呈现出一种规模不经济的状态，且规模越小的事务所其规模不经济的现象越明显。进一步的分析表明，准入管制、价格管制、监管当局不信任、事务所内部管理混乱以及缺乏国际经验是制约本土大型事务所规模经济效应发挥的重要原因。因此，我建议，首先，必须改革现行的市场准入监管制度，形成“能进能出”的竞争与淘汰机制；其次，应该取消审计市场的价格监管，以价格竞争促进事务所效率的提高；最后，监管当局应该一视同仁地对待不同成分的事务所，避免给市场传递歧视性信息，创造公平的竞争环境。另外，事务所也不能盲目追求规模扩张，而应该注重内部管理，积累国际经验；事务所合并时尤其应该注意合并后的统一管理。

（六）审计市场集中度与审计质量研究

我在《我国审计市场集中度与审计质量关系的实证分析》一文中，以1998—2000年间所有A股上市公司为样本，对我国审计市场集中度和审计质量的关系进行了实证研究，结果发现，我国审计市场集中度与审计质量之间呈现倒U型的函数关系。据此，我提出我国有必要构造“寡占型”的上市公司审计市场结构，以提高审计质量和会计师事务所的国际竞争力。我认为，职业怀疑是导向高质量审计的一种有效手段，职业怀疑的触发，促使审计师扩展审计证据的搜集活动，并最终通过获得审计证据排除职业怀疑，从而获得高质量的鉴证结论。

（七）审计师运营效率研究

我在《审计师特征、审计质量与审计师运营效率研究》一文中，采用数据包络分析法（DEA），对2006—2010年均入围百强的会计师事务所运营效率进行实证分析，并在控制审计质量等因素的前提下探讨审计师特征与审计师运营效率的关系，实证检验我国注册会计师行业实施做大做强战略的效果。研究发现：“十一五”期间，我国审计师整体运营效率水平不高，但呈逐年上升趋势。国际四大会计师事务所运营效率明显高于国内事务所，但二者之间的差距正逐年缩小。审计师组织特征、经济特征、技术特征和人力资源特征，对其运营效率有显著的影响，审计质量与审计师运营效率显著负相关。由此表明，目前我国实施做大做强战略所采取的各项措施，有利于审计师运营效率的提高，应继续贯彻实施包括提高定价、向特殊合伙制转变等一系列手段和措施。

（八）市场需求、传染效应与审计质量研究

审计需求也是影响审计质量的重要因素。通过对我国审计市场的需求进行研究，我发现，我国审计市场存在着审计需求异化现象，具体表现为审计需求的低质量偏好、审计需求的无所谓态度、审计需求的行政依赖三种。而诱导我国审计需求异化的制度原因包括：股权表决中的“资本多数决”原则——这一原则实质性剥夺了中小股东的监督权；国有企业和政府存在难以割舍的荣辱与共的关系；新股发行资格的行政管制以及对虚假陈述的法律惩戒不足。我认为，抑制审计需求异化的制度改革主要是通过建立分类表决机制等确保外部股东的监督权，进一步阻隔政府和企业之间的产权联系，实行登记制等市场化的新股发行制度，通过集团诉讼等提高投资者参与虚假陈述法律诉讼的热情。

由于存在传染效应，会计师事务所员工行为模式和业务质量控制会对审计质量产生系统性影响。我以2002—2012年所有A股主板上市公司为样本，考察会计师事务所员工行为模式和业务质量控制制度对审计质量的影响。研究发现：员工行为模式和业务质量控制

制度存在缺陷的会计师事务所，其审计质量系统性低于其他会计师事务所的审计质量。

（九）审计师职业怀疑研究

我认为，职业怀疑并不是怀疑一切，而是保持“合理的职业怀疑”。合理怀疑是依据理智和常识的怀疑——某种会使得理性的人在行动时犹豫不决的怀疑。合理的怀疑有两条重要标准：一是合理的怀疑应该概然性比较大，可能性程度比较高，能够从整体上推翻管理层声明或已取得的证据或形成的结论；二是合理的怀疑要有证据支持，特别是怀疑管理层有舞弊行为、违反法律行为的，要有一定的证据材料加以证实。从审计的固有局限性来看，职业怀疑水平越高越好；但是从审计活动特点来看，审计作为一种经济活动，也要遵循成本收益原则，因此，职业怀疑应当存在着合理的边界。

此外，我考察了公司治理、代理成本对审计定价的影响，发现独立董事制度、高管持股降低了公司的代理成本，进而降低了审计收费，但是总经理与董事长两职合一增加了企业的代理成本，进而增加了企业的审计收费。

五、国家审计研究

（一）关于国家审计与国家治理

我认为国家治理的动因是解决因公共权力委托代理而产生的解决目标不一致、利益冲突和信息不对称等问题。国家治理的核心在于：建立一个相互制约机制，解决目标不一致问题；建立一种科学监督机制，解决利益冲突问题；建立一种信息传递机制，解决信息不对称问题。国家审计与国家治理，同根同源，都是社会契约下的必然产物，都是公共权力委托代理中各方利益平衡与协调的制度安排；国家审计在国家治理背景下的角色与作用，是在国家审计传统职能上的延伸与发展；完善国家审计管理体制，发展绩效审计，推进经济责任审计，构建审计结果运用机制，这些举措对于国家治理的促进作用都是有理可循的。

（二）制度变迁、技术进步与国家审计重构

我认为，审计是一个具有高度依附性的职业。当前背景下，国

家审计环境正面临制度变迁和技术进步双重巨变。国家审计要发展，必须适应环境的变化，在历史前进的逻辑中前进，在时代发展的潮流中发展。分析环境变化，尤其是制度变迁和技术进步的影响，重新架构国家审计体系，具有重要的历史意义和现实价值（见图3）。

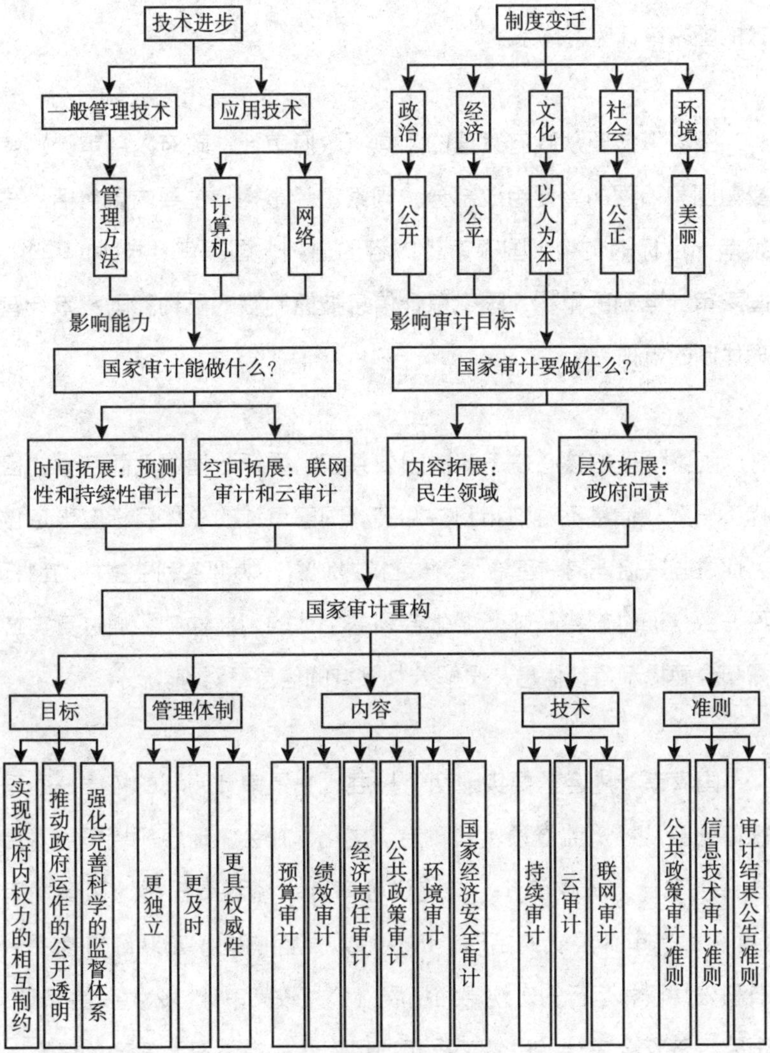

图3　重构国家审计体系

审计环境是构建国家审计系统的逻辑起点。技术进步与制度变迁是影响审计环境最为关键的两大因素。国家审计系统的重构应当立足中国国情，立足中国国体和政体，体现中国共产党领导是中国特色社会主义最本质的特征的要求。国家审计重构的核心使命是以服务于国家治理为导向，构建起集中统一、全面覆盖、独立权威高效的国家审计监督体系。

国家审计要从政府管理的工具（政府审计，政府内部审计）转变为国家治理的重要组成部分。国家审计重构的主要内容包括：国家审计目标的重构；国家审计内容的重构；国家审计技术的重构；国家审计准则的重构；国家审计信息披露制度的重构和国家审计管理体制的重构。

国家治理的核心在于解决因公共权力委托代理关系而产生的目标不一致、信息不对称和利益冲突。国家审计的总体目标应当定位为促进国家治理的"善治"：通过权力制衡，协调各利益主体的目标不一致；通过查错防弊，减化各利益主体的利益冲突；通过真实披露和全面揭示审计信息，缓解公共领域的信息不对称。

国家审计内容需要实现两个拓展：一是审计领域的拓展，即国家审计要从经济监督领域向政治、文化、社会、环境领域拓展（合法合规审计、廉政审计、文化资源审计、经济责任审计和环境审计）；二是审计层次的拓展，即从微观层面向国家宏观经济社会调节和公共权力运行的宏观层面拓展（公共政策审计、公共资金审计、国家经济安全审计、民生工程和项目审计、自然资源资产负债表审计及制度合理性审计）。

国家审计技术重构的重心是构建以审计基本技术为基础，融合现代信息技术（特别是现代新型信息技术）的、能满足微观问责和国家宏观治理需要的数字化审计技术体系。随着以人工智能技术为代表的新技术的推进和审计准则、审计程序的不断完善，作为简单劳动的审计将被机器所替代而消亡；但作为复杂职业判断的审计将始终存在。

国家审计准则的重构应以服务于国家治理为目标，体现出国家治理对国家审计的要求，应体现出社会民众对国家审计的期许。要在充分考虑新时代中国特色社会主义特点的基础上，吸收国际审计理论研究和审计实务创新的最新成果，借鉴国际先进审计理念和审计技术，要增加公共政策审计准则、审计结果公示准则和信息技术审计准则，完善国家审计准则体系。

国家审计信息披露制度完善的核心是加强审计公开，将审计依据、程序、结果等向社会公开，切实增强审计工作的透明度，让社会公众通过对审计过程和结果的关注，参与到对权力的监督制约中来。

（三）关于国家审计体制改革

国家审计管理体制改革的重点是解决国家审计的地位和独立性

问题。设立中央审计委员会是国家审计的伟大创举；是推进国家治理体系和治理能力现代化的一场深刻变革；是推进审计管理体制改革的伟大创举；是我国审计改革和发展的重要里程碑。设立中央审计委员会符合公共权力委托代理理论的要求，可以充分体现我国国体、政体特征。我国的国体是人民民主专政的社会主义国家。我国的政体是人民代表大会制度。中国共产党领导是中国特色社会主义最本质的特征。改革审计管理体制，组建中央审计委员会，是加强党对审计工作领导的重大举措。要落实党中央对审计工作的部署要求，加强全国审计工作统筹，优化审计资源配置，做到应审尽审、凡审必严、严肃问责，努力构建集中统一、全面覆盖、权威高效的审计监督体系，更好发挥审计在党和国家监督体系中的重要作用。

设立中央审计委员会是完善党和国家治理体系，增强治理能力的需要；是加强党的自身建设和从严治党的需要；是加强和改善党对国家审计工作的领导的需要；是确保党和国家重大决策部署贯彻落实的需要。

组建中央审计委员会有助于构建集中统一、全面覆盖、权威高效的审计监督体系。组建中央审计委员会有助于解决原有审计监督覆盖范围过窄、监督独立性权威性不够强、体制机制不畅等突出问题，从而增强监督合力。

我认为，国家审计体制改革的主要方向有四：一是改变国家审计机关的隶属关系，将国家审计机关由隶属于国务院转向隶属于中央审计委员会，国家审计机关由中央审计委员会直接领导。审计长在中央审计委员会的领导下开展工作，对中央审计委员会负责并报告工作。二是审计机关的经费列入国家财政总预算。三是变双重领导体制为垂直领导体制。即省级审计机关、驻地方特派员办事处和驻中央部委审计机构由审计署直接领导，实行审计长负责制；县或县级以上审计机关向省级审计机关负责，实行省级审计厅（局）长负责制。四是在人事任免上，国家审计署审计长由中央审计委员会提名，由全国人大选举产生，副审计长由审计长提名，全国人大常委会任免。省级审计机关负责人由审计长任命（或罢免）。市、区级审计机关负责人由省级审计机关负责人任命（或罢免）。

（四）关于国家审计结果公开机制

从传播模式理论的视角对国家审计结果公开机制进行评析，2005 年我提出了国家审计结果公开机制的运行框架是由执行机制、规则体系和职能技术体系三部分构成，其中核心环节的构建与优化是保证国家审计结果公开机制良性运行的关键，具体措施包括调整政府预公开审计结果的报批制度、完善规则体系以及强化审计信息反馈机制。

（五）新公共管理背景下的绩效审计

传统的规制导向官僚制主要强调事前对权力进行控制，事后的绩效审计地位自然有限，其存在的主要价值就是通过对政府部门管理公共资源结果的评价来参与权力的制约。2006 年我对新公共管理背景下的绩效审计进行分析认为，新公共管理运动是一个公共行政模式由规制导向发展为市场导向的进化历程，它对政府责任及其绩效的关注不仅促进了绩效审计的发展，还导致其从一种政治意义上的权力制约机制转变为一个市场化的绩效评估工具。推动我国绩效审计的发展需要做到：扩大审计需求、提高审计能力、改革审计体制三管齐下。

六、其他审计问题研究

（一）舞弊审计研究

舞弊是审计学中的永恒主题，审计自从其诞生开始就与舞弊存在着紧密的联系。注册会计师职业界对于是否承担以及如何承担查错揭弊责任的态度曾经走过了一条曲折渐进的历史道路：从最初的肯定到模糊、推诿再到直面、正视；从片面、犹疑到全面、成熟。通过这条道路，我们需要进一步思考：为什么20世纪30年代以前，包括注册会计师在内的社会各界均认同查错揭弊是注册会计师义不容辞的责任？而为什么在以后长达70年的岁月中，注册会计师职业界却反复推卸、逃避这一责任？是什么原因使得注册会计师职业界终于认同社会共识，审计目标从终点又回到起点？结合各个历史阶段不同的社会环境、经济环境、法律环境和科学技术环境对上述问题进行分析，我认为，舞弊审计、法务会计既是审计服务扩展的成果，也是对传统财务报表审计的继承和扬弃。在是否应当全面接受并承担财务报表审计中查错揭弊责任、是否应当全面改造传统的财务报表审计模式、是否应当满足社会公众的期望等重要方面，注册会计师职业界曾经选择过回避、改良或者有限回应。无论如何，只有全面接受其本来应当承担的责任，直面社会公众的期望，注册会计师职业界才能够继续生存、才具有存在的社会价值。因此，中国职业界应需要承担自身的责任，积极承担查错揭弊的职责。注册会计师职业界要积极开展法务会计、舞弊审计的研究，进一步了解借鉴法务会计、舞弊审计的思路和技术，并将可供借鉴之处贯彻于财务审计之中。

2004 年我提出，风险审计的专业判断包括审计域、审计资源的配置、风险类别、风险程度、风险处理手段合理性等。风险因素优先性审计规划策略是企业内部审计师为完成审计目标，从业务与业绩两个角度把影响业务和业绩的风险（源）因素识别出来，使用风险因素打分法等，对风险程度初步判断为重要的风险优先配置审计资源的策略。风险因素优先性审计策略要求根据风险程度合理配置审计资源和方法的判断。我认为，注册会计师可以运用“堤坝理论”和“沸腾壶”理论进行风险评估据以确定重点审计领域，然后结合重点审计领域来配置审计资源。

（二）审计失败研究

2001 年“安然事件”的发生终结了安达信会计师事务所从事 89 年的审计业务，使得会计师事务所由国际“五大”变为国际“四大”。从此，审计失败引起了社会各界的关注。然而学术界对于审计失败的定义存在着不同的理解。

1. 审计失败的含义

我认为，对审计失败的理解，至少存在以下三个维度：一是审计工作失败论（通常指某个项目），是指财务报表存在重大错报，而注册会计师发表了无保留的审计意见。二是诉讼失败论（通常指某个诉讼案件），是指注册会计师出具了有争议的审计报告，引起法律纠纷，导致诉讼失败。三是职业失败论（通常针对整个注册会计师行业而言），是指审计职业因执业质量和职业道德达不到社会期望水平，失去社会信任，导致职业失败。

我认为，应当从审计项目的视角来理解审计失败，即审计失败是注册会计师未能遵循审计准则的要求执业，在财务报表存在重大错报的情况下，发表了无保留意见。

2. 审计失败与审计目标、审计责任的关系

我认为，审计失败的前提是审计工作没有实现预期的审计目标；审计目标受制于社会公众期望和审计自身能力；衡量审计失败与否的标准，可以规定为这一时期体现公众合理期望（审计目标）的审计准则。

3. 审计失败的衡量

我认为，审计是一个包括审计计划、取证、判断和报告的系统过程，判断审计是否失败不能像判断产品生产失败与否那样仅仅依靠最终产品质量一样，只是依据审计的结果（审计报告）来判定，这是由审计的结果——审计报告自身特征所决定的。审计报告是相对抽象的，很难像商品那样有着直接的、外在的、具体的、形象的

表现，因此很难用带标码的尺子来衡量；审计结果仅仅是审计过程内容的一部分，它同审计过程中其他工作内容有着密切的联系。因此，考察一项审计活动的成败，不能仅仅局限于审计结果，而应当将形成审计结果的整个活动过程联系起来进行分析。衡量审计失败不应只看结果，不看过程。

我认为，审计准则是规范审计行为的权威性标准，是判别审计过程是否“失败”的标准。审计准则不仅体现社会公众对于审计结果（目标）的要求，而且是规范审计执业过程的行为要求。审计准则是由国家审计部门或会计师职业团体制定的，用以规定审计人员应有的素质和专业资格、规范和指导其执业行为、衡量和评价其工作质量的权威性标准。由此可见，审计准则是执行审计工作时所应遵循的规范，是在审计实践中逐步形成，为大多数审计实际工作者所承认并遵照执行的惯例，其规范的内容除了包括审计人员素质要求外，还涉及审计整个过程。因此，以审计准则作为衡量审计失败的标准就顺理成章。

4. 审计失败的成因与规避

我认为，审计失败的直接原因有二：一是注册会计师的专业胜任能力不足，未能发现财务报表中的重大错报；二是注册会计师的独立性欠缺，未能报告财务报表中的重大错报。审计失败的形成因素包括：来自审计环境的因素，例如政府行为、竞争环境、法律环境等；来自客户的因素，例如经营失败、内控失灵、错误舞弊和违反法规行为等；来自注册会计师的因素，例如违反职业道德、欺诈、违反独立性等；来自会计师事务所的因素，例如会计师事务所内部

质量控制缺陷、组织形式、内部激励机制等。尽管审计失败是客观存在的，但是从审计失败的成因中，可以梳理出以下避免审计失败的思路，具体包括：优化审计环境、增强注册会计师风险管理能力、强化事务所的内部质量管理、高度关注管理舞弊，警惕客户经营风险，采用现代风险导向审计方法。从注册会计师自身角度，应从以下方面强化审计质量：谨慎选择客户；熟悉客户业务；与委托人签订业务约定书、取得管理当局声明书；保持应有的职业关注；严格遵循审计准则和职业道德规范；执行合格的审计；保持审计的独立性；正确运用分析性复核方法；建立、健全质量控制制度；重视人员的雇佣、培训与督导；编制良好的审计工作底稿证明审计工作；为客户保密；谨慎选择合伙人。

（三）自然资源资产负债表审计

1. 自然资源资产负债表的定义

我认为，自然资源资产负债表是借鉴会计学的平衡原理，以国家或地区所有自然资源的存量为考察对象，反映某一特定时点上相关责任主体的自然资源资产负债总规模及结构状况，旨在评价责任主体的生态建设成效的报表。从性质上看，自然资源资产负债表首先是一张反映责任主体自然资源存量的报表。从编制主体看，在我国现行法律制度体系下，自然资源归国家所有，但作为自然资源所有权的权利主体——国家，它本身是个抽象概念，因此，其权利必须通过国家的代理主体[①]——各级政府来行使，各级政府顺理成章地成为相关责任主体。从客体看，自然资源成为自然资源资产，需要具有稀缺、有用、产权这三个特征。自然资源存量信息是在自然资源开发、利用及保护的过程中形成的。从编制方法看，需要运用会计学中的“资产=负债+所有者权益”的平衡原理。从编制目标看，报表的使用目的在于评价相关责任主体的生态建设成效。

2. 自然资源资产负债表的学科属性

我认为，“自然资源资产负债表”是一门横跨自然科学、社会科学和思维科学三大部类的，处于会计学、统计学、环境学、资源学以及管理学等诸多学科交叉、边缘地带的新兴应用学科，具有交叉性与独立性并存、边缘性与重要性并立、应用性与理论性并顾、新兴性与继承性并重的学科属性，凸显出综合性、开放发展性、依附互补性、政策性的学科特点。自然资源资产负债表作为一门新兴交叉学科，需要我国的会计学家、统计学家、环境学家、资源学家以及管理学家共同进行综合研究。

---

① 胡文龙（2014）认为，我国自然资源具有公共产权属性，且大部分自然资源属于各级政府，因此自然资源资产负债表的主要编制主体应该是各级政府。

3. 领导干部自然资源资产离任审计内涵界定

我提出，可将领导干部自然资源资产离任审计定义为“审计机关按照相关法律、法规等标准，获取和评价审计证据，对党政主要领导干部受托自然资源资产管理和生态环境保护责任的履行情况进行监督、评价和鉴证，并将审计结果传达给预期使用者的系统化过程”。这一定义我们可以从以下几个方面加以把握：

（1）审计主体，即审计机关，包括国家审计署及其派出机构和地方审计机关。

（2）审计客体，即党政主要领导干部，他们是自然资源资产管理和生态环境保护的主要责任者，因此也称责任方，主要包括地方各级党委、政府、审判机关、检察机关，中央和地方各级党政工作部门、事业单位和人民团体等单位的党委（含党组、党工委）正职领导干部和行政正职领导干部，包括主持工作一年以上的副职领导干部。

（3）预期使用者，是指各级人大、党政部门及其他利害相关者。

（4）审计对象，即领导干部受托自然资源资产管理和生态环境保护责任的履行情况，主要包括土地、矿产、森林、水等重要资源的开发利用管理和保护治理责任履行情况，水、大气、土壤、固体废物等污染防治责任履行情况，以及重点生态建设工程和生态脆弱地区生态保护责任履行情况。

2019年，在西安参加学术研讨会

（5）审计标准，指相关法律法规、政策规定、规划计划、考核制度，如《中华人民共和国环境保护法》《中华人民共和国土地管理法》《国家生态保护红线——生态功能基线划定技术指南（试行）》等。

（6）审计证据，指审计人员用来确定审计对象信息是否与既定标准相一致的资料。获取和评价证据是审计的中心环节，客观地获取和评价证据要求对审计客体（责任方）所作的申明的基础加以查核，并对结果加以公正地评估，不因支持或反对作此申明的个人或单位而有所偏差或带有任何偏见。

（7）审计结果，是经过对证据的收集与评价而得出的对审计对象信息与审计标准一致程度的评价。审计结果的具体形式包括审计报告、审计建议、审计处理决定等。

4. 领导干部自然资源资产离任审计要素的厘定

审计要素是指审计活动中最基本的单元或元素。在一般审计活动中，通过对审计要素的理解，至少可以推断出下列内容：（1）可以推断出该项审计“谁来审计”“审计谁”“审计结果报告给谁”等基本问题；（2）可以推断出该项审计“审计什么”“依据什么审计”“如何审计”“审计结果如何体现”等问题。我认为将审计主体、审计客体、预期使用者、审计对象、审计标准、审计证据以及审计结果作为领导干部自然资源资产离任审计的基本要素是切合实际的选择。

从理论上讲，这七个要素包含了审计活动中所有重要组成部分，对审计主体的分析，可以解释领导干部自然资源资产离任审计活动“由谁审计”的问题；对审计客体的分析，可以解释该项审计活动“审计谁”的问题；而对预期使用者的分析，可以解释该项审计活动结果最终报告给谁的问题；审计对象的确定，可以解释领导干部自然资源资产离任审计到底是对什么进行审计的问题；审计标准揭示在该项审计活动中，如何根据审计内容确定主要的审计标准；对审计证据要素的分析，解释了注册会计师如何审计的基本问题；最后，审计结果要素能解决在领导干部自然资源资产离任审计中，如何体现审计结果的问题。

七、内部控制与风险管理研究

我对内部控制的关注，最早源于20 世纪80 年代对成本控制、资金控制、内部牵制、经济监督研究的关注，在1993 年我给研究生开设的“现代财务管理前沿领域”课程中，就有“内部控制”这一板块。从2002 年开始，我又单独为研究生开设了“企业内部控制与风险管理”这门课程，并鼓励我的学生研究内部控制与风险管理。2004 年，在我的提议下，东北财经大学会计学院组建内部控制与风险管理研究中心。此后我一直在跟踪内部控制与风险管理的研究，并就某些方面形成了自己的一点肤浅认识。

2004年10月3日至7日，在新疆某会计师事务所讲授内部控制

（一）内部控制的本质

我认为，社会经济的发展和企业经营的不断变化要求我们打破传统内部控制理论的束缚，拓展内部控制的内涵，全面、系统地构建企业内部控制，增强其对企业经营效率和经营效果的解释能力。

我认为，应当从系统论和契约经济学的角度来理解内部控制以及内部控制与企业的关系。从表象上来看，企业是一个为了达到一定目的，由许多相互关联的要素（各种子系统或分系统）组成，并依靠各个要素之间的相互联系、相互作用有机结合在一起的复杂的、耦合运行的人造经济系统。因此，要对它实施有效的控制，必须从系统整体的角度来考虑问题，必须从企业整体的角度来定义和设计控制体系。可以根据与企业（系统）相联系的紧密程度、对企业影响的大小，把联系紧密、影响较大的因素作为企业（系统）的构成要素，把联系不太紧密、影响较小的因素作为环境；把企业（系统）构成要素之间为了达到企业目标的相互作用、相互制约定义为企业的内部控制，把环境对企业（系统）的影响称为企业的外部控制（也就是市场机制，主要包括产品市场、资本市场和劳动市场等）。根据控制机理的差异，还可以把这个意义上的企业内部控制进一步分为企业治理控制和企业管理控制两个部分（或子系统）。这可视为企业内部控制的表象。从实质上来看，企业是一系列契约的组合，是个人之间交易产权的一种方式。就契约本身而言，企业与市场的区别主要在于契约的完备性程度不同。尽管绝对完备的契约几乎没有，但是相对而言，市场可以说是一种完备的契约，而企业则是一种不完备的契约。企业是一个不完备的契约就意味着，当不同类型的财产所有者（企业工人是一种特殊财产的所有者）作为参与人组成企业时，每个参与人在什么情况下干什么、得到什么，并没有明确的说明。虽然存在这样的缺陷，但是把交易从市场转移到企业内部可以减少交易成本，所以，企业的存在有其必然性，这种不完备性也就视为减少交易成本的一种代价或成本。为了在取得低交易成本的同时弥补企业契约的不完备性，就需要在企业内部存在一个控制机制，来弥补企业契约的不完备性，以保证企业的正常运作和发展。这就是企业内部控制的本质。

（二）内部控制的最优解与框架

我认为，企业治理控制权既不能完全分配给经营者，也不能完全分配给股东，最优解应当是二者之间的一种动态均衡。财产所有者和经营者必须确实都能够行使一定的控制权，从而形成一种动态制衡，避免像我国的某些企业那样，财产所有者的代理人和经营者是一家，董事会连“橡皮图章”都不是。只有达到了企业治理控制权的最优分配，企业才能有效运作，实现股东利益、经营者利益以及国家和社会利益的最大化。最优的内部控制，应当能够提高企业经营效率和效果，实现“企业价值最大化”。而使一个企业价值最大化的内部控制应当能够使企业每个参与人行为的外部效应最小化。为了消除个体行为的外部性，在内部控制建设中也必须贯彻剩余索取权和控制权相对应的原则，只有实现了这种对应，才会形成一种动态的内部制约机制，才能真正有效地起到控制的作用。

可以考虑从四个方面着手对企业内部控制框架进行全方位的构建：

1. 企业治理控制

企业治理控制是整个企业内部控制的上层建筑，它以产权为基础，直接影响着下层的企业管理控制。它所涉及的主要是股东会、董事会以及其所属委员会、高级管理人员之间的控制、约束管理，既包括显性的组织结构上的职权分配控制，又包括隐性的各种激励机制。它要确保企业长期战略目标和计划得以确立，确保整个管理机构能够按部就班地实现这些目标和计划，还要确保整个管理机构能够维护企业的向心力和完整、保持和提高企业的声誉等。

2. 企业管理控制

企业管理控制是企业内部控制的具体实施，所涉及的主要是企业日常的生产经营活动的控制与约束，它以经营权为基础。企业管理控制是对企业管理的直接控制，它直接对企业生产经营中的各种资源（包括物质资源和知识资源）进行监督和控制，直接影响到企业的效益和效果，影响到企业目标的实现。企业管理控制的实体一般包括高级管理层、中级管理层、内部审计组织、一般员工、生产资源等之间的控制机制。

3. 管理信息系统

企业治理控制、企业管理控制、企业治理、企业管理以及企业文化之间进行信息传递和信息反馈的所有通道构成管理信息系统，它是由人和计算机组成的进行数据的收集、处理、存储、传递（包

2000年11月28日，参加财政部内部控制制度建设研讨会。
前排左起：刘明辉、耿建新、杨雄胜、李若山、朱元午、刘玉廷、朱荣恩、于增彪、周守华；
后排左起：郜进兴、张象至、王跃堂、杨有红、张天西、宋献中、李心合、谭劲松、时现

括反馈）的系统。它通过对一个组织内部和外部数据的收集和处理来获得有关信息，并传递给控制主体，从而对经营活动作出调整，以实现对风险的控制。有效的管理信息系统可以及时提供各方所需要的会计信息，提供企业各部门管理控制生产、考核工作成果以及提供企业高层决策人员制定经营方针、制订规划、进行决策所需的会计和管理信息，从而使企业的经营和管理流畅地进行下去。

4. 企业文化

企业文化是组织内部的一套通用的价值体系，用这套价值体系来无形中约束组织和组织成员的言行，使之向着实现组织目标的方向前进。企业文化构成内部控制的内环境，企业内所有的人都“沐浴”在这种既成事实又常常根据企业长期战略的需要不断作出调整的氛围中，它常常直接影响企业员工思考问题的方式和态度。企业管理控制、企业治理控制一旦形成一种风格、一种习惯，这种风格或习惯就会成为企业文化的一部分；反过来，现有的企业文化会对企业管理控制、企业治理控制产生非常重要的影响。

我认为，剩余索取权和剩余控制权的对应并不等于改变产权，企业效益与产权的归属变化没有必然的联系，而与市场竞争程度有关，市场竞争越激烈，企业提高效率的努力程度就越高。所以说，改变产权不等于企业的控制机制一定会向提高效益的方向转换，竞争才是企业内部控制机制向效益改善方向转变的根本保证条件，竞争会促使企业改善机制，提高效益。把市场调节机制引入企业内部，建立有效的激励和竞争机制，积极培育良好的市场竞争环境，应当是我国国有企业内部控制建设今后一段时间努力的目标。

（三）内部控制的外部效应及其内部化

我认为，内部控制建设不仅会产生一定的私人收益（企业自身收益），而且会产生一定的正外部效应。一般来说，内部控制建设的社会收益大于私人收益。因此，从整个社会来看，内部控制建设的水平应当是社会边际成本等于社会边际收益的水平。但是，如果一个企业的某种活动可以增进社会福利但自己却得不到报酬，它的这种活动必然低于社会最优的水平。内部控制建设由企业承担全部成本，它服从的必然是企业个体的成本—效益原则，它只可能将内部控制建设到企业边际成本等于企业边际收益的水平。也就是说，如果没有外部管制，企业私人收益大于社会收益的现实必然会导致企业内部控制建设水平低于社会福利最大化的水平。而且，单纯的竞争不能解决这种外部效应导致的市场失灵。

最有效的方法是使外部效应内部化，采取有效的措施，使之进入企业决策考虑的范围，与企业利益相联系，实现市场的自我调节。对内部控制建设达不到一定水平或者因内部控制失效而造成社会损失的企业实施重罚，使之产生不按社会收益原则建设内部控制的一种潜在成本，或者说按社会收益原则建设内部控制的一种潜在收益。倡导社会对内部控制建设较好的企业给予更大的信任，使其更容易从资本市场筹集到所需资本，更容易与其他企业进行经济业务的往来。通过这两个措施以及其他相关的措施使企业的边际收益曲线右移，达到社会边际收益曲线，从而使内部控制建设水平上升，实现社会福利的最大化。

（四）内部控制与资本市场

我认为，资本市场与企业的内部控制存在很紧密的联系。资本市场直接影响着企业内部控制的利益趋向和控制中心选择，而企业内部控制对资本市场也会产生反作用。如果内部控制强调保护投资者的利益，就更能够促进资本市场的发育和发展，融资更加方便，更有利于企业的“新陈代谢”，从而推动经济发展，否则就会导致资本市场和经济的衰退。资本市场影响着内部控制的结构和运作，而内部控制的好坏也能影响资本市场的发展，所以，从社会经济的持续发展和企业的长远利益来看，企业的内部控制应当重视保护投资者的利益，以形成企业内部控制和资本市场相互促进的良性循环。

（五）内部控制评价

我认为，应当结合内部控制构建、运作的过程对内部控制进行评价。首先对内部控制设计的合理性进行评价，其中包括系统性、充分性、经济性等；其次，对目前设计的内部控制执行的有效性进行评价，包括时点有效性和时期有效性等；最后，对内部控制的改进性进行评价，评价企业能否根据环境的变化对其作出改善和调整。

我认为，设计合理性是实施有效性的前提和基础，只有设计合理，才能实施有效，设计的合理性直接影响着实施的有效性；实施是在内部控制现有设计水平上的实施，能够在多大程度、多大效度上对所设计的内部控制予以实施，决定着所设计的内部控制系统能够在多大程度上发挥作用；设计合理和实施有效只能说明内部控制在某一合理时期内是有效的，如果过了很长的时期，环境发生了变化，内部控制的整体有效性还要取决于其动态的完善性，即内部控制要能够随着环境的变化不断进行完善和发展，这样才能保证内部控制的持续有效。只有在设计合理性、实施的有效性和动态的完善性都是良好的时候，内部控制才能长期、持续、有效地发挥作用，任何一方面出现差错，都很难保证其有效性。所以，内部控制质量评价的三个方面是相乘的关系，内部控制的质量就表现为三者质量评价的乘积，模型如下：

$$ICE=DR \times AE \times DC$$

其中，ICE 表示内部控制整体的质量；

DR 表示设计的合理性；

AE 表示实施的有效性；

DC 表示动态的完善性。

（六）内部控制鉴证

我从鉴证三方关系人的现实基础与内部控制鉴证的特点出发，对鉴证目标、业务性质、鉴证范围、时间界定、鉴证主体、适用客体、鉴证标准等方面存在的争论及其原因进行了深入的分析。我认为，只有将内部控制鉴证置于鉴证业务三方关系人的现实基础上，立足于中国国情，借鉴国际惯例，才能作出恰当的选择。

1. 鉴证目标：是合理保证，还是有限保证

我认为，确定一项鉴证业务的性质，必须综合考虑使用者的需求和注册会计师的供给能力。从预期使用者的角度来看，预期使用者越来越关心企业内部控制设计与运行的有效性，需要注册会计师为企业内部控制的有效性进行鉴证，并提供合理保证而不是有限保证。

从责任方的角度来看，管理层越来越重视企业内部控制的设计与运行情况，他们需要注册会计师对内部控制的设计与运行进行评价，找出存在的缺陷，提出改进意见。从这个意义上讲，管理层也需要注册会计师对内部控制鉴证提供合理保证而不是有限保证。从注册会计师的角度来看，注册会计师行业必须适应社会需求，如果不能满足社会需求，这个行业就会失去生存发展的机会。将内部控制鉴证定位为合理保证的鉴证业务，不仅有利于预期使用者，而且有利于责任方。尽管提供高水平的保证会使鉴证服务的成本增大，但相对内部控制失效给社会造成的损失而言，这些成本的花费是值得的。

2. 业务性质：是行为或过程审计，还是信息审计

我认为，将内部控制鉴证定位为行为或过程审计是合适的。将内部控制鉴证定位为信息审计，其实施成本高于行为或过程审计。如果注册会计师既要对内部控制发表意见，又要对内部控制评价报告发表意见，其实施成本与将内部控制定位为信息审计无异。尽管注册会计师主要是对信息进行审计，但对过程和行为的审计在审计出现时就存在。从本质上看，内部控制审计就是对过程或行为的审计，这是审计在更高层次上的回归。将内部控制定位为信息审计，会加大注册会计师的责任。如果将内部控制鉴证定位为信息审计，预期使用者有可能将注册会计师对内部控制报告发表的意见误解为对内部控制有效性发表的意见；如果要求同时对内部控制评价报告和内部控制的有效性发表意见，在注册会计师对管理层内部控制评价报告发表无保留意见，而对内部控制发表否定意见的情形下，预期使用者将产生迷惑。

3. 鉴证范围：是内部控制整体，还是财务报告内部控制

我认为，只有将两者结合起来，即以企业财务报告内部控制为主体，同时兼顾非财务报告内部控制，才是我国现阶段内部控制鉴证的现实选择。

从预期使用者的角度而言，内部控制审计的需求主要源于监管机构和投资者，财务信息的可靠性是其关注的重点，而财务报告内部控制是保证财务信息可靠性的关键。只有满足了财务报告内部控制的要求，才能够合理保证企业财务信息披露的真实公允，才能够有效维护投资者的利益，促进资本市场健康稳定发展。因此，从政府监管和资本市场监管的角度看，内部控制审计的范围应以财务报告内部控制为主体。同时，由于存在其他预期使用者，内部控制审计的内容应尽可能地兼顾这些预期使用者的要求。

从责任方的角度而言，保证财务报告真实可靠，是企业的法定责任，是维护社会公众利益的基础环节，强化财务报告内部控制机制建设，是提升企业市场形象与诚信度、维护社会公众利益的基本要求。企业的经营管理活动，归根结底要通过财务报告来反映，抓住了财务报告内部控制这条主线，通过对财务报告内部控制的有效性进行审计，并对审计过程中发现的非财务报告内部控制进行披露，在一定程度上抓住了企业经营管理与内部控制的重心和主体，有利于企业强化财务报告内部控制，同时也有利于企业其他内部控制的建设。

从注册会计师的角度而言，财务报告内部控制一直是注册会计师审计所关注的重点，已经形成了一整套对财务报告内部控制进行检查和评价的方法。内部控制审计以财务报告内部控制为主体，同时兼顾非财务报告内部控制，使得注册会计师审计重点突出，有利于降低制度的实施成本。

4. 内部控制鉴证的时点与时期

在内部控制鉴证业务中，程序正义表现为注册会计师了解和测试内部控制的过程、方法和手段；实质正义表现为满足预期使用者的需要，而这种需要往往是要求注册会计师对特定期间内部控制有效性发表意见。由于现实中注册会计师不可能对内部控制进行全程跟踪测试，因此内部控制鉴证业务相关规定不能把程序正义设定为对特定期间内部控制进行测试（这可以称为“理想程序正义”），而应设定为对有限期间的内部控制进行了解和测试（称为“现实程序正义”），通过逻辑推断，甚至是统计推断（统计抽样后对总体的推断）来预计结果，这使得鉴证工作具有可计算性，符合程序理性的要求。同时，由于有限理性的存在，可计算程度尚不能使注册会计师对特定期间内部控制有效性发表意见，因此内部控制鉴证业务相关规定也不能把实质正义设定为对特定期间内部控制有效性发表意见（这可称为“理想实质正义”），但却可以设定为对特定时点内部控制有效性发表意见（这可称为“现实实质正义”），这在一定程度上满足了预期使用者的需要。这样，内部控制鉴证业务相关规定实现了实质正义与程序正义的统一，即“现实实质正义”（对特定时点内部控制有效性发表意见）通过“现实程序正义”（对有限期间的内部控制进行测试）来表达。这样的设定安排，能够保证注册会计师执行内部控制鉴证业务的可操作性和效率，并且具有“法”的合理性。这也就是目前实务界在相关规定中从结果上要求注册会计师要针对内部控制鉴证业务特定时点有效性发表意见，从程序上要求注册会计师对特定期间的内部控制进行了解和有限测试的原因。

5. 鉴证主体：内部控制审计和财务报表审计是否可由同一会计师事务所实施

我认为，内部控制审计与财务报表审计是否应由同一会计师事务所实施，关键在于内部控制审计是否能构成一项单独的业务。内部控制审计能否构成一项单独的业务，主要取决于它是否具有独立的鉴证目标、鉴证对象、鉴证标准和鉴证报告。内部控制审计是对内部控制的有效性发表意见，有着不同于财务报表审计的目标；内部控制审计的对象是企业内部控制，鉴证对象独立；鉴证标准是已经颁布的企业内部控制规范，鉴证标准独立；在我国，内部控制审计应当出具单独的鉴证报告。因此，内部控制审计具备了作为单独业务的所有条件。既然内部控制审计可以作为单独的业务，那么它就应该可以由不同的会计师事务所实施。

能否由同一会计师事务所同时实施内部控制审计与财务报表审计，关键在于这种安排是否影响审计的独立性，是否会影响审计的效果。有人担心，两种业务同时由一家会计师事务所实施会增加会计师事务所对客户的依赖性，从而影响注册会计师的独立性，进而对审计质量产生影响。这种担心是没有根据的，审计收费的增加并不必然导致注册会计师独立性的丧失，是否整合审计不会影响审计效果，只会影响审计效率。

（七）COSO企业风险管理

我认为，《企业风险管理——整合框架》再一次强调了系统的概念，即要求在企业整体的层面上管理风险，与内部控制相比，企业风险管理补充了两个内容：一个是战略目标；一个是风险控制。COSO在界定企业风险管理时，明确了两个所属关系：一个是内部控制是企业风险管理的一个组成部分；另一个是企业风险管理是管理过程的一个组成部分。

我认为，企业风险管理框架与内部控制框架相比，在要素构成上主要有两个方面的变化：一是以“内部环境”取代“控制环境”，在“内部环境”中引入了风险管理理念、风险偏好两个概念。一个主体的风险管理理念是一整套共同的信念和态度，它决定着该主体在做任何事情（从战略制定和实施到日常的活动）时如何考虑风险，它反映了主体的价值观，影响它的文化和经营风格，并且决定如何应用企业风险管理的构成要素，包括如何识别风险、承担哪些风险以及如何管理这些风险。风险偏好是一个主体在追求价值的过程中所愿意承担的广泛意义上的风险的数量，它反映了企业的风险管理理念，进而影响了主体的文化和经营风格。另一个是拓展了风险评估要素。企业风险管理更加关注风险，拓展了内部控制框架的风险评估要素，进一步细分为目标设定、事项识别、风险评估和风险应对四个要素。COSO提出的企业风险管理框架与1999年英格兰与威尔士特许会计师协会（The Institute of Chartered Accountants in England and Wales）发布的特恩布尔报告确立的风险管理模式有一定的相似之处。

我认为，主体中的每个人都对企业风险管理负有一定的责任。对企业的董事会来说，董事会应当与高级管理人员讨论主体企业风险管理的现状，并提供所需的监督。董事会应当确信知悉最重大的风险，以及管理层正在采取的行动和如何确保有效的企业风险管理。董事会应当考虑寻求内部审计师、注册会计师和其他方面的参与。对企业的高级管理者来说，首席执行官应当评估组织的企业风险管理能力，把业务单元（business unit）领导和关键职能部门人员召集到一起，讨论对企业风险管理能力和有效性的初步评价。对企业中的其他人员来说，应该考虑如何根据本框架去履行他们的职责，并与更高层的人员讨论有关加强企业风险管理的看法。内部审计师应该考虑他们关注企业风险管理的范围。对监管者来说，它可以增进有关企业风险管理的共识，包括它能干什么，以及它的局限，可以为监管者在对他们所监管的主体采用规则或指南等形式设定期望或进行检查时提供参考。对专业组织来说，为财务管理、审计和相关领域提供指南的规则制定机构和其他专业组织可以根据企业风险管理整合框架消除概念和术语方面的差异，达成共识。

（八）出版业风险管理

近年来我一直从事图书选题风险管理的研究工作，发表了《出版社图书选题风险管理现状调查》《基于价值链视角的图书选题风险管理研究》《价值链视角的图书选题风险管理框架研究》等论文。

我依据价值链基本原理，构建了图书出版行业价值链、图书出版企业价值链和图书选题价值链。同时，以价值链为视角，对图书选题的实现过程、图书选题风险的特征和类型以及图书选题风险管理的路径进行理论分析，以期为图书选题及其风险管理提供一个全新的观察视角和研究思路。我提出：（1）图书出版企业价值，借助价值链体系的总价值、总成本和利润，明确图书出版企业的持续竞争优势不仅表现为利润，更体现为价值，从而为图书选题风险管理指明方向。（2）利用价值链的层次性构建图书出版行业价值链、图书出版企业价值链和图书选题价值链，以明确图书选题风险管理的对象不仅是抽象的风险，而且有具体的价值链载体。（3）通过解构图书选题价值链，分析其价值环节、价值活动及其基本活动和辅助活动、直接活动和间接活动，进而拆分图书选题价值链，挖掘图书选题风险的特征和类型，并探求图书选题风险管理的路径。

我认为，图书选题风险管理的框架设计要以价值链和风险管理

2006年3月，出席“国家注册企业风险管理师（CERM）”专家认证委员会工作会议

的基本理论为指导，以防范风险、化解危机、创造价值、提高图书产品竞争能力为核心，构建价值链视角的全要素、全员、全程管理的三位一体的图书选题风险管理整合框架。要坚持成本效益原则、匹配原则和耦合原则，为了达到有效的图书选题风险管理，应当以价值链为视角，构建全要素、全员管理理念下的全程图书选题风险管理框架。全要素是指以COSO企业风险管理整合框架为蓝本的风险管理八要素，即内部环境、目标设定、风险识别、风险评估、风险应对、控制活动、信息与沟通和监控。全员指的是企业的所有相关人员：从纵向，即人员层次上讲包括董事、监事、高级管理人员和全体员工；从横向，即业务部门上讲包括企业内图书生产类和营销类人员以及行政管理类人员。全程是指按照图书选题价值链的策划、论证和实施三大战略环节，划分三个阶段持续全面地进行图书选题风险管理。虽然图书选题风险在这三大环节的类别不同、成因不同，但任何一个环节的风险事件都将对图书选题以及出版企业的价值创造产生负面影响甚至是损害。因此，必须在全要素、全员管理的基础上构建全程管理的图书选题风险管理框架。

八、财务管理理论研究

早在20世纪80年代，我就开始在财务管理与财务分析领域有所探索，出版过《财务管理原理》、《工业企业财务管理》、《工业企业经济活动分析》、《财务分析》、《财务管理》（全国会计专业技术资格考试指定用书）、《财务成本管理》（全国注册会计师考试指定用书）、《公司财务理论》（译著）等著作和教材。

（一）财务管理的含义

我认为，企业财务是指企业在再生产过程中客观存在的资金运动及其所体现的经济利益关系。财务管理是基于企业再生产过程中客观存在的财务活动和财务关系而产生的，是企业组织财务活动、处理与各方面财务关系的一项经济管理工作。财务活动是指资金的筹集、投放、使用、收回及分配等一系列行为。从整体上讲，财务活动包括筹资活动、投资活动、资金营运活动及分配活动四个方面。企业财务关系是指企业在组织财务活动过程中与有关各方所发生的经济利益关系。企业的财务关系可概括为以下几个方面：（1）企业与政府之间的财务关系；（2）企业与投资者之间的财务关系；（3）企业与债权人之间的财务关系；（4）企业与受资者之间的财务关系；（5）企业与债务人之间的财务关系；（6）企业内部各单位之间的财务关系；（7）企业与职工之间的财务关系；（8）企业与其他利益相关者（如社区、供应商、经销商、战略合作伙伴）之间的财务关系。

（二）财务管理的理论体系

财务管理理论是从科学角度对财务管理进行研究的成果，通常包括财务管理的环境、目标、假设、概念、原理、原则和环节、方法等。

（三）财务管理的环境

财务管理环境又称理财环境，是指对企业财务活动和财务管理产生影响作用的企业内外各种条件的统称。

企业财务活动在相当大程度上受理财环境制约，如生产、技术、供销、市场、物价、金融、税收等因素，对企业财务活动都有重大的影响。只有在理财环境的各种因素作用下实现财务活动的协调平衡，企业才能生存和发展。研究理财环境，有助于正确地制定理财策略。

对企业财务管理影响比较大的环境因素主要有经济环境、法律环境和金融环境等。

（四）财务管理的目标

我认为，财务管理目标是在特定的理财环境中，通过组织财务活动，处理财务关系所要达到的目的。企业财务目标具有体制性特征，企业财务目标的取向受到整个社会经济体制、经济模式和企业所采用的组织制度等多个因素的影响。现代企业财务管理的目标应该是企业价值最大化。企业价值最大化是指企业通过合法经营，采取有效的经营和财务策略，使企业价值达到最大。股东创办企业的目的是扩大财富，他们是企业的所有者，在企业资本结构一定的情况下，企业价值最大化也必然带来股东财富最大化。企业价值有各种计量口径和方法，目前主要有如下三种：一是企业价值等于其未来净收益（或现金流量，下同）按照一定折现率折算的现在价值，即企业未来净收益的折现值；二是企业价值是其股票的现行市场价值；三是企业价值等于其长期债务和股票的折现价值之和。与前两种测算方法相比，第三种测算方法比较合理，也比较现实。它至少有两个优点：一是从公司价值的内容来看，它不仅包括了公司股票的价值，而且还包括公司长期债务的价值；二是从公司净收益的归属来看，它属于公司的所有者即属于股东。

财务管理的目标是企业价值或股东财富的最大化，股票价格代表了股东财富，因此，股价高低反映了财务管理目标的实现程度。而公司股价受外部环境和管理决策两方面因素的影响。从公司管理

层可控制的因素看，股价的高低取决于公司的报酬率和风险，而公司的报酬率和风险，又是由其投资项目、资本结构和股利政策决定的。因此，这五个因素影响企业价值。财务管理正是通过投资决策、筹资决策和股利决策来提高报酬率、降低风险，实现其目标的。

（五）财务管理的基本假设

我认为，财务管理的基本假设由有关理财环境的假设、有关理财主体的假设，以及有关理财行为的假设三个方面组成。

1. 有关理财环境的假设

主要由完美资本市场假设和有效资本市场假设构成。完美资本市场假设是假设存在一个没有“摩擦”因素（诸如税收和交易成本等）影响的经济环境。有效市场假设是指财务管理所依据的资金市场是健全和有效的。理财主体在资本市场上公平竞争，不存在内幕交易；而且无论哪个理财主体都可以按照市场利率水平借贷所需资金。

2. 有关理财主体的假设

主要由理财主体假设、持续经营假设构成。理财主体是指财务管理为之服务的特定单位，通常是指具有独立或相对独立的物质利益的经济实体。理财主体假设明确了财务管理工作的空间范围，将一个主体的理财活动与其他主体（如股东、债权人、企业职工等）的理财活动区分开来。持续经营假设是指理财主体持续存在且能够执行预计的经济活动。持续经营假设明确了财务管理工作的时间范围。

3. 有关理财行为的假设

主要由理性理财假设、资金时间价值假设、筹资与投资分离假设构成。理性理财假设是指从事财务管理工作的人员都是理性的理财人员，他们会在众多的方案中选择最有利的方案。资金时间价值假设，是指在进行财务计量时要假设资金具有时间价值。筹资与投资分离假设是假定资本市场存在一个单一的利率，使借贷双方在进行消费和投资决策时都可以以此为依据，而这反过来又促使投资和筹资决策的相互分离。

（六）财务管理的基本原则

借鉴道格拉斯 · R.爱默瑞和约翰 · D.芬尼特的观点，我将理财原则概括为以下三类。

1. 有关竞争环境的原则

有关竞争环境的原则包括：（1）自利行为原则。自利行为原则是指人们在进行决策时按照自己的财务利益行事，在其他条件相同的情况下人们会选择对自己经济利益最大的行动。（2）双方交易原则。双方交易原则是指每一项交易都至少存在两方，在一方根据自己的经济利益决策时，另一方也会按照自己的经济利益决策行动，并且对方和你一样聪明、勤奋和富有创造力，因此你在决策时要正确预见对方的反应。（3）信号传递原则。信号传递原则是指行动可以传递信息，并且比公司的声明更有说服力。（4）引导原则。引导原则是指当所有办法都失败时，寻找一个可以信赖的榜样作为自己的引导。

2. 有关创造价值的原则

有关创造价值的原则包括：（1）有价值的创意原则。有价值的创意原则是指新创意能获得额外报酬。（2）比较优势原则。比较优势原则是指专长能创造价值。（3）期权原则。期权是指不附带义务的权利，它是有经济价值的。期权原则是指在估价时要考虑期权的价值。（4）净增效益原则。净增效益原则是指财务决策建立在净增效益的基础上，一项决策的价值取决于它和替代方案相比所增加的净收益。（5）现金流量计量原则。现金流量是所有企业的生命之源。

只有获得现金流量，公司才能偿还债务、进行投资及向股东支付股利。因此，现代财务管理关注现金流量而不是收益。

3. 有关财务交易的原则

有关财务交易的原则包括：（1）风险—报酬权衡原则。风险—报酬权衡原则是指风险和报酬之间存在一个对等关系，投资人必须对报酬和风险作出权衡，为追求较高报酬而承担较大风险，或者为减少风险而接受较低的报酬。（2）投资分散化原则。投资分散化原则是指不要把全部财富投资于一个公司，而要分散投资。（3）市场估价原则。根据资本市场有效假设，资本市场上频繁交易的金融资产的市场价格反映了所有可获得的信息，而且面对新信息完全能迅速地作出调整。这一假设要求理财时重视市场对企业的估价。（4）重视投资原则。公司高层管理者应集中精力，创造和利用有利可图的投资机会，而不是想方设法去“击败市场”。公司长期竞争优势最终取决于资产质量、员工的创造力和胜任能力，而不在于其财务策略。

（七）财务管理的环节

财务管理的环节是指财务管理的工作步骤与一般程序。一般说来，企业财务管理包括财务预测、财务决策、财务预算、财务控制、财务分析、财务评价六个环节。

第三部分

学习与工作经历

會計

一、学习简历

起止时间	学校	专业	学历	学位
1970年3月—1975年7月	汨东小学		小学	
1975年8月—1977年7月	红花五七中学（现露水坡中学）		初中	
1977年8月—1979年7月	红花五七中学（现露水坡中学）		高中	
1979年8月—1980年7月	汨罗县七中（现汨罗市第二中学）		高中	
1980年8月—1984年7月	湖南财经学院（现湖南大学）	工业会计	本科	经济学学士
1984年8月—1987年7月	辽宁财经学院（现东北财经大学）	会计学	研究生	经济学硕士
1994年8月—1997年7月	东北财经大学	会计学	研究生	经济学博士

二、培训经历

起止时间	组织机构	培训或访学内容	地点
1993年1月	财政部	“两则两制”培训	长春
1993年8月	中国注册会计师协会	注册会计师考试师资培训	天津商学院
1993年10月	国家新闻出版总署、国家教委	大学出版社社长总编岗位培训	中国人民大学
1995年3月	大连市委组织部	优秀青年干部培训班	中共大连市委党校
1995年8月21日—27日	中国注册会计师协会	第一批独立审计准则培训	新疆
1996年9月10日	中国注册会计师协会	第二批独立审计准则培训	西安
2002年5月27日—31日	中国证券监督管理委员会和清华大学经济学院	上市公司独立董事培训	北京国家会计学院
2002年4月	大连市委组织部	科技干部培训	中共大连市委党校
2006年6月13日—22日	北京国家会计学院和中国注册会计师协会	《审计准则应用指南研讨》培训	北京国家会计学院
2006年8月22日	香港风险管理协会	注册高级风险管理师培训	北京

续表

起止时间	组织机构	培训或访学内容	地点
2008年2月15日—18日	香港特许秘书公会	高级企业管治研修班	香港特许秘书公会
2008年11月21日—12月2日	国家新闻出版总署	新闻出版行业领军人才高级研修班	上海国家会计学院
2011年5月9日—20日	国家新闻出版总署	第58期图书音像电子出版社社长总编辑岗位培训班	新闻出版总署教育培训中心
2014年3月	国家新闻出版广电总局、光华基金会、清华大学	新闻出版行业工商管理高级研究班	清华大学
2015年7月	国家新闻出版广电总局	出版产业发展战略高级研修班	武汉大学
2015年10月	国家新闻出版广电总局、光华基金会、北京大学	新闻出版行业工商管理高级研究班	北京大学

三、工作经历

起止时间	工作单位	技术职称	行政职务
1987年7月—1988年8月	东北财经大学会计系工业会计教研室	助教	
1988年8月—1989年7月	东北财经大学会计系财务与分析教研室	助教	
1989年8月—1992年5月	东北财经大学会计系财务与分析教研室	讲师	
1992年5月—1993年8月	东北财经大学会计系财务与分析教研室	副教授	副主任
1993年8月—1994年5月	东北财经大学出版社	副教授	副社长（主持工作）
1994年8月—2001年5月	东北财经大学出版社	教授	社长兼总编
1995年5月至今	东北财经大学会计学院审计教学部	教授	
2000年5月至今	东北财经大学会计学院审计教学部	博导	
2001年5月—2003年10月	东北财经大学津桥商学院	教授	院长
2003年10月—2004年10月	东北财经大学杂志社	教授	主任
2004年10月—2015年2月	大连报业集团	编审	副社长
2004年10月至今	大连出版社	编审	社长兼总编
2010年1月至今	大家出版传媒（大连）股份公司	编审	总经理

四、学术兼职

起止时间	学术团体与组织	界别	学术职务
1988年6月8日—2010年8月	中国中青年财务成本研究会	第一届至第八届	理事/常务理事/秘书长/副会长
1989年8月	《会计学家》		特约编辑
1991年8月20日	《财务研究》		特约编审
1993年11月8日	永信会计研究所		兼职研究员
1993年2月6日	《中国农业会计》		社外编辑
1994年10月至今	独立审计准则组	第一届至第六届	资深专家
1994年8月	中国大学出版社协会	第二届	常务理事
1997年2月	《投资与效益》		顾问
1999年11月至今	中国审计学会	第四届至第七届	理事
1999年11月至今	《审计研究》	第四届至第六届	编委
2001年2月28日至今	中国成本研究会	第五届至第七届	理事/常务理事
2002年9月26日至今	中国会计学会	第六届至第八届	理事/副秘书长/常务理事
2002年9月至今	中国会计学会审计专业委员会	第一届至第五届	副主任委员/主任委员
2002年11月	中国总会计师协会	第三届至第五届	理事
2003年4月20日	安徽工业大学管理学院		兼职教授

续表

起止时间	学术团体与组织	界别	学术职务
2003年4月5日	东北财经大学会计与财务研究中心		兼职研究员
2003年7月20日	中国管理科学研究院学术委员会		特约研究员
2003年8月25日	财政部会计准则委员会	第一届、第二届	咨询专家
2004年1月至今	《财经问题研究》		编委
2004年1月	《东北财经大学学报》		编委
2004年5月—2018年3月	辽宁省注册会计师协会	第四届	常务理事
2004年11月—2018年6月	中国注册会计师协会审计准则委员会	第一届、第二届	委员
2004年12月6日	辽宁省国际友谊促进会		常务理事
2004年12月	大连出版工作者协会	第三届至第六届	理事长
2005年5月	辽宁出版工作者协会	第五届	常务理事/副理事长
2006年7月—2010年8月	中国会计学会财务成本分会		会长
2007年1月15日	中国注册会计师协会执业准则咨询指导组	第一届	委员
2007年1月16日	中国注册会计师协会专业技术咨询委员会	第一届、第二届	委员
2007年6月5日	中国会计学会会计监督专业委员会		副主任委员
2007年12月1日	辽宁省总会计师协会	第三届	常务理事/副会长
2007年12月	辽宁省会计学会	第六届	常务理事
2008年4月25日	中国注册会计师考试制度改革境内专家咨询组		成员
2008年7月15日	审计署国家审计准则咨询专家组		成员

续表

起止时间	学术团体与组织	界别	学术职务
2008年2月至今	中国会计学会审计专业委员会		副主任/主任
2009年11月12日至今	南京大学会计与财务研究院		学术委员
2010年6月至今	中国会计学会		资深会员
2010年7月23日至今	中国内部控制研究中心		资深研究员
2010年4月6日	辽宁省审计学会	第五届	常务理事
2010年4月27日	中国财政杂志社《财务与会计》杂志		学术顾问
2010年11月15日至今	中国注册会计师协会		资深会员
2011年5月5日至今	中国版协	第六届、第七届	理事
2011年11月16日至今	西南财经大学中国政府研究中心		学术委员
2011年10月25日至今	安徽铜陵学院		客座教授
2012年8月至今	中国会计学会《中国会计研究》		学术委员
2013年7月28日至今	天和经济研究所暨《经济活页文选·财税研究》		专家委员会委员
2013年11月	中国儿童文学研究会	第四届、第五届	理事、常务理事
2015年5月至今	中国企业财务管理协会	第一届	专家
2019年11月14日	中国书刊发行业协会少儿读物发行工作委员	第一届	副主任

五、社会兼职

起止时间	兼职单位	界别	社会职务
1994年5月	光华会计师事务所		注册会计师
2001年12月—2004年10月	大连天歌传媒股份有限公司	第一届董事会	独立董事
2002年8月至今	中国华融资产管理公司		财务顾问
2002年3月—2008年5月	沈阳东软软件股份有限公司	第三届、第四届董事会	独立董事
2003年5月—2006年5月	东方通信股份有限公司	第三届董事会	独立董事
2002年4月—2005年5月	抚顺特殊钢股份有限公司	第二届董事会	独立董事
2007年3月—2013年3月	沈机集团昆明机床股份有限公司	第六届、第七届董事会	独立董事
2009年2月—2015年2月	辽宁禾丰牧业股份有限公司	第三届、第四届董事会	独立董事
2009年8月至今	金蝶软件（中国）有限公司		专家顾问
2009年12月至今	大家出版传媒股份有限公司	第一届、第二届	董事/总经理
2010年4月—2016年4月	中兴商业大厦（集团）股份有限公司	第四届董事会	独立董事
2010年9月—2016年9月	邦讯技术股份有限公司	第一届、第二届董事会	独立董事

续表

起止时间	兼职单位	界别	社会职务
2011年11月—2014年11月	山东华特磁电科技股份有限公司	第二届董事会	独立董事
2013年6月—2018年10月	北京海薪益文化发展有限公司	第一届	执行董事
2014年3月—2017年3月	东软集团股份有限公司	第七届董事会	独立董事

六、出国（境）访问情况

时间	国家或地区	访学任务	组织单位
1996年5月	中国香港	赴香港德明书院讲学	东北财经大学
1997年3月	美国	赴美考察（IFC、AICPA、FASB）	财政部
1998年3月	美国	赴美考察美国出版业	新闻出版总署
1999年3月	中国台湾	赴台湾东吴大学讲学（东吴大学访问学者）	东北财经大学
2000年1月	中国香港	赴香港城市大学参加国际学术研讨会	东北财经大学
2003年12月	新加坡	新加坡计算机学院访问	东北财经大学
2003年12月	澳大利亚	赴科廷大学、阿德雷德大学访问、讲学	东北财经大学
2005年10月	中国台湾	赴台湾东吴大学讲学（东吴大学访问学者）	东北财经大学
2010年6月	中国台湾	赴台湾政治大学参加学术会议	东北财经大学
2010年10月	欧洲	赴德国法兰克福参加书展、考察欧洲书业	新闻出版总署
2013年6月	加拿大	赴滑铁卢大学、多伦多大学访问	滑铁卢大学

七、相关证书

（一）学历证书

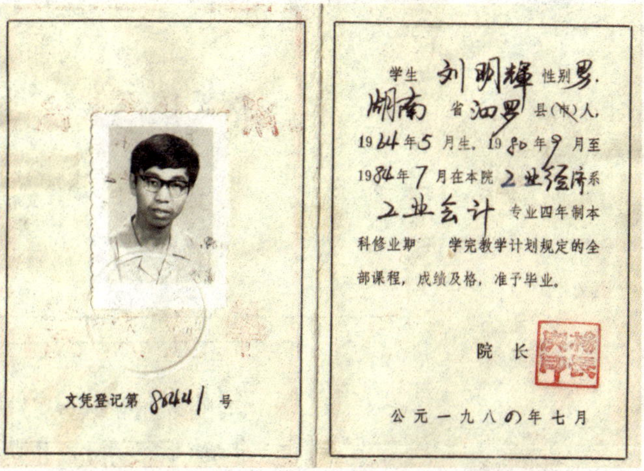

文凭登记第 80441 号

学生 刘明辉 性别 男，湖南 省 汨罗 县（市）人，1964年5月生，1980年9月至1984年7月在本院 工业经济 系 工业会计 专业四年制本科修业期满学完教学计划规定的全部课程，成绩及格，准予毕业。

院　长

公元一九八四年七月

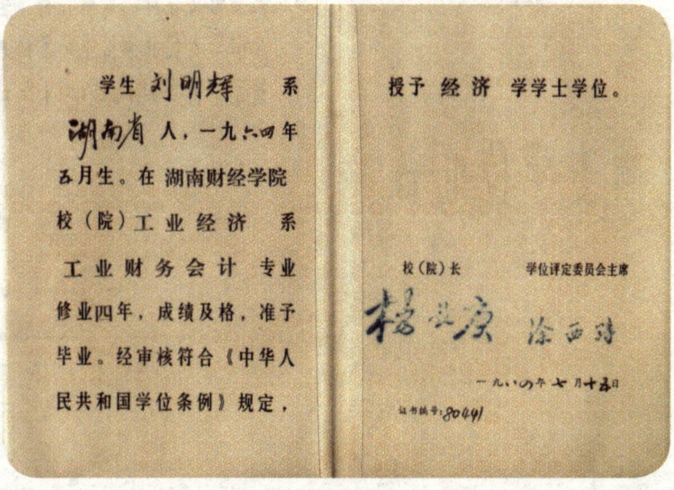

学生 刘明辉 系 湖南省 人，一九六四年五月生。在 湖南财经学院 校（院）工业经济 系 工业财务会计 专业修业四年，成绩及格，准予毕业。经审核符合《中华人民共和国学位条例》规定，

授予 经济 学学士学位。

校（院）长　　学位评定委员会主席

一九八四年七月十五日

证书编号：80441

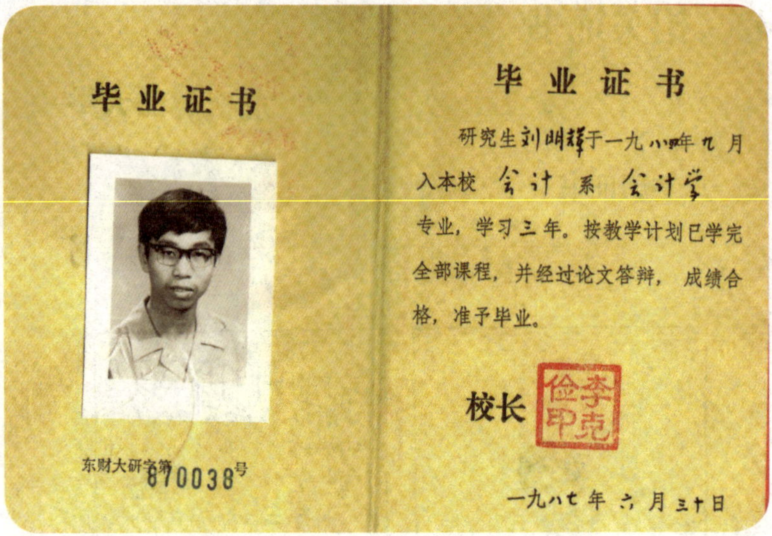

毕业证书

东财大研字第870038号

毕业证书

研究生刘明辉于一九八四年九月入本校会计系会计学专业，学习三年。按教学计划已学完全部课程，并经过论文答辩，成绩合格，准予毕业。

校长 李克俭印

一九八七年六月三十日

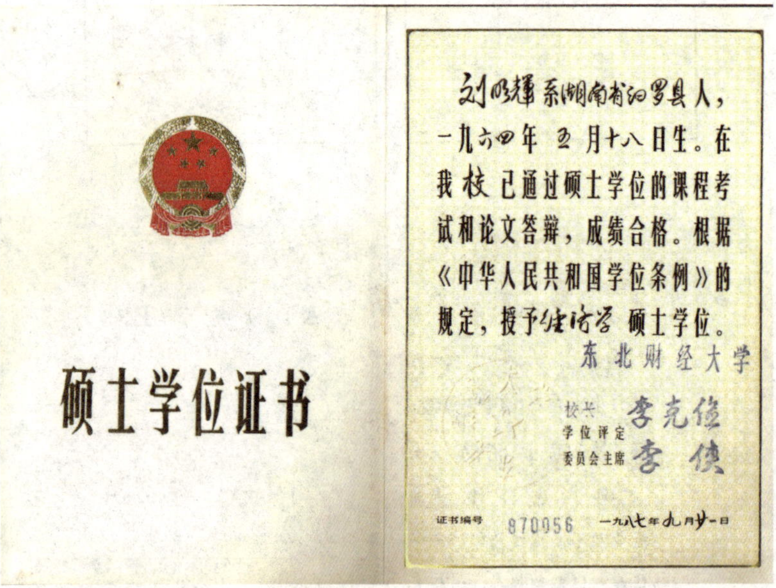

硕士学位证书

刘明辉系湖南省汨罗县人，一九六四年五月十八日生。在我校已通过硕士学位的课程考试和论文答辩，成绩合格。根据《中华人民共和国学位条例》的规定，授予经济学硕士学位。

东北财经大学

校长 李克俭

学位评定委员会主席 李侠

证书编号 870056 一九八七年九月廿一日

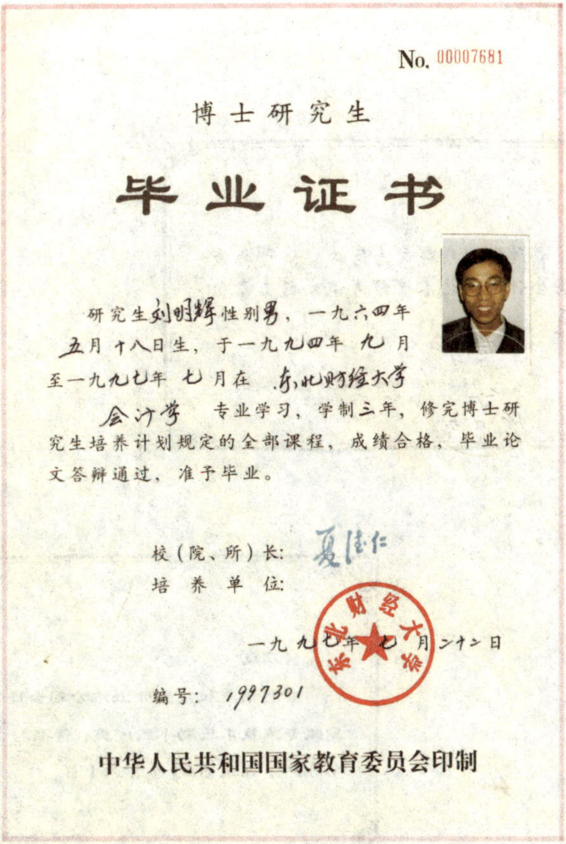

No. 00007681

博士研究生

毕业证书

研究生刘明辉性别男，一九六四年五月十八日生，于一九九四年九月至一九九七年七月在东北财经大学会计学专业学习，学制三年，修完博士研究生培养计划规定的全部课程，成绩合格，毕业论文答辩通过，准予毕业。

校（院、所）长：夏德仁

培养单位：东北财经大学

一九九七年七月二十二日

编号：1997301

中华人民共和国国家教育委员会印制

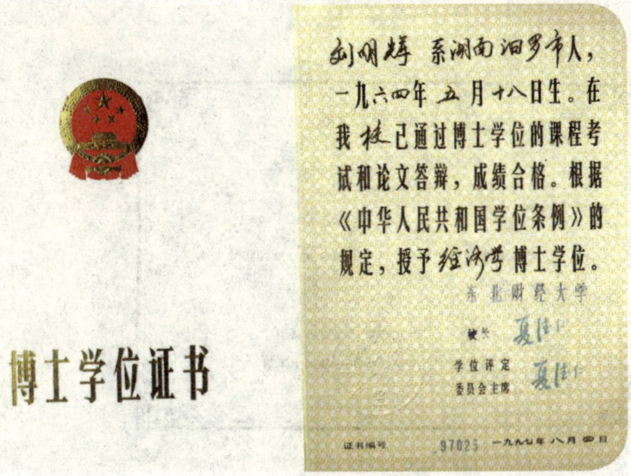

博士学位证书

刘明辉 系湖南汨罗市人，一九六四年五月十八日生。在我校已通过博士学位的课程考试和论文答辩，成绩合格。根据《中华人民共和国学位条例》的规定，授予经济学博士学位。

东北财经大学

校长 夏德仁

学位评定委员会主席 夏德仁

证书编号 97025　一九九七年八月四日

（二）聘书

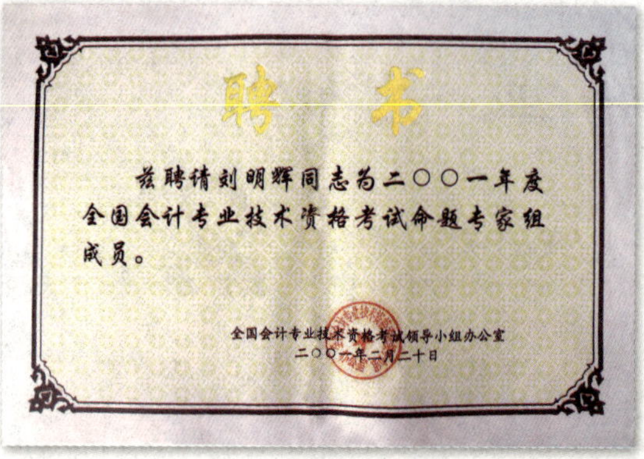
聘　书
兹聘请刘明辉同志为二〇〇一年度全国会计专业技术资格考试命题专家组成员。
全国会计专业技术资格考试领导小组办公室
二〇〇一年二月二十日

聘　书
刘明辉同志：
兹聘请您担任我会上市公司会计审计问题专家技术援助小组成员，聘期为2002年8月1日至2003年8月1日。
二零零二年七月十九日

聘　书
刘明辉　先生：
现聘请您为财政部会计准则委员会会计准则咨询专家，任期两年。
财政部会计准则委员会
二〇〇三年八月二十五日

聘书
兹聘 刘明辉 同志
为中国注册会计师协会审计准则委员会委员，
任期为2000年十一月三日至2003年十一月三日。
中国注册会计师协会
2000年十一月三日

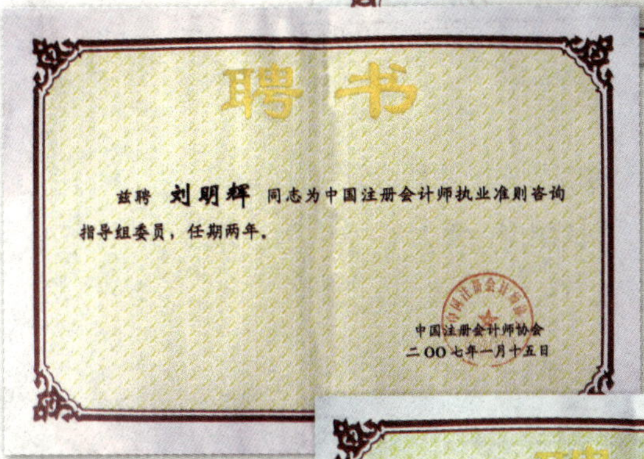
聘书
兹聘 刘明辉 同志为中国注册会计师执业准则咨询指导组委员，任期两年。
中国注册会计师协会
二〇〇七年一月十五日

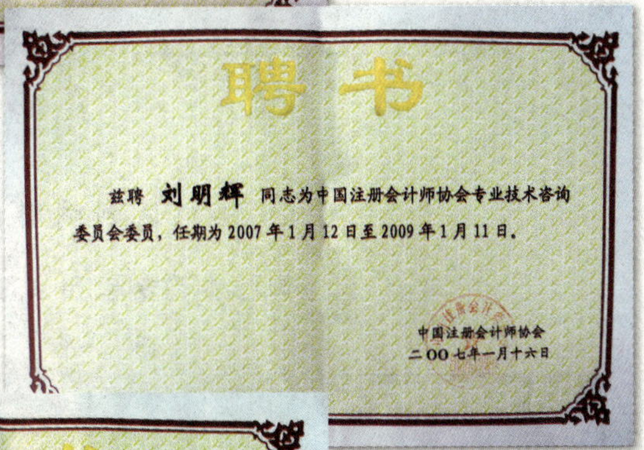
聘书
兹聘 刘明辉 同志为中国注册会计师协会专业技术咨询委员会委员，任期为2007年1月12日至2009年1月11日。
中国注册会计师协会
二〇〇七年一月十六日

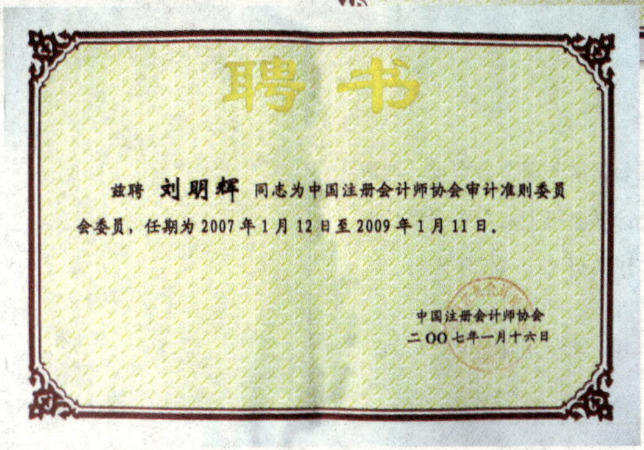
聘书
兹聘 刘明辉 同志为中国注册会计师协会审计准则委员会委员，任期为2007年1月12日至2009年1月11日。
中国注册会计师协会
二〇〇七年一月十六日

聘书

刘明辉同志：

经中国会计学会第七次全国会员代表大会表决通过，请您担任中国会计学会第七届理事会理事，任期五年。

中国会计学会

二〇〇七年六月

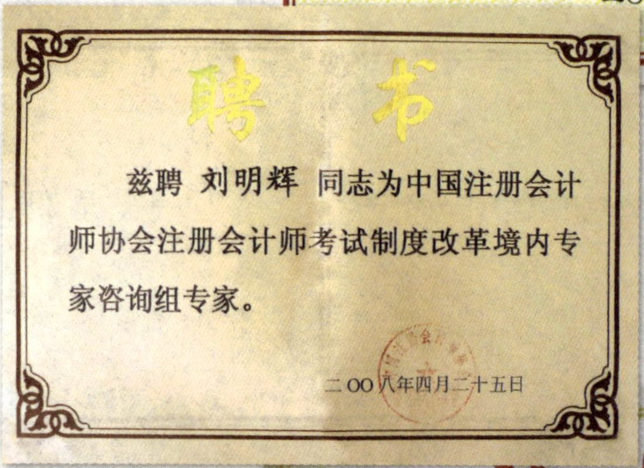
聘书

兹聘 刘明辉 同志为中国注册会计师协会注册会计师考试制度改革境内专家咨询组专家。

二OO八年四月二十五日

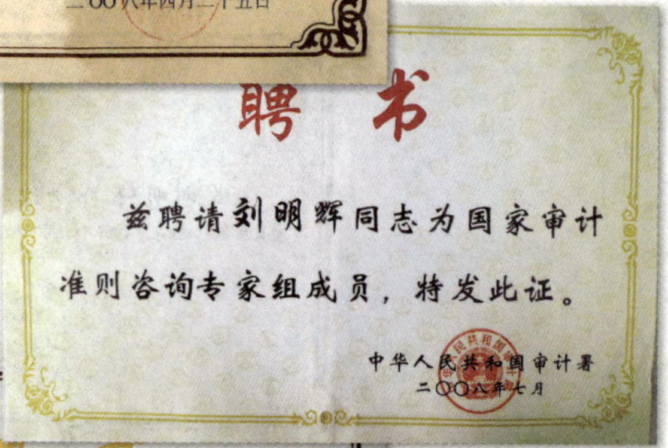
聘书

兹聘请刘明辉同志为国家审计准则咨询专家组成员，特发此证。

中华人民共和国审计署

二〇〇八年七月

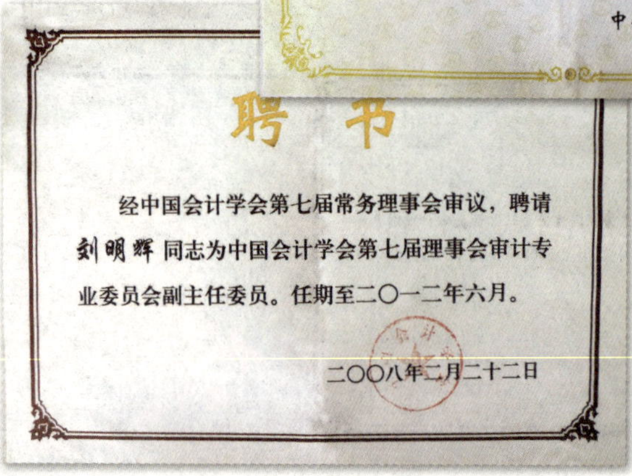
聘书

经中国会计学会第七届常务理事会审议，聘请刘明辉同志为中国会计学会第七届理事会审计专业委员会副主任委员。任期至二〇一二年六月。

二〇〇八年二月二十二日

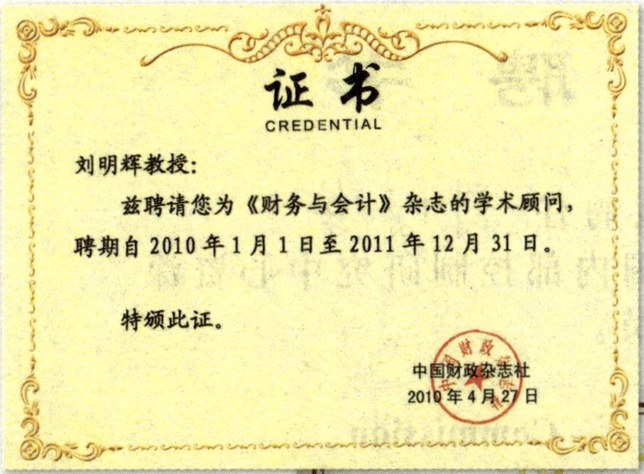

证书

CREDENTIAL

刘明辉教授：

兹聘请您为《财务与会计》杂志的学术顾问，聘期自2010年1月1日至2011年12月31日。

特颁此证。

中国财政杂志社

2010年4月27日

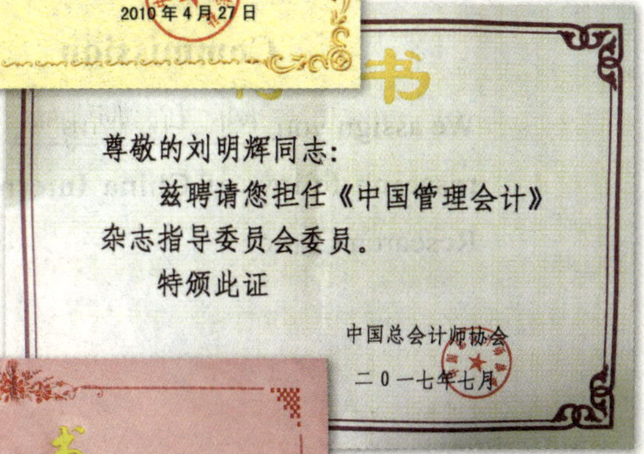

书

尊敬的刘明辉同志：

兹聘请您担任《中国管理会计》杂志指导委员会委员。

特颁此证

中国总会计师协会

二〇一七年七月

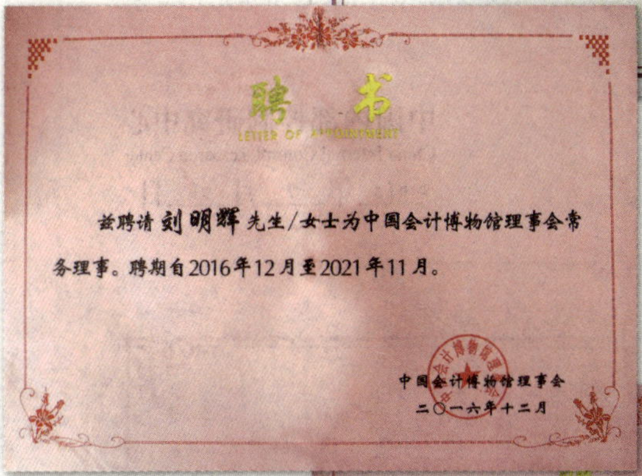

聘书

兹聘请刘明辉先生/女士为中国会计博物馆理事会常务理事。聘期自2016年12月至2021年11月。

中国会计博物馆理事会

二〇一六年十二月

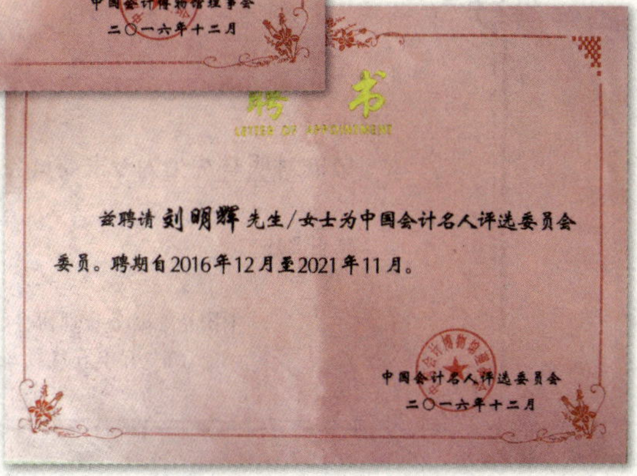

聘书

兹聘请刘明辉先生/女士为中国会计名人评选委员会委员。聘期自2016年12月至2021年11月。

中国会计名人评选委员会

二〇一六年十二月

聘 书

兹聘任 刘明辉

为中国内部控制研究中心资深研究员。

Commission

We assign you, Mr Liu Minghui, for a senior research fellow of China Internal Control Research Center.

中国内部控制研究中心
China Internal Control Research Center
2010 年 7 月 23 日

聘 书

敬请刘明辉先生为专家委员会委员。

特此聘请。

中国企业财务管理协会
二〇一五年五月

第四部分

个人学术年表

1964—1984年

1964年5月18日

出生于湖南省汨罗市红花乡刘花州村。

1970年3月—1975年7月

就读于汨东小学，先后任劳动委员、宣传委员、学习委员、班长。

1975年9月—1977年7月

就读于红花五七中学初中部，任班长。

1977年9月—1979年7月

就读于红花五七中学高中部，先后任班长，学生会主席。

1979年8月—1980年7月

就读于汨罗县第七中学（现汨罗市第二中学）。

1980年8月

就读于湖南财经学院（现湖南大学）工业经济系工业会计专业。

1984年7月15日

于湖南财经学院（现湖南大学）工业经济系工业会计专业毕业（文凭登记第80441号），被授予经济学学士学位（证件编号：80441）。

1984年8月25日

就读于辽宁财经学院（现东北财经大学）会计系，师从著名会计学家（尤其擅长经济活动分析）欧阳清教授攻读硕士学位。

1985年，与来自湖南的同届、同宿同学在东北财经大学校门口合影，
左起：周守华，杨孚平，刘明辉

1985—1987年

1985年6月

加入中国共产党。

1986年2月

处女作《全面成本控制论》被中国最高会计学术期刊《会计研究》发表。

1986年5月6日—9日

出席首届全国财经院校研究生经济理论研讨会（天津），提交《论审计独立性》一文并做主题发言。

1987年1月

论文《试论我国政府审计的独立性原则》获锦州市财政会计学会优秀论文二等奖。

1987年6月

硕士学位论文的主体部分《试论经济活动分析的模式转换》发表于《会计研究》。至此，在攻读硕士学位期间共公开发表学术论文25篇。

1987年6月30日

于东北财经大学会计系会计学专业研究生毕业（东财大研字第870038号）。

1987年7月

留任东北财经大学会计系工业会计教研室，执教“会计原理”“工业会计”“成本会计”等课程。

1987年9月21日

获得经济学硕士学位（证书编号：870056）。

1988年6月8日，在首届全国中青年财务成本理论研讨会
暨中国中青年财务成本研究会成立大会开幕式上。
前排左起：刘明辉、薛宝龙。后排左起：沈其煜、邓延芳

1987年9月

论文“谈谈成本四点分析法在成本控制中的应用”获《四川会计》优秀论文奖。

1987年10月

出席大连市财政学会、会计学会、成本研究会、珠算协会联合召开的第五届年会，宣读论文“论会计参与企业决策”，在会上受到表扬。

1986—1987年

多次深入沈阳机床厂、中捷友谊厂、沈阳电缆厂、沈阳鼓风机厂、沈阳重型机器厂、沈阳制药厂、大连重型机器厂、大连绳网厂、大连机床厂、瓦房店轴承厂等企业调查研究，宣传推广内部经济核算、厂内银行、划小核算单位等制度。

1988年

1988年1月1日

与东北财经大学会计系85届研究生李敬辉、87届研究生夏博辉在本人宿舍204房间（现东财校长办公楼）对酒当歌，策划召开中青年财务成本理论研讨会。

1988年6月8日

发起召开首届全国中青年财务成本理论研讨会暨中国中青年财务成本研究会成立大会。会议期间，作为主要发起人和筹备者，受到众多与会代表的鼓励，本人当选理事、常务理事、秘书长（大连）。

1988年7月7日

论文《试论企业经济活动分析的模式转换》获大连市财政、会计、成本、珠算学（协）会1987年优秀论文二等奖。

1988 年 9 月

调任财务管理与财务分析教研室，执教“工业企业财务管理”“工业企业经济活动分析”等课程。

1988 年 12 月 1 日

论文《关于成本差异即期处理几个理论问题的探讨》获中国中青年财务成本研究会优秀论文二等奖。

1988 年 12 月 16 日

论文《试论经济分析的转轨变型》获东北财经大学 1987—1988 年优秀论文二等奖（编号：0085）。

1988 年

多次深入抚顺钢厂、抚顺新钢、抚顺挖掘机总厂、抚顺水泥厂、抚顺电瓷厂、抚顺叉车厂等企业调查研究，宣传推广标准成本制度、变动成本法、物流成本管理、全面质量成本管理等现代成本管理方法。

1989 年

1989 年 5 月 17 日—6 月 7 日

在海口市为海南省财政税务系统提供培训。

1989 年 5 月 15 日

出席全国第四届财经院校研究生经济理论研讨会（大连）。

1989 年 8 月

受聘担任《会计学家》（山东省中青年财务成本研究会主办）杂志社特约编辑。

1989 年 8 月 12 日—17 日

出席中国中青年财务成本研究会 1989 年年会及第二次理论研讨会（辽阳）。

1989 年 10 月

论文《标准成本差异处理的几个理论问题》《承包制企业的会计与会计改革》分别被机床工具行业财会学术研究会评选为 1981 年至 1988 年优秀论文。

1989 年 12 月 1 日

论文《物流·物流成本·物流成本管理》获中国中青年财务成本研究会优秀论文二等奖。

1989 年 12 月 15 日

论文《物流·物流成本·物流成本计算》获中国电子工业会计学会优秀论文奖。

1989 年 12 月 25 日

论文《生产利润率分析浅探》被《财会信息》杂志编辑部评为优秀论文。

1989 年

多次深入鞍山钢铁集团公司、鞍山化纤毛纺织总厂、丹东齐洛瓦冰箱厂等企业调查研究，提供咨询服务，宣传推广“责任会计制度”“内部银行管理”“质量成本管理”等现代管理会计。

1990 年

1990 年 4 月

受聘担任辽宁省哲学社会科学规划重点项目“辽宁社会科学志”会计学学科撰稿人（聘字 41 号）。

1990 年 5 月

晋升讲师。

1990 年 7 月 25 日—30 日

出席中国中青年财务成本研究会 1990 年年会暨第三次理论研讨会（扬州）。

1990 年 8 月 5 日

出席全国高等财经院校财会教学改革研讨会第二届年会（厦门）。

1990 年 11 月 19 日—23 日

出席由财政部和人事部联合召开的第三次全国会计工作会议暨全国会计工作“双先”表彰大会（北京）。

1990 年 12 月 20 日

论文《企业资金紧缺：类型、成因与对策》获东北财经大学 1989 年至 1990 年优秀论文二等奖（编号：000223）。

1990 年 12 月 1 日

论文《关于社会分配若干问题研究》获中国中青年财务成本研究会优秀论文一等奖。

1991 年

1991 年 8 月 20 日

受聘担任《财务研究》（湖南省中青年财务成本研究会主办）杂志社特约编审。

1991 年 8 月 18 日—21 日

出席中国中青年财务成本研究会 1991 年年会暨第四次理论研讨会（宜昌），并作《论财务成本良性循环机制》的主题报告。

1991 年

多次深入大连港、大连粮食工业总厂等企业调研，宣传推广物流管理会计。

1992 年

1992 年 4 月 13 日

出席中国会计学会第四次全国会员代表大会（北京）。

1992 年 5 月

任东北财经大学财务管理与财务分析教研室副主任、党支部书记。

1992 年 6 月

破格晋升副教授，成为当时东北财经大学最年轻的副教授。

1992 年 6 月 15 日—19 日

出席“全国首届中青年财会论文‘中意杯’大奖赛”评审工作会议（承德）。

1992 年 7 月 4 日—13 日

出席“清产核资、经济效益与内部审计”研讨会（大连）。

1992 年 8 月 25 日—27 日

出席中国中青年财务成本研究会 1992 年年会暨第五次理论研讨会（长沙）。

1992 年

出席第四次全国企业财务理论研讨会（淄博），并做主题发言。

1992 年 9 月 10 日

被评为东北财经大学函授、夜大优秀教师。

1992年在承德。前排左起：李皎予、刘明辉、夏博辉、邵良志；
后排左起：楼申光、朱小平、陈学荣、杨雄胜、陈国辉

1992 年 10 月

荣获东北财经大学首届科研积极分子称号。

1992 年 12 月 1 日

论文《论重构企业财务机制的原则与内容》获中国中青年财务成本研究会优秀论文一等奖。

1993 年

1993 年 1 月

参加财政部主办的“两则两制”培训班（长春）。

1993 年 2 月 6 日

受聘担任中国农业会计学会会刊《中国农业会计》杂志社外编辑（聘字第 001 号）。

1993 年 5 月 15 日—18 日

出席中国中青年财务成本研究会第二届常务理事会第五次扩大会议（烟台）。

1993 年 8 月 15 日—18 日

出席中国中青年财务成本研究会 1993 年年会暨第六次理论研讨会（北京）。

1993 年 8 月

论文《关于企业财务评价指标若干问题的思考》获中国中青年财务成本研究会 1988 年至 1993 年度优秀科研成果一等奖。

1993 年 8 月

参加注册会计师协会注册会计师全国统一考试师资培训（天津）。

1993年8月

通过公开竞聘，获任东北财经大学出版社常务副社长兼党支部书记职务。

1993年10月

参加由国家新闻出版总署和国家教委联合主办的社长总编培训班（北京）。

1993年10月25日

受聘担任东北财经大学大学生会计学会常年顾问。

1993年11月

正式到任出版社，全面主持工作，实施风险目标管理责任制度。

1993年11月8日

受聘担任永信现代会计研究所兼职研究员。

1993年12月15日

取得财政部注册会计师考试委员会颁发的注册会计师全国统一考试全科合格证（编号：002030048）。

1994年

1994年5月4日

取得中华人民共和国注册会计师证书。担任光华会计师事务所注册会计师。

1994年5月

论文《关于建立企业质量经济核算系统几个问题的探讨》被机床工具行业财会学术研究会评选为1989年至1993年优秀论文。

1994年8月19日—22日

出席中国中青年财务成本研究会1994年年会暨第七次理论研讨会（杭州）。

1994年8月

师从著名财务学家、审计学家谷祺教授攻读博士学位。

1994年9月

改任东北财经大学出版社社长兼总编，为当时中国最年轻的出版社社长。

1994年10月

加入中国注册会计师协会独立审计准则组，主持起草《中国注册会计师独立审计基本准则》。

1994年10月

《物流管理会计》在经评审确定为辽宁省第四届社会科学优秀学术成果评奖活动入选作品。

1994年12月28日

著作《经济监督通论》在辽宁省第四届社会科学优秀学术成果评奖中，被评为著作三等奖。

1995年

1995年6月28日

受聘担任中国注册会计师协会中国独立审计准则组成员。

1995年7月23日—25日

出席中国会计教授会成立大会暨1995年年会（上海）。

1995年7月16日

获辽宁省人事厅颁发的“教授”专业技术职称证书，成为当时东北财经大学最年轻的教授。

1995年7月

出席由中国人民大学组织召开的海峡两岸会计理论研讨会（北京）。

1995年7月31日

东北财经大学出版社发行工作联谊会（大连）。

1995年8月11日—15日

出席中国中青年财务成本研究会1995年年会暨第八次理论研讨会（吉林）。

1995年8月21日—27日

参加由中国注册会计师协会举办的第一期独立审计准则培训班，宣讲审计准则（新疆）。

1995年9月

参加财政部全国会计专业技术资格考试命题工作。

1995年9月10日

荣获1994—1995年度大连市优秀青年教师光荣称号。

1995年10月26日

出席第四次全国会计工作会议（北京）。

1995年12月

受聘担任第二届独立审计准则组成员，主持起草《中国注册会计师职业道德准则》。

1995 年 12 月 28 日

被授予东北财经大学 1995 年度“有突出贡献人员”光荣称号。

1995 年

获东北财经大学优秀教辅一等奖。

1995 年

《国际财务管理》获财政部财政系统第四届优秀教材二等奖。

1996 年

1996 年 1 月 10 日

受聘担任辽宁省注册会计师协会《辽宁注册会计师》编委会委员。

1996 年 1 月 12 日

受湖南省注册会计师协会邀请，宣讲《中国注册会计师独立审计准则》(长沙)。

1996 年 2 月 6 日

出席财政部第三届全国财政系统大、中专优秀教材评奖工作会议（济南）。

1996 年 5 月

赴香港德明书院讲学。

1996 年 5 月

被大连市人民政府授予大连市 1994—1995 年度劳动模范。

1996 年 7 月 26 日

出席首届中国会计学博士生联谊年会（大连）。

前排左起：齐振梅、刘明辉、张龙平、周守华、陈建明、常志安。
后排左起：尤家荣、王越毫、秦荣生、马贤明、陈箭深、杨志国

1996年7月29日

发起设立三友会计研究所。

1996年8月

出席中国中青年财务成本研究会1996年年会暨第九次理论研讨会（烟台）。

1996年8月

出席中国注册会计师协会和台湾会计师公会组织的海峡两岸独立审计准则研讨会（昆明）。

1996年8月10日

论文《论社会会计的学科属性》获中国中青年财务成本研究会1995年度优秀论文一等奖。

1996年9月10日

获东北财经大学1995—1996年度优秀教辅二等奖。

1996年9月10日

参加首期第二批中国独立审计准则培训班（西安），宣读审计准则与职业道德准则。

1996年10月

参加第二批中国注册会计师独立审计准则研讨会（鞍山）。

1996年11月22日

获霍英东教育基金会青年教师奖三等奖1000美元奖金（证书编号：0503030）。

1996年11月31日

获辽宁省教育委员会颁发的高等教师资格证书（编号：962130170304111）。

1996 年

被确定为财政部部属院校跨世纪学科带头人。

1997 年

1997 年 2 月

受聘担任湖南省总会计师协会《理财与效益》杂志顾问。

1997 年 2 月 17 日

受聘担任 1997 年度全国会计专业技术资格考试命题专家组成员。

1997 年 3 月

随中国注册会计师协会赴美考察团赴美考察（IFC、AICPA、FASB）。

1997 年 4 月 25 日—28 日

出席由中国注册会计师协会和香港会计师公会联合举办的“迈向 21 世纪——中国经济改革与会计市场开放国际研讨会”（北京）。

1997 年 6 月

博士论文答辩，答辩委员会主席杨纪琬，委员为魏振雄等。

1997 年 7 月 17 日—19 日

出席中国会计教授会第三次年会（厦门）。

1997 年 7 月 22 日

于东北财经大学会计学专业博士毕业（编号：1997301）。

1997 年 8 月 4 日

获得经济学博士学位（证书编号：97025）。

1997年3月在美国注册会计师协会（AICPA）

左起：刘永泽、吴大军、谷祺、刘明辉、张先治

1997年，参加博士学位论文答辩

1997年，与于长春教授合影

1997年8月7日—9日

出席中国中青年财务成本研究会1997年年会暨第十次理论研讨会（成都）。

1997年8月12日

出席“市场经济与财会改革”理论研讨会暨论文评选活动（大连）。

1997年9月10日

获东北财经大学1996—1997年度优秀教辅一等奖。

1997年10月1日

论文《关于中国会计准则建设目标模式的探讨》荣获中国会计学会优秀论文二等奖。

1997年10月20日

参加全国会计专业技术资格考试大纲修订座谈会。

1997年11月

参加第三届全国财务管理学科建设研讨会（南京）。

1997年

获大连优秀青年科技干部称号。

1997年12月8日

出席财政部统编教材审稿会（深圳）。

1998年

1998年1月23日

受聘担任1998年度全国会计专业技术资格考试命题专家组成员。

1998 年 3 月

应邀随新闻出版署代表团赴美考察。

1998 年 7 月 5 日—7 日

出席中国中青年财务成本研究会第三届优秀科研成果评审会议（营口）。

1998 年 7 月 8 日

辽宁省财政厅《关于成立辽宁省注册会计师行政处罚听证委员会的通知》（辽财会协字〔1998〕221 号），本人任听证委员会听证主持人。

1998 年 7 月 20 日

出席中国会计教授会 1998 年年会（北京），大会主题为“面向21 世纪中国的会计理论发展与会计教育改革”。

1998 年 7 月 25 日—27 日

出席中国中青年财务成本研究会 1998 年年会暨成立十周年庆典（大连）。

1998 年 7 月

被中国大学出版社协会授予首届全国高校出版系统先进工作者奖。

1998年，出席中国会计教授会，与于玉林教授、孟焰教授交流

1998年9月25日

出席辽宁省高级会计师评审委员会会议（鞍山）。

1998年10月

论文《独立审计准则模式研究》，在中国中青年财务成本研究会1998年优秀科研成果评比中，荣获一等奖。

1998年

《管理咨询》获大连市优秀著作奖社科著作项目教材类一等奖。

1998年12月21日—26日

出席第三批独立审计准则外方咨询专家会议（北京）。

1999年

1999年1月30日

受聘担任1999年度全国会计专业技术资格考试命题专家组成员。

1999年2月1日

出席“高等学校本科会计学科教材新系”编写会议（大连）。

1999年3月16日—4月15日

应邀赴台湾东吴大学讲学，受聘担任东吴大学访问学者。

1999年7月23日—25日

出席中国会计教授会1999年年会（大连）。

左起：刘永泽、李勇、刘明辉

1999年，在东吴大学

1999年7月28日—30日

出席中国中青年财务成本研究会1999年年会暨第十二次理论研讨会（广州、深圳）。

1999年10月

出席财政部统编教材审稿会议代表（扬州）。

1999年11月11日—14日

出席中国审计学会第四届会员代表大会（北京）。大会选举本人任第四届理事会理事。

1999年12月28日

广西北海出席全国会计专业技术资格考试命题研讨会（北海）。

2000年

2000年1月

应邀赴香港城市大学参加国际学术研讨会，并以“中国注册会计师：成就、变革和挑战”为题做主题演讲（香港）。

2000年1月30日

受聘担任2000年度全国会计专业技术资格考试命题专家组成员。

2000年

任东北财经大学会计学（审计学、公司理财两个方向）博士生导师。

2000年4月8日

受聘担任辽宁省大连市国家税务局党风廉政建设特邀监察员。

2000年6月18日

获颁中国审计学会会员证（证件编号：000114）。

2000年6月

出席财政部“九五”规划本科教材暨财政干部培训教材编制大纲审稿会议（大连）。

2000年6月—10月

受聘担任第二届全国会计知识大赛命题专家。

2000年7月13日—15日

出席中国会计教授会2000年年会（武汉）。

2000年7月

受聘担任辽宁省高级会计师任职条件评审委员会委员。

2000年8月7日

出席全国地方综合大学出版工作研讨会暨东北地区大学出版社理事会年会。

2000年8月10日—13日

出席中国中青年财务成本研究会2000年年会暨第十三次理论研讨会（厦门、福州）。

2000年9月10日

出席湘财证券“中国资本市场与财务会计”论坛（北京钓鱼台国宾馆）。

2000年9月26日—27日

出席第六届全国财务管理学科建设与理论研讨会（成都）。

2000年9月23日—25日

出席“WTO与财会改革”高层论坛（重庆）。

2000年10月

赴欧洲访问。

2000年11月28日

出席财政部企业内控制度建设研讨会（南京）。

2000年12月7日

获霍英东教育基金会青年教师奖一等奖5000美元奖金（证书编号：12007）。

2000年12月26日

出席全国会计委派制度试点工作座谈会（北京）。

2001年

2001年2月16日

被辽宁省人事厅、发改委、科技厅、教育厅、财政厅、科协、科技基金会七部门联合评为辽宁省第二批百千万人才工程百人层次人选（编号：01B178）。

2001年2月20日

受聘担任2001年度全国会计专业技术资格考试命题专家组成员。

2001年2月28日—3月1日

出席中国成本研究会第五届代表大会（北京），当选第五届理事会理事。

2001年4月

经中共大连市委、市政府批准，被授予大连市优秀专家称号。

2001年5月

获颁中国会计学会会员证（证件编号：100112）。

2001年5月

成功竞聘东北财经大学开发区分校校长，受命组建津桥商学院。

2001年7月16日—17日

出席中国会计教授会2001年年会。

2001年8月3日—4日

出席中国中青年财务成本研究会2001年年会暨第十四次理论研讨会（太原）。

2001年9月10日

出席湘财证券第二届“中国资本市场与财务会计”高级论坛（北京人民大会堂）。

左起：薛清梅、刘明辉、王满

2001 年 10 月 24 日

参加 2001 年度辽宁省高级会计师评审会（沈阳）。

2001 年 11 月 24 日

出席中国会计学会环境会计专题研讨会（南京）。

2001 年 12 月 28 日

担任大连天歌传媒股份有限公司第一届董事会独立董事。

2002 年

2002 年 2 月 7 日

受聘担任 2002 年度全国会计专业技术资格考试命题专家组成员。

2002 年 2 月

论文《试论内部控制的三个口径》获 2001 年度东北财经大学优秀论文一等奖。

2002 年 4 月 10 日

担任抚顺特殊钢股份有限公司第二届董事会独立董事。

2002 年 5 月 11 日

担任沈阳东软软件股份有限公司第三届董事会独立董事。

2002 年 5 月 27 日—31 日

参加由中国证券监督管理委员会和清华大学经济学院共同举办的上市公司独立董事培训班学习（京：02251）。

2002 年 6 月

被选为中国共产党东北财经大学第八次代表大会代表。

2002年6月8日，会计学院全体博士生导师与2001级博士生合影。
前排左起：陈国辉、刘永泽、谷祺、张先治、刘明辉。
后排左起：樊子君、薛清梅、吴作章、陈艳、方红星、罗菲、于文生、姚蕾蕾、孙文刚、池国华、孙光国

左起：张树宏、薛清梅、樊清玉、欧阳清、张先治、刘明辉

2002 年 6 月 15 日—16 日

出席由中国审计学会与北京大学光华管理学院联合举办的“虚假财务报告审计与监管”论坛（北京）。

2002 年 6 月

出席“加入WTO对中国企业的影响”高层研讨会暨中国成本研究会2002 年年会（无锡）。

2002 年 6 月 25 日

被中共东北财经大学委员会评为 2001— 2002 年度优秀共产党员。

2002 年 7 月 16 日—18 日

出席中国会计教授会2002 年年会（成都）。

2002 年 7 月 19 日

受聘担任中国注册会计师协会上市公司会计审计问题专家技术援助小组成员。

2002 年 8 月 3 日

受聘担任中国华融资产管理公司财务顾问工作专家。

2002 年 8 月

出席中国中青年财务成本研究会第四届理事会第七次常务理事会[①]（北京）。

2002 年 8 月 16 日—18 日

出席中国会计学会财务成本分会 2002 年年会暨第十五次理论研讨会（昆明）。

2002 年 8 月 17 日

出席 TCL 集团财务战略研讨会（昆明）。

---

① 本次会议决定，中国中青年财务成本研究会更名为中国会计学会财务成本分会。

2002 年 8 月 18 日

经中国会计学会财务成本分会第五届代表大会选举通过，当选第五届理事会常务理事、秘书长兼副会长。

2002 年 8 月 2 日

参加教育部“会计学”骨干教师培训班（大连）。

2002 年 9 月 26 日—28 日

出席中国会计学会第六次全国会员代表大会暨理论研讨会（北京），当选第六届理事会理事、副秘书长。

2002 年 10 月 31 日

获大连市人民政府颁发的政府特殊津贴及证书[政府特殊津贴第 984（02）31 号]。

2002 年 11 月 14 日—16 日

出席第九届世界会计教授会（香港）。

2002 年 11 月 28 日

中国总会计师协会第三次全国会员代表大会选举通过，本人当选第三届理事会理事。

2002 年 12 月 2 日

当选大连经济技术开发区选民代表。

2002 年 12 月 12 日

受聘担任 2003 年度全国会计专业技术资格考试命题专家组成员。

2002 年

曾多次到浙江、江苏、山东、吉林、深圳、辽宁等地民营企业进行深入调查，了解民营企业融资状况和内部控制状况。

2003 年

2003 年 2 月

论文《上市公司会计监管制度及其改进》荣获东北财经大学 2002 年度优秀论文。

2003 年 4 月 5 日

受聘担任东北财经大学财务与会计研究中心兼职研究员。

2003 年 4 月 20 日

受聘担任安徽工业大学管理学院兼职教授。

与浙江财经大学会计学院院长汪祥耀教授合影

2003年11月，参观毛主席旧居。
左起：黄世忠、宋献忠、孟焰、刘明辉、汤谷良、张鸣、夏冬林

2003年在井冈山。前排左二起：张鸣、周守华、樊行健、刘玉廷、李玉环、戴德明、汤谷良；后排左一起：张蕊、刘明辉、陆正飞、骆家龙、宋献忠、杨雄胜、孟焰、黄世忠、夏冬林、张秋生

2003年5月29日

担任东方通信股份有限公司第三届董事会独立董事。

2003年6月1日

受聘担任辽宁省人民政府学位委员会第三届学科评议组成员。

2003年6月

出席财政部监督检查局注册会计师行政处罚听证研讨会（大连）。

2003年7月20日

受聘担任中国管理科学研究院学术委员会特约研究员（编号：ZGT023417-07）。

2003年8月18日

论文《上市公司会计监管制度及其改进》在中国会计学会和中国中青年财务成本研究会联合举办的“天健杯”第四届优秀科研成果评比中，被评为论文类二等奖。

2003年8月18日—20日

出席中国会计学会财务成本分会2003年年会暨第十六次理论研讨会（北京）。

2003年8月25日

受聘担任财政部会计准则委员会会计准则咨询专家。

2003年10月31日

出席首届东北地区（含内蒙古）高校财务与会计学术研讨会（大连）。

2003年11月14日

出席民营企业治理和内部控制研讨会（杭州）。

2003年，与东财党委书记于洋在新加坡

2003年12月23日在澳大利亚科廷大学

2003 年 11 月 18 日

受聘担任北京国家会计学院平台课教材开发项目“审计系列”丛书编委会委员。

2003 年 11 月 28 日

出席财政部 2003 年重点会计科研课题评标会议（南昌）。

2003 年 12 月

任东北财经大学杂志社社长、《财经问题研究》常务副主编、《东北财经大学学报》常务副主编。

2003 年 12 月

财政部监督检查局出具《科研项目应用价值证明》，证明由本人主持完成的科研课题“外国注册会计师行业监管最新研究”质量较高，不仅具有较高的理论价值，同时也具有相当的应用价值，是财政部门进行相关决策的重要依据。

2003年12月16日在澳大利亚阿德雷德大学

2003 年 12 月

应邀赴新加坡计算机学院、澳大利亚科廷大学、阿德雷德大学访问、讲学。

2003 年 12 月

论文《加入 WTO 与中国会计制度改革的策略选择》在中国会计学会 2002 年度会计学优秀论文评选中荣获二等奖（第 2003202 号）。

2003 年 12 月 29 日

中国注册会计师协会出具“科研课题立项通知书”，本人负责的“注册会计师行业自律运行机制研究”列入中国注册会计师协会 2003 年度课题研究计划（项目编号：2003-A-3），课题经费 5 万元。

2003 年

论文《内部控制的经济学思考》获大连市科学论文奖励委员会大连市科学论文奖一等奖。

2004 年

2004 年 1 月

受聘担任《东北财经大学学报》杂志编委会编委。

2004 年 1 月

受聘担任《财经问题研究》杂志编委会编委。

2004 年 1 月 20 日

中国会计学会出具“科研项目应用价值证明”，证明由本人主持的财政部重点会计科研课题“内部会计控制规范——实物资产”（项目批准号：2001KJA011）具有较高的理论研究水平和实际应用价值，对制定我国相关会计控制规范有重要的参考作用。

2004年7月在北京天健会计师事务所

2004年2月13日

出席中国注册会计师协会技术援助小组会议（北京）。

2004年3月

出席高校社名刊主编论坛会议（上海）。

2004年3月12日

受聘担任2004年度全国会计专业技术资格考试命题专家组成员。

2004年5月10日

出席辽宁省注册会计师协会第三次会员代表大学（沈阳），当选常务理事。

2004年6月10日—11日

出席注册会计师教材研讨会（北京）。

2004年6月12日

受聘担任东北财经大学第一届会计硕士专业学位教育指导委员会副主任。

2004年7月12日—14日

出席由财政部组织召开的“会计准则国际研讨会暨会计准则咨询专家全体会议”（北京）。

2004年7月18日—20日

出席中国会计教授会2004年年会（西安）。

2004年8月2日—5日

出席中国中青年财务成本研究会2004年年会暨第十七次理论研讨会（马鞍山），此次会议后中国中青年财务成本研究会更名为中国会计学会财务成本分会。

2004年8月17日—24日

应邀为海南省会计改革与会计管理研修班讲授“会计委派制与国库集中支付改革”（海口）。

2004年10月

任大连报业集团副社长、大连出版社社长。

2004年10月22日—24日

出席中国会计学会审计专业委员会2004年年会暨首届审计理论与实务国际论坛（大连）。

2004年11月3日

受聘担任中国注册会计师协会审计准则委员会委员。

2004年12月6日

入选辽宁省国际友谊促进会常务理事。

2004年12月7日

出席“注册会计师行业行政监管机制研究”课题研讨暨评审会（武汉）。

2004年12月23日

出席中共大连市第九届全委会议。

2005年

2005年1月

担任大连出版工作者协会主席。

2005年1月7日

出席中国审计学会第五届会员代表大会暨第五届理事会第一次会议（厦门）。

2005年5月31日

担任抚顺特殊钢股份有限公司第三届董事会独立董事。

2005年5月11日

担任沈阳东软软件股份有限公司第四届董事会独立董事。

2005年6月14日—16日

出席中国会计学会“财务管理与管理会计”专题研讨会（南京）。

2005年7月14日—15日

出席中国会计学会财务成本分会2005年年会暨第十八次理论研讨会（北京）。

2005年7月25日—26日

应邀为中国注册会计师协会第六期远程教育视频培训班讲授“企业内部控制”（贵阳）。

出席中国会计学会财务成本分会
2005年年会暨第十八次理论研讨会

与东吴大学教授马嘉应先生合影

2005 年 7 月 27 日—28 日

出席企业内部控制指引研讨会（北京，财政部主办）。

2005 年 9 月

受聘担任辽宁省教授、研究员级高级会计师评审专家。

2005 年 10 月

应邀赴台湾东吴大学讲学（东吴大学访问学者）。

2005 年 11 月 18 日—20 日

出席中国会计学会审计专业委员会第二届全国审计理论与实务论坛（武汉）。

2005 年 12 月

受聘担任全国会计领军（后备）人才培训项目学术类第一期选拔考试命题专家及面试评委。

2006 年

2006 年 2 月 14 日—15 日

出席由中国会计学会会计教育专业委员会、东北暨内蒙古高校会计学教师联合会举办，哈尔滨商业大学会计学院承办的会计教育专题研讨会（哈尔滨）。

2006 年 2 月 15 日—16 日

出席由财政部组织召开的中国会计审计准则体系发布会（北京）。

2006 年 3 月

出席“国家注册企业风险管理师（CERM）”专家认证（中国）委员会工作会议（北京）。

2006年2月，出席财政部主办的中国会计审计准则体系发布会

2006 年 6 月 13 日—22 日

受邀为北京国家会计学院和中国注册会计师协会共同举办的“审计准则应用指南研讨”培训班授课（北京）。

2006 年 7 月 27 日—29 日

出席中国会计学会财务成本分会 2006 年年会暨第十九次理论研讨会（青岛）。会上，召开了中国会计学会财务成本分会会员第六次代表大会，在换届选举会上当选会长。

2006 年 8 月 22 日

获香港风险管理协会（经中华人民共和国劳动和社会保障部认证）颁发的注册高级风险管理师证书。

2006 年 8 月 23 日

财政部发布《关于 2003 年重点会计科研课题结项鉴定结果的通知》（财会函〔2006〕69 号），本人承担的重点课题“审计理论框架研究”通过评审鉴定，结果为良好。

2006 年 8 月 28 日

出席中国审计学会 2006 年度科研课题“审计环境对政府审计职能和作用的影响”研讨会（大连）。

2006 年 9 月 15 日—16 日

作为特邀嘉宾出席由国务院国有资产监督管理委员会研究中心和亚洲风险与危机管理协会主办、安泰环球风险管理技术（北京）有限公司承办的首届企业全面风险管理高峰论坛。

2006 年 10 月 8 日

出席财政部召开的“财政部会计准则委员会暨中国注册会计师协会审计准则委员会全体会议”（北京）。

2006年10月20日

课题“中国注册会计师鉴证业务基本准则”经中国注册会计师协会组织评审，准予结项（项目批准号：2006-D-21）。

2006年10月20日

课题“中国注册会计师审计准则第1401号——利用其他注册会计师的工作”经中国注册会计师协会组织评审，准予结项（项目批准号：2006-D-22）。

2006年10月20日

课题“中国注册会计师审计准则第1411号——考虑内部审计的工作”经中国注册会计师协会组织评审，准予结项（项目批准号：2006-D-23）。

2006年10月20日

课题“中国注册会计师审计准则第1421号——利用专家的工作”经中国注册会计师协会组织评审，准予结项（项目批准号：2006-D-24）。

2006年10月20日

课题“中国注册会计师其他鉴证业务准则第3101号——历史财务信息审计或审阅以外的鉴证业务”经中国注册会计师协会组织评审，准予结项（项目批准号：2006-D-25）。

2006年10月21日—22日

出席第十二届中国财务学会暨财务理论与实务国际论坛（大连）。

2006年10月

出席辽宁省出版工作者协会第五届会员代表大会（沈阳）。

2006年11月28日

出席中国会计学会审计专业委员会第三届“审计理论与实务”研讨会（成都）。

2006年12月22日

出席财政部会计准则委员会、中国注册会计师协会审计准则委员会、企业内部控制标准委员会、会计师事务所内部治理指导委员会全体会议（北京）。

2006年12月28日

中共辽宁省委宣传部发布《关于确定刘明辉同志为全省宣传文化系统首批“四个一批”人才的通知》（辽宣干发〔2006〕32号），本人入选全省宣传文化系统首批“四个一批”人才。

2007年

2007年1月6日

受聘担任东北财经大学第二届会计硕士专业学位教育指导委员会副主任。

2007年1月11日—12日

中国注册会计师协会第三次会议召开，会上，连任中国审计准则委员会委员（会协〔2007〕4号）。

2007年1月15日

受聘担任中国注册会计师协会执业准则咨询指导组委员。

2007年1月16日

受聘担任中国注册会计师协会第二届专业技术咨询委员会委员。

2007年1月26日—27日

出席全国会计管理工作会议（北京国家会计学院）。

2007年3月23日

担任沈机集团昆明机床股份有限公司第六届董事会独立董事。

2007年4月12日

被评为大连市宣传文化系统“六个一批”人才（大宣发〔2007〕9号）。

2007年4月

受聘担任安泰环球风险管理技术有限公司注册风险管理师项目高级培训师。

2007年5月

出席中国注册会计师执业准则国际趋同发布会（北京），由于参加中国注册会计师执业准则体系建设及国际趋同项目，被中国注册会计师协会授予牌匾。

2007年6月

经中国会计学会第七次全国会员代表大会表决通过，担任中国会计学会第七届理事会理事。

2007年7月16日—18日

出席中国会计学会财务成本分会2007年年会暨第二十次理论研讨会（杭州）。

2007年9月

受聘担任全国会计领军（后备）人才培训项目学术类第二期选拔考试命题专家及面试评委。

2007年10月

受聘担任第三届全国会计知识大赛命题专家（北京）。

2007年11月3日—5日

受聘担任第三届全国会计知识大赛注册会计师行业选拔赛裁判（北京）。

2007年12月1日

出席辽宁省总会计师协会第三届会员代表大会（沈阳）。

2007年12月

出席辽宁省会计学会第六次会员代表大会（沈阳）。

2008年

2008年2月15日—18日

参加由香港特许秘书公会举办的高级企业管治研修班（香港）。

2008年2月22日

受聘担任中国会计学会第七届理事会审计专业委员会副主任委员。

2008年2月28日—3月15日

参加财政部会计专业技术资格考试命题工作。

2008年3月3日

新闻出版总署发布《关于公布2007年全国新闻出版行业领军人才遴选结果的通知》（新出人〔2008〕281号），本人入选首批全国新闻出版行业领军人才。

2008年4月25日

出席“注册会计师考试制度改革研讨会”（北京），受聘担任中国注册会计师考试制度改革境内专家咨询组成员（会协〔2008〕22号）。

2008年5月10日—11日

出席中国会计学会审计专业委员会2007年年会暨理论研讨会（南京）。

左起：冯卫东、王斌、刘明辉、夏成才、林纲、陆建桥

2008年6月21日—22日

出席中国会计学会财务成本分会2008年年会暨第二十一次理论研讨会（大连）。

2008年6月24日

出席辽宁省出版工作者协会五届二次理事会议（大连）。

2008年7月15日

受聘担任中华人民共和国审计署国家审计准则咨询专家组专家。

2008年10月9日

出席审计署“国家审计准则大纲专家论证会”（北京）。

2008年11月21日—12月2日

参加新闻出版行业领军人才财务与管理高级研修班（上海）。

2008年12月6日—7日

出席由中国会计学会、南京大学主办的中国会计与财务国际论坛（南京）。

2008年12月18日

出席辽宁省注册会计师协会第四次会员代表大会（沈阳），当选常务理事。

2008年12月30日

出席财政部中国会计与改革开放30周年研讨会（北京）。

2008年12月

论文《改革开放三十周年中国注册会计师制度的嬗变——基于制度变迁理论的解释》在“中国会计与改革开放30周年”有奖征文评选中荣获一等奖。获财政部颁发获奖证书（第006号）。

2009年

2009年1月

出席财政部会计司、中国会计学会举办的全国先进会计工作者经验交流暨纪念中国会计与改革开放30年优秀论文表彰会议（北京）。

2009年1月10日

受聘担任东北财经大学第三届会计硕士专业学位教育指导委员会副主任。

2009年1月17日—18日

出席中国会计学会第七届常务理事会第三次会议（三亚），经选举，增补为中国会计学会常务理事。

2009年2月3日

担任辽宁禾丰牧业股份有限公司第三届董事会独立董事。

2009年4月16日

出席财政部主办的2009年国际财务报告准则（IFRS）地区政策论坛（北京）。

出席中国会计学会审计专业委员会学术年会

2009年，在学术交流会议期间主持小组讨论

2009 年 4 月 26 日

出席首届内部控制专题学术研讨会（北京）。

2009 年 5 月

出席中国会计学会审计专业委员会学术年会，并做“金融危机·风险管理·审计变革”的主题演讲（北京）。

2009 年 8 月 8 日

出席内部控制 ERP 整合研讨会，受聘担任金蝶软件（中国）有限公司专家顾问（深圳）。

2009 年 8 月 15 日—16 日

出席中国会计学会七届四次常务理事会（大连）。

2009 年 8 月 17 日

出席中国会计学会财务成本分会 2009 年年会暨第二十二次理论研讨会（广州）。

2009年8月—9月

受聘担任全国会计领军（后备）人才培训项目学术类第三期选拔考试命题专家及面试评委。

2009年9月27日

出席中国注册会计师协会审计准则委员会暨职业道德准则委员会会议（北京）。

2009年10月29日

出席由中华人民共和国财政部与世界银行联合举行的《中国会计和审计评估报告》发布会（北京）。

2009年11月7日—8日

出席中国会计学会七届二次理事会暨理论研讨会（南昌）。

2009年11月8日

出席财政部2008年全国会计科研课题结项鉴定评审会（南昌）。

2009年11月12日

受聘担任南京大学会计与财务研究院首届学术指导委员会

2009年11月13日—14日

出席中国会计学会、南京大学主办的第二届中国会计与财务国际论坛（南京）。

2009年12月30日

出席中国审计学会第六届会员代表大会暨第六届理事会第一次会议（北京国谊宾馆）。会上，本人当选第六届理事会理事。

2009年12月

主编的《审计》入选“十一五”普通高等教育本科国家级规划教材。

2010年

2010年1月30日—31日

出席中国会计学会七届五次常务理事会（珠海）。

2010年3月23日

担任沈机集团昆明机床股份有限公司第七届董事会独立董事。

2010年4月6日

出席辽宁省审计学会第五届会员代表大会暨审计论坛（沈阳）。

2010年4月17日—18日

出席中国会计学会审计专业委员会主办、杭州电子科技大学承办，天健会计师事务所协办的中国会计学会审计专业委员2010年学术年会（杭州）。

2010年4月24日

担任中兴商业大厦（集团）股份有限公司第四届董事会独立董事。

2010年4月26日

出席由财政部、证监会、审计署、银监会、保监会五部委联合召开的“企业内部控制配套指引发布会”。

2010年4月27日

被中国财政杂志社聘请担任《财务与会计》杂志学术顾问。

2010年5月7日

出席辽宁省注册会计师协会第四届理事会第三次常务理事会（沈阳）。

2010年6月7日—9日

出席“第二届海峡两岸会计学术研讨会”（台北）。

2010年7月，参观中国会计博物馆

2010年在台北101大厦留影

2010年6月25日

出席中国会计学会会计监督委员会“会计监督座谈会”（北京）。

2010年6月28日

出席中国会计学会2010年学术年会（青岛）。

2010年6月

被中国会计学会认定为资深会员。

2010年7月10日

应邀为湖北注册会计师行业做“企业内部控制”专题讲座（武昌）。

2010年7月10日—12日

出席中国会计学会财务成本分会2010年年会暨第二十三次理论研讨会（武汉）。

2010年7月

受聘担任中国会计博物馆第一届“中国会计名人”评委。

2010年7月

出席第二届金融风险与公司财务管理国际研讨会，并做大会主题报告（大连）。

2010年7月19日

出席东北暨内蒙古自治区高校会计学教师联合会2010年年会暨第六届学术研讨会，并做大会主题报告（大连）。

2010年7月23日

受聘担任中国内部控制研究中心资深研究员。

2010年8月6日

出席中国会计学会会计监督专业委员会会计监督专题研讨会（大庆）。

2010年8月7日

出席中国会计学会第七届理事会第六次常务理事会（大庆）。

2010年8月10日

到湖北众环会计师事务所调研、培训。讲授“企业内部控制”。

2010年8月

参加注册会计师审计准则远程教学培训班，担任主讲老师（桂林）。

2010年8月

辽宁省教育厅发布“辽宁省教育厅科研成果证书”，本人承担的“基于风险管理的现代审计模式研究”（项目编号：2008T063，成果登记号：辽教科结第WTJ2010043号）通过结题验收，被确认为辽宁省教育厅优秀科学研究成果。

2010年9月

《出版营销》发表三石署名文章《刘明辉：我喜欢挑战，喜欢玩真格的》。

2010年9月10日

担任邦讯技术股份有限公司第一届董事会独立董事。

2010年10月31日

出席中国注册会计师协会审计准则委员会暨审计准则发布会（北京）。

2010年11月12日

出席中国审计学会《审计研究》第六届编辑委员会会议（北京）。

2010年11月15日

获中国注册会计师协会颁发的“资深会员证书”（证书编号：00120）。

2011 年

2011 年 1 月 29 日

出席中国会计学会七届七次常务理事会（佛山）。

2011 年 4 月 7 日

出席全国中小学作文精英赛启动仪式（大连）。

2011 年 5 月 5 日

出席中国出版协会第六次会员代表大会（北京）。

2011 年 5 月 10 日—20 日

在新闻出版总署教育培训中心参加新闻出版总署举办的第 58 期图书音像电子出版社社长总编辑岗位培训班（北京）。

2011 年 5 月 27 日—28 日

出席中国会计名人评选委员会 2011 年度工作会议（上海）。

2011 年 5 月 28 日

出席立信会计出版社成立 70 周年庆典（上海）。

2011 年 6 月 8 日

出席中国会计学会第五次会计指数研讨会（北京）。

2011 年 6 月 8 日

出席中国会计学会 2010 年会计学优秀论文评审会（北京）。

2011 年 6 月 17 日

出席海峡两岸会计论坛（厦门）。

2011年10月25日，受聘担任铜陵学院客座教授

出席中国审计学会教育分会成立大会并发表演讲

出席全国中小学作文精英赛启动仪式

2011年6月23日

出席中国会计学会第六次会计指数研讨会（北京）。

2011年7月8日

被中国会计学会授予资深会员。

2011年7月

被中共大连广播电视台委员会授予优秀共产党员。

2011年7月28日—30日

出席中国会计学会管理会计与应用专业委员会专题研讨会（吉林）。

2011年8月13日—14日

出席中国会计学会七届八次常务理事会扩大会议暨第九次会计指数研讨会议（大连）。

2011年9月22日

出席中国审计学会与审计科研所组织召开的"国家审计与国家治理"研讨会（北京）。

2011年10月12日—14日

受聘担任全国会计领军（后备）人才培训项目学术类第四期选拔考试命题专家及面试评委（厦门）。

2011年10月20日—25日

到安徽财经大学、合肥大学、铜陵学院等学校举行巡回学术讲座。

2011年10月25日

受聘担任安徽铜陵学院客座教授。

2011 年 10 月 27 日

出席中国审计学会教育分会成立大会暨首届审计教授论坛（南京），作题为“国家审计与国家治理”的主题演讲。

2011 年 11 月 4 日

出席中国会计学会分会及全国性专业会计学会 2011 年工作会议（杭州）。

2011 年 11 月

担任山东华特磁电科技股份有限公司第二届董事会独立董事。

2011 年 11 月 16 日

受聘担任西南财经大学中国政府审计研究中心学术委员会委员。

2011 年 11 月 17 日—18 日

出席“国家审计与国家治理理论创新研讨会”（成都）。

2011 年 11 月 26 日—27 日

出席“第三届海峡两岸会计学术研讨会”（广州）。

2011 年 12 月

获辽宁省人力资源和社会保障厅颁发的“编审”专业技术职称证书。

2012 年

2012 年 1 月 7 日

出席中国书业营销创新论坛，发表“网络时代书业营销创新”演讲（北京）。

出席中国书业营销创新论坛并发表演讲

右起：“幻想大王”杨鹏、刘明辉、“狼爸”萧佰佑、“知心姐姐”卢勤、陆晓

2012年1月7日

出席中国传统文化教育创新论坛（北京）。

2012年1月10日

《中国图书商报》发表本人署名文章《书业营销创新六六六》。

2012年1月15日

出席中国会计学会第七届第九次常务理事会（海口）。

2012年2月3日

担任辽宁禾丰牧业股份有限公司第四届董事会独立董事。

2012年6月3日

百道网发表专访文章《大家出版传媒刘明辉：不求最大但求最佳》。

2012年8月5日—8日

出席中国会计博物馆常务理事会2012年工作会议暨中国会计名人堂评选委员会第五次工作会议（桂林）。

2012年8月

受聘担任《中国会计研究》学术委员。

2012年11月18日

出席由西南财经大学、中国政府审计研究中心主办的第二届审计理论创新发展论坛（成都）。

2012年12月4日

出席中国审计学会编辑委员会会议（北京）。

2013年

2013年1月26日—27日

出席中国会计学会七届十次常务理事会（北京）。

2013年3月5日

获东北财经大学优秀硕士学位论文指导教师荣誉称号。（编号：T20122020）

2013年4月23日

新商报发表记者专访文章《传统出版业的市场前景在于内容为王》。

2013年5月7日

百道网发表记者专访文章《刘明辉：保卫想象力　阅读不要太功利》。

2013年5月11日

出席首届幻想儿童文学高层论坛，发表主题演讲《幻想儿童文学的产业化之路》。

2013年5月17日—18日

出席中国会计学会《中国会计研究》（CLAS）第二届研讨会暨会计与控制青年论坛（大连）。

2013年6月

到加拿大滑铁卢大学、多伦多大学等多所大学访问交流。

2013年6月25日

担任中兴商业大厦（集团）股份有限公司第五届董事会独立董事。

2013年7月17日

受聘担任2013年度全国会计专业技术资格考试命（审）题专家组成员。

2013年6月在加拿大期间与家人合影留念

出席“幻想屋”儿童文学主题沙龙

在辽宁省委宣传部举办的新闻出版战线骨干培训班上做主题演讲

2013年7月28日

受聘担任天和经济研究所暨《经济活页文选·财税研究》专家委员会委员。

2013年9月10日

担任邦讯技术股份有限公司第二届董事会独立董事。

2013年9月

出席“大白鲸世界杯”原创幻想儿童文学奖评奖办公室举办的“幻想屋”儿童文学主题沙龙（第三期）暨“大白鲸世界杯”原创幻想儿童文学奖启动仪式（大连）。

2013年10月28日

出席中国版协城市出版社工作委员会五届三次会议暨全国城市出版社社长年会（南京）。

2013年10月29日—30日

出席中国成本研究会第六届会员代表大会（北京）。

2013年11月15日

参加中国科幻产业论坛暨第二十四届科幻银河奖颁奖典礼（成都）。

2013年11月17日

出席中国儿童文学研究会第四届理事会第三次会议（济南），增补为理事。

2013年11月27日

参加辽宁省委宣传部举办的新闻出版战线骨干培训班，做题为《幻想儿童文学产业化运营》的讲座（沈阳）。

2013年12月3日

出席中国审计学会《审计研究》编辑委员会会议（北京）。

2014 年

2014 年 1 月 11 日

出席中国会计学会第八次全国会员代表大会（北京），当选第八届理事会常务理事。

2014 年 1 月 13 日

《新商报》发表记者专访文章《“品读大连”丛书一次历时数年的潜心打造》。

2014 年 1 月

被《出版广角》编辑部评为 2013 年度书业“新锐榜”· 新锐出版人。

2014 年 2 月—2015 年 10 月

参加国家新闻出版广电总局、清华大学、光华基金会联合举办的出版高级管理人才培训班（北京、西宁、长沙、长春、北京）。

出席首届“大白鲸世界杯”原创幻想儿童文学奖评委会

2014年2月16日

接受大连电视台财经频道《财智非常道》专访，深度报道大连出版社从“十三不靠”到“一条龙”的幻想儿童文学产业化发展之路。

2014年3月29日

担任东软集团股份有限公司第七届董事会独立董事。

2014年3月

参加清华大学出版业工商管理高级研修班第五期学习（北京）。

2014年4月18日

出席首届“大白鲸世界杯”原创幻想儿童文学奖评委会（大连）。

2014年5月12日

出席第四次“幻想屋”儿童文学主题沙龙。

2014年5月14日

出席首届“大白鲸世界杯”原创幻想儿童文学年度颁奖典礼暨第二届幻想儿童文学高层论坛。

2014年5月18日

《大连日报》发表记者专访文章《保卫想象力，让人生插上翅膀》。

2014年6月

出席中国会计学会会计教育专业委员会财务会计类课程教学研讨会（大连）。

2014年6月22日—28日

参加清华大学出版业工商管理高级研修班第五期学习（西宁）。

2014年6月23日

《中国新闻出版报》发表本人署名文章《从十三不靠到一条龙：大连出版社幻想儿童文学产业化探索》。

2014年7月5日

出席部分财经院校继续教育创新教材编委会成立大会暨编委会第一次会议（石家庄）。

2014年7月26日

出席中国会计学会2014年学术年会（北京）。

2014年7月31日—8月4日

出席第二十四届全国图书交易博览会（贵阳）。

2014年8月19日—22日

参加清华大学出版业工商管理高级研修班第五期学习（吉林）。

2014年9月1日—5日

参加中宣部出版局组织的“全国出版单位总编辑培训班”（北京）。

2014年9月10日

财政部发布《财政部关于公布2014年“会计名家培养工程”入选人员名单的通知》（财会〔2014〕25号），本人入选“会计名家培养工程”。

2014年9月15日

本人主持的“幻想儿童文学产业化基地建设”项目入选2014年度中央文化产业发展专项资金支持项目，获得财政部专项资金支持。

2014年10月

受聘担任中国会计学会财务成本分会第八届理事会顾问。

2014年10月27日

出席“明日领袖论坛”并做主题演讲（大连）。

2014年11月27日

出席“字码头”读库首发式。

2014年12月27日

出席中国审计学会第七届代表大会暨第七届理事会第一次（扩大）会议（北京），当选第七届理事会理事。

2014年12月

辽宁省教育厅发布“辽宁省教育厅科研成果证书”，本人承担的“国家审计提升国家治理水平的路径研究”（项目编号：W2012178，成果登记号：辽教科结第WJ2014153号）通过结题验收，被确认为辽宁省教育厅优秀科学研究成果。

2014年12月

主编的《审计》入选“十二五”普通高等教育本科国家级规划教材。

2015年

2015年1月

出席第二届“大白鲸世界杯”原创幻想儿童文学奖终评会议（大连）。

2015年2月10日

中国出版协会发布《关于公布第五届中华优秀出版物奖评奖结果的通知》（中版协发字〔2015〕第009号），本人和李智慧合著的《出版社图书选题风险管理现状调查》一文获第五届中华优秀出版物（论文）奖，排名第一。

2015年5月，在中国会计学会审计专业委员会2015年工作会议上发言

出席全国海洋文化产业示范基地授牌仪式

2015年2月11日

《中华读书报》发表本人署名文章《探索城市社变革路：大连社三年转型幻想儿童文学产业基地》。

2015年3月14日

出席装帧设计及插图绘制研讨会。

2015月4月17日

出席中国会计学会八届二次专业委员会主任会议（北京）。

2015月4月18日

出席中国会计学会环境会计专业委员会理论研讨会（北京）。

2015年4月23日

《中国新闻出版报》发表本人署名文章《保卫想象力》。

2015年4月28日

出席第五期“海之梦·海之谜”海洋文化主题沙龙。

2015年5月14日

出席辽宁省注册会计师协会第四届理事会第十次常务理事会（沈阳）。

2015年5月15日

出席由立信会计学院承办的审计硕士专业学位课程设置研讨会，主持中国会计学会审计专业委员会2015年工作会议（上海）。

2015年5月16日

出席由中国会计学会主办，南京大学承办的“中国会计研究”（CJAS）2015年第一次学术研讨会（南京）。

2015年，出席中国会计学会审计专业委员会2015年年会暨第一届中青年论坛

2015年，参观中国财政博物馆，与李玉环馆长合影

2015年6月8日

受聘担任中国企业财务管理协会专家委员会委员（北京）。

2015年6月18日

获辽宁省第二届全民读书活动“四佳人物”之最佳出版人奖。

2015年6月21日

《大连晚报》发表记者专访文章《从灶火里救出宝贵的书——大连出版社总编辑刘明辉教授的读书故事》。

2015年7月13日

本人主持的“中国幻想儿童文学新媒体平台建设”项目入选2015年度中央文化产业发展专项资金支持项目，获得财政部专项资金支持。

2015年7月

参加国家新闻出版广电总局组织举办的“出版产业发展战略高级研修班”（武汉）。

2015年8月26日

接受腾讯儿童专访，深度解读“保卫儿童想象力”的发展理念。

2015年10月23日

出席由中国会计学会、全国会计专业学位研究生教育指导委员会主办，湖南大学工商管理学院MPAcc中心承办的MPAcc会计名家公益大讲堂，做题为“公司治理：原理与个案”的专题报告。

2015年11月7日—8日

出席中国会计学会审计专业委员会2015年年会暨第一届中青年审计论坛，并做“‘四个全面’语境下的审计创新与变革”的主题演讲（杭州）。

2015年11月7日

参观中国财政博物馆（杭州）。

2015年12月

被中国企业财务管理协会评定为“全国企业财务管理领军人才”。

2016年

2016年1月5日

出席“保卫想象力——2016‘大白鲸’幻想儿童文学年度盛典”，发表主题演讲“幻想儿童文学的国际视野、中国经验与多维叙事”。

2016年2月26日

策划图书《富民与安居》等入选2016年度国家出版基金。

2016年2月

出席中国企业财务管理协会举办的“中国企业财务管理创新与发展论坛”（北京）。

2016年3月18日

出席“会计与社会发展：理论与实务专题研讨会”（厦门）。

2016年9月

入选中国审计博物馆中国重要审计学专家名录。

2016年9月24日—25日

出席中国会计学会审计专业委员会2016学术年会（武汉）。

原审计长、第十一届全国政协副主席李金华为笔者颁发
《企业财务管理领军人才》证书

2016年，与上海国家会计学院副院长、审计学家谢荣在中国审计博物馆

2016年9月

出席全国会计管理工作会议（昆明）。

2016年12月

被中国出版协会授予“中国十大出版人物”称号。

2017年

2017年1月5日

出席首届“明日之星——科幻作家研修班”开班仪式（北京）。

2017年1月10日—11日

出席2017“大白鲸”原创幻想儿童文学年度盛典（北京）。

2017年3月22日

出席中国会计学会八届六次常务理事会（北京）。

2017年3月

出席会计名家座谈会（北京）。

2017年4月23日

策划出版的图书《百年见证》荣膺第六届“中华优秀出版物奖”（图书奖）。

2017年6月12日

出席中国管理会计实践与创新平台揭牌仪式（南京）。

2017年9月24日

策划出版的图书《大熊的女儿》《拯救天才》获中国儿童文学创作最高荣誉——第十届全国优秀儿童文学奖。

2017年10月，在中国会计学会审计专业委员会、中国审计学会审计教育分会2017年联合学术年会上致辞

2017年11月9日，出席杨纪琬教授铜像获赠揭幕仪式。
左起：刘明辉、李玉环、朱小平、张俊瑞、杨雄胜、戴德明

2017年，在会计名家座谈会上发言

2017 年 10 月 28 日—29 日

出席中国会计学会审计专业委员会和中国审计学会审计教育分会 2017 年联合学术年会（南京），并做“技术进步、制度变迁与审计创新”的主题演讲。

2017 年 11 月 9 日

出席杨纪琬先生铜像敬赠仪式，并做发言。

2017 年 11 月 9 日

出席由中国财政科学研究院、中国会计学会联合主办的“中国会计改革与发展 2017 学术论坛暨杨纪琬学术思想研讨会”，并做大会发言（北京）。

2017 年 11 月 13 日

出席“新时代出版工作的新使命与新作为”研讨会（大连）。

2018年

2018年3月10日

出席第二届“明日之星——科幻作家研修班”开班仪式（大连）。

2018年3月15日

出席第九期“幻想屋”儿童文学主题沙龙（大连）。

2018年3月16日

出席“第五届童书阅读推广与营销创新高峰论坛”（大连）。

2018年3月15日—16日

出席2018“大白鲸”原创幻想儿童文学年度盛典（大连）。

2018年4月

出席中国注册会计师审计准则第一批、第二批准则组成员座谈会（无锡）。

2018年6月3日

出席东北财经大学会计名家MPAcc公益讲坛，发表“中国注册会计师审计准则：昨天、今天与明天”专题演讲。

2018年8月27日

出席会计名家培养工程首批结项会暨2018年会计名家培养工作座谈会（北京）。

2018年8月27日

会计名家工程课题“技术进步、制度变迁与国家审计重构”通过中国会计学会组织的结项评审。

出席东北财经大学会计名家MPAcc公益讲坛

左起：栾甫贵、刘肖、王鹏、吴联生、邵敏、蔡春、
刘明辉、田志心、王化成、张龙平、李怡宗

2018年，审计准则组“元老”20年再聚。
前排左起：黄世忠、秦荣生、陈建明、刘明辉、陈箭深；
后排左起：张龙平、王鹏程、王越豪、童登书、潘同文、马贤明、廖良汉

2018年9月22日—23日

出席中国会计学会审计专业委员会2018年学术年会，并做“新时代审计工作的新使命与新作为”的主题演讲（安徽铜陵）。

2018年9月27日

出席中国版协城市出版社工作委员会六届三次会议暨全国城市出版社第三十一届社长论坛（大连）。

2018年10月

被大连市学术专著资助出版评审委员会评为先进个人。

2018年11月5日

出席财政部会计名家培养工程成果报告会，并做“一个非典型数豆者的跨界生涯”主题报告（北京大学）。

2018年12月21日

财政部印发《财政部管理会计咨询专家名单》，准予“会计名家培养工程”结项，与蔡春、戴德明、刘峰等10同仁一起获颁“会计名家”证书。

2019年

2019年4月3日

出席“盛文•北方新生活”24小时书店启幕式，被聘为“文化传讲人”。

2019年5月15日至20日

出席第十五届中国（深圳）国际文化产业博览交易会。

2019年7月22日

出席2019“大白鲸”原创幻想儿童文学年度盛典（大连）。

2019年8月30日

出席“中华人民共和国会计70年”研讨会（武汉），并做主题发言。

2019年9月8日

出席湖北大学首届会计专业硕士（MPAcc）开学典礼，并做“中国注册会计师审计准则建设：回顾、启示与展望”的主题报告。

2019年9月26日—28日

出席中国版协城市出版社工作委员会六届四次会议暨全国城市出版社第三十一届社长论坛（宁波）。

2019年10月19日—20日

出席“中国会计学会审计专业委员会2019年学术年会”（西安）。

2019年11月14日

出席中国书刊发行业协会少儿读物发行工作委员会成立大会暨第一次全体会员会议（上海），当选为副主任委员。

出席“盛文·北方新生活”24小时书店启幕式

出席"中华人民共和国会计70年"研讨会全体代表合影

2019年11月21日—22日

出席全国会计管理工作会议（镇江）。

2019年11月27日

本人策划图书《拯救天才》入选第七届中华优秀出版物奖。

2019年12月25日

荣获我国出版界个人荣誉最高奖——第十三届韬奋出版奖。

出席中国会计学会审计专业委员会2019年学术年会致开幕词

第五部分 学术成果统计

會計

一、部分论文、译文

自1986年以来，先后在省部级学术刊物上发表会计、审计、财务管理、公司治理、内部控制、风险管理、出版管理、文化产业等方面的学术论文、译文共320余篇，其中50余篇被权威杂志转载，41篇论文获政府有关部门或学术团体的奖励。

序号	论文名称	发表时间	发表刊物	合作者
1	改革开放以来中国注册会计师行业演化的历史与逻辑	2019年2月	《会计研究》	汪寿成、陈金勇
2	改革开放40周年我国生态文明审计的发展与建设路径	2019年4月	《财务与会计》	赵存丽
3	杨老是中国注册师独立审计准则体系建设的掌舵人	2017年11月	《会计研究》	
4	社会责任与公司避税	2017年9月	《会计研究》	张茵
5	强化国家生态文明审计促进新时代生态文明建设	2017年6月	《审计研究》	
6	论“自然资源资产负债表”的学科属性	2016年5月	《会计研究》	孙冀萍
7	领导干部自然资源资产离任审计要素研究	2016年4月	《审计与经济研究》	孙冀萍
8	事务所声誉、法律环境与审计合约稳定性	2015年3月	《会计与经济研究》	汪玉兰
9	中国审计市场的管治、监管与发展	2015年2月	《财经问题研究》	汪玉兰

续表

序号	论文名称	发表时间	发表刊物	合作者
10	审计整改问责机制构建：路径与实施安排	2015年1月	《中国审计评论》	王扬
11	会计越发展　政治越文明——论会计审计的政治环境及其在政治文明建设中的作用	2014年7月	《会计研究》	刘雅芳
12	会计师事务所审计质量传染效应研究	2014年11月	《审计与经济研究》	乔贵涛
13	价值相关性研究的困境与出路：基于投资者信念的思考	2013年12月	《会计研究》	王治
14	内部控制鉴证变革：从审核到审计的革命	2011年1月	《财务与会计》	汪寿成
15	内部控制鉴证：争论与选择	2010年9月	《会计研究》	
16	注册会计师资格互惠：机理、路径与利益	2010年10月	《会计之友》	毕华书
17	审计期望差距的心理学分析	2010年3月	《审计研究》	何敬
18	“谴责”能否促进财务舞弊的公司改善公司治理（封面文章）	2009年2月	《财经问题研究》	韩小芳
19	改革开放三十年中国注册会计师制度的嬗变	2008年12月	《会计研究》	汪寿成
20	论国家审计“免役系统”功能	2008年12月	《中国审计》	
21	公司审计委员会动因的政治视角	2008年4月	《审计研究》	樊子君
22	论职业怀疑的合理边界	2007年8月	《会计研究》	毕华书
23	鉴证业务三方关系人：基于经济学的解析	2006年9月	《经济与管理研究》	胡波
24	审计市场的有效结构：基于产业组织视角的分析	2006年2月	《审计研究》	徐正刚

续表

序号	论文名称	发表时间	发表刊物	合作者
25	新公共管理背景下的绩效审计研究	2006年5月	《财政监督》	徐正刚
26	会计监管：法学视角的分析	2006年6月	《财经科学》	
27	两类鉴证业务之辨析：基于责任方认定的业务与直接报告业务	2006年6月	《中国注册会计师》	胡波
28	注册会计师鉴证业务中的保证概念	2006年6月	《财务与会计》	
29	公司治理、代理成本与审计定价	2006年2月	《财经问题研究》	
30	会计准则的有效性与不完备性研究	2005年7月	《会计之友》	张宜霞
31	中国注册会计师行业的规模经济效应研究	2005年10月	《会计研究》	徐正刚
32	注册会计师法律责任研究：一个文献综述	2005年12月	《中国会计年鉴》	
33	政府审计结果公开机制评析	2005年2月	《审计研究》	
34	企业风险基础审计中的专业判断	2004年11月	《会计研究》	
35	注册会计师行业管理模式的现实选择——兼论行业自律	2004年1月	《审计研究》	徐正刚
36	2002年度中国证券市场实证会计研究：一个文献综述	2003年12月	《中国会计年鉴》	
37	以审计环境为起点构建审计理论体系	2003年4月	《审计与经济研究》	
38	民营企业融资难的经济学解释	2003年10月	《财会通讯》	
39	我国审计市场集中度与审计质量关系的实证研究	2003年7月	《会计研究》	

续表

序号	论文名称	发表时间	发表刊物	合作者
40	企业领导任期经济责任指标体系新构	2003年1月	《财务与会计》	樊子君
41	注册会计师业务相关术语辨析——兼论注册会计师业务的范围及分类	2003年1月	《中国注册会计师》	
42	上市公司会计监管制度及其改进	2002年12月	《会计研究》	
43	内部控制的经济学思考	2002年8月	《会计研究》	
44	审计委托模式、审计关系模式与审计独立性	2002年5月	《特区财会》	
45	环境会计在日本	2002年2月	《中国发展》	樊子君
46	日本环境会计研究	2002年3月	《会计研究》	
47	2000年内部控制理论发展评说	2001年12月	《中国会计年鉴》	
48	会计服务国际化趋势与中国CPA的发展	2001年12月	《财务与会计》	薛清梅
49	关于中国会计委派制的制度构建的几点思考	2000年5—6月	《国际财务与会计》（香港）	孙光国
50	注册会计师审计产生动因的观点述评	2000年9月	《中国注册会计师》	
51	会计服务国际化	2000年7月	《会计研究》	
52	注册会计师行为与制度约束的经济分析	1999年10月	《会计研究》	
53	审计失败之防范	1999年10月	《财务与会计》	
54	关于关联方及其交易审计若干问题的探讨	1998年9月	《NFCPA会计师》（台湾）	
55	独立审计准则模式研究	1998年9月	《注册会计师通讯》	
56	关于中国注册会计师职业道德准则几个问题的研究	1996年10月	《财务研究》	

续表

序号	论文名称	发表时间	发表刊物	合作者
57	海峡两岸独立审计基本准则的比较研究	1996年3月	《注册会计师通讯》	
58	论社会会计的学科属性	1995年6月	《财经问题研究》	方红星
59	工业企业财务会计制度的若干重要改革	1993年6月	《财经问题研究》	陈国辉
60	试论改革会计学科体系	1993年3月	《财经问题研究》	刘永泽
61	关于企业财务评价指标体系若干问题的思考	1993年1月（创刊号）	《财务成本管理》	
62	社会收入分配若干问题研究	1991年5月	《电子财会》	
63	财务成本机制的改革与完善	1991年5月	《会计研究》	
64	努力实现财务成本的良性循环	1991年12月	《经济学动态》	
65	治理整顿中的财务成本改革	1990年6月	《会计研究》	
66	论企业资金短缺：类型、成因、对策	1990年11月	《经济学动态》	
67	关于建立质量经济核算系统几个问题的探讨	1989年7月	《财会研究》	
68	物流·物流成本·物流成本计算	1989年12月	《电子财会》	
69	对成本核算制度改革的基本认识	1989年2月	《辽宁财会》	
70	试论标准成本差异的即期处理	1988年10月	《财会研究》	
71	承包制企业的会计与会计改革	1988年6月	《财会研究》	
72	全国中青年财务成本理论研讨会综述	1988年9月	《经济学动态》	
73	关于成本差异即期处理几个问题的探讨	1988年12月	《成本与价格资料》	

续表

序号	论文名称	发表时间	发表刊物	合作者
74	论税利分流、资金分账的财务模式	1988年4月	《四川会计》	
75	企业承包经营责任制的财务问题	1988年5月	《辽宁会计》	
76	物流成本计算与管理	1988年1—12月	《上海物资经济》	夏春玉
77	试论经济活动分析的模式转换	1987年6月	《会计研究》	
78	论生产利润的考核和分析	1987年11月	《财会研究》	
79	资金经营的风险分析	1987年11月	《辽宁会计》	
80	中西方流动资金管理的比较研究	1987年2月	《会计学刊》	
81	工业企业风险及其管理	1987年10月	《现代科学管理》	
82	成本四点分析法在工艺制造成本中的运用	1987年4月	《电子财会》	
83	关于《资金周转率计算改进意见》的磋商	1986年4月	《天津财经学院学报》	
84	全面成本控制论	1986年2月	《会计研究》	

二、著作与教材

1988年以来，先后编著、主编、参编各种学术专著、教材、教学参考书及工具书共94部,其中，本人独立撰著或主编共31部。其中,《审计》为普通高等教育“十一五”“十二五”“十三五”国家级规划教材、精品教材;《中级会计资格•财务管理》为全国会计专业技术资格考试辅导教材;《财务成本管理》为注册会计师全国统一考试辅导教材;《管理咨询》为注册会计师专门化全国统编教材;《会计委派制的探索与实践》为财政部“十五”规划教材和财政干部教育培训教材。

序号	时间	著作名称	出版单位	署名
1	2020年3月	《中级会计资格·财务管理》	经济科学出版社	主编
2	2018年2月	《高级审计研究》（第三版）	东北财经大学出版社	主编
3	2017年	《审计》（第六版）	东北财经大学出版社	主编
4	2015年3月	《审计与鉴证服务》	高等教育出版社	主编
5	2011年9月	《公司财务理论》（第二版）（译著）	东北财经大学出版社	主译
6	2011年5月	《审计》	大连出版社	主编
7	2010年3月	《人力资源内部控制与风险管理》	大连出版社	主编
8	2009年4月	《财务成本管理》	中国财政经济出版社	主编
9	2008年2月	《审计与保证服务：一种系统的方法》（第3版）（译著）	经济科学出版社	主译

续表

序号	时间	著作名称	出版单位	署名
10	2007年7月	《审计学：教程、案例与练习》	首都经济贸易大学出版社	主编
11	2007年	《高级审计理论与实务》	东北财经大学出版社	主编
12	2005年11月	《财务管理》	中国财政经济出版社	主编
13	2002年9月	《会计委派制的探索与实践》	中国财政经济出版社	主编
14	2002年7月	《中国会计研究文献摘编——审计卷》（上、下册）	东北财经大学出版社	主编
15	2002年4月	《独立审计学》（第二版）	东北财经大学出版社	主编
16	2001年6月	《会计委派制读本》	东北财经大学出版社	主编
17	1997年10月	《独立审计准则研究》	东北财经大学出版社	独立撰著
18	1996年8月	《走向21世纪的现代会计》（上/中/下）	东北财经大学出版社	主编
19	1995年12月	《企业会计设计导论》	东北财经大学出版社	主编
20	1993年6月	《新编企业财务管理》	辽宁人民出版社	主编
21	1993年5月	《会计报表》	辽宁大学出版社	主编
22	1993年5月	《企业财务会计》	大连理工大学出版社	主编
23	1993年6月	《运输企业会计制度讲解》	辽宁人民出版社	主编
24	1993年9月	《会计基础》	辽宁大学出版社	主编
25	1993年4月	《财务管理学原理》	中国财政经济出版社	第二作者
26	1993年7月	《基础会计学自学考试指导》	东北财经大学出版社	主编
27	1993年8月	《新财会岗位技能自测手册》	中国经济出版社	独立撰著
28	1993年9月	《中国现代实用理财手册》	辽宁人民出版社	第二主编
29	1992年9月	《中国新会计制度实用全书》	农村读物出版社	分主编

续表

序号	时间	著作名称	出版单位	署名
30	1992年6月	《经济监督通论》	大连理工大学出版社	第一作者
31	1992年4月	《清产核资的理论与方法》	辽宁大学出版社	主编
32	1992年4月	《中国经济监督大全》	辽宁科技出版社	分主编
33	1991年8月	《物流管理会计》	东北财经大学出版社	主编
34	1990年9月	《厂内银行的理论与实务》	东北财经大学出版社	主编

三、科研项目

1988年以来，先后主持、参与各种纵向、横向课题共60余项。其中，主持承担国家自然科学基金2项，国家社会科学基金1项，财政部、教育部等部级以上科研课题近30项，主持承担国家文化产业发展基金3项。

序号	项目、课题名称	项目来源	起讫时间	经费（万元）	项目编号	本人承担任务
1	加入WTO与中国会计制度改革	国家社会科学基金	2001—2002年	9.75	02BJY022	项目主持人
2	内部控制规范——实物资产	财政部	2002—2003年	4.2	2001KJA011	项目主持人
3	民营企业内部控制研究	国家自然科学基金	2002—2003年	23.4	70272055	项目主持人
4	民营企业资本扩张与融资体制研究	国家自然科学基金	2003—2003年	7.5	70241035	项目主持人
5	注册会计师行业自律机制及其实现途径	中国注册会计师协会	2004—2005年	7.5	2003-A-3	项目主持人
6	审计理论框架研究	财政部重点项目	2004—2006年	4.5	2003KJA033	项目主持人
7	新型国有资产管理体制下的国有资本财务监管研究	国家自然科学基金	2004—2005年	16	70372043	子课题负责人

续表

序号	项目、课题名称	项目来源	起讫时间	经费（万元）	项目编号	本人承担任务
8	内部控制理论框架研究	财政部重点项目	2005—2006年	7.5		项目主持人
9	鉴证业务基本准则指南	中国注册会计师协会	2005—2006年	5	2006-D-21	项目主持人
10	历史财务信息审计之外的其他鉴证业务审计准则指南	中国注册会计师协会	2005—2006年	5	2006-D-25	项目主持人
11	利用专家工作审计准则指南	中国注册会计师协会	2005—2006年	3	2006-D-22	项目主持人
12	利用其他注册会计师工作审计准则指南	中国注册会计师协会	2005—2006年	3	2006-D-23	项目主持人
13	对内部审计的考虑审计准则指南	中国注册会计师协会	2005—2006年	3	2006-D-24	项目主持人
14	COSO企业风险管理整合框架及其在国有企业的应用研究	辽宁省教育厅	2005—2006年		05W042	项目主持人
15	基于风险管理的现代审计模式研究	辽宁省教育厅	2008—2010年		2008T063	项目主持人
16	人力资源政策内部控制指引及典型案例研究	财政部	2008—2010年	3	2008KJA23	项目主持人
17	公司治理、外部审计与内部控制信息披露：理论分析与经验证据	国家自然科学基金面上项目	2009—2011年	24	70872018	项目组成员
18	国家审计提升国家治理水平的路径研究	辽宁省教育厅	2012—2014年	3	W2012178	第一作者

续表

序号	项目、课题名称	项目来源	起讫时间	经费（万元）	项目编号	本人承担任务
19	技术进步、制度变迁与国家审计的重构	中国会计学会	2014—2016年	40	财会〔2014〕25号	项目主持人
20	幻想儿童文学产业基地建设	辽宁省委宣传部	2014—2016年	3	辽宁省宣传文化系统“四个一批”人才资金资助项目	项目主持人
21	海洋文化产业基地建设研究	辽宁省委宣传部	2015—2017年	3	辽宁省宣传文化系统“四个一批”人才资金资助项目	项目主持人
22	中国注册会计师审计准则——利用内部审计师的工作	中国注册会计师协会	2015—2016年	1.5	2015–D–4	项目主持人
23	“幻想屋”儿童文学数字出版升级改造工程	2013年度中央文化产业发展专项资金	2013—2014年	600		项目负责人
24	幻想儿童文学产业化基地建设	2014年度中央文化产业发展专项资金	2014—2016年	800		项目负责人
25	中国幻想儿童文学新媒体平台建设项目	2015年度中央文化产业发展专项资金	2015—2017年	770		项目负责人

四、主要代表作介绍

1. 高级审计研究（第三版）——新世纪研究生教学用书·会计系列

刘明辉　主编/
2018年2月/
东北财经大学出版社

【内容简介】

本书是在2013年版本的基础上修订完成的。在修订过程中，保留了第二版的基本体系和主要内容，同时对相关内容进行了全面更新，并进一步提高了案例和实务内容的比例。具体而言，经过修订之后，本书特点主要体现为以下几个方面：一是按照2016年修订后的中国注册会计师执业准则对全书内容进行了全面梳理和更新，充分吸收修订后准则的相关内容，如增加了“关键审计事项”概念、按照准则更新“与治理层沟通”等内容；按照最新内部控制配套指引、审计准则问题解答等的核心要求更新或者补充相关内容。二是进一步增强理论和实践的紧密结合。在理论方面，保留第二版中重点内容，并尽可能进行知识扩展，增强学生对于理论知识的感性认识。同时，紧密跟踪国内外审计理论和实务的最新发展动态，相应添加国内外组织最新动态和审计实务的相关内容，增强本书的实务性。三是根据审计职业发展的最新动态，尤其是信息技术对审计的影响，全面补充相关链接的内容；及时补充与正文密切相关的信息。本次修订增加的教学案例涵盖了当前热点案例和传统经典案例。

刘明辉、史德刚　主编/
2017年1月/
东北财经大学出版社

2. 审计（第六版）——普通高等教育“十二五”国家级规划教材、国家级重点学科·东北财经大学会计学系列教材

【内容简介】

本书自2015年再版发行后，注册会计师审计环境不断发生变化：中国会计准则和审计准则与国际会计准则和审计准则持续趋同；内部控制审计指引出台；会计师事务所组织形式不断创新；会计师事务所做大做强战略实施和注册会计师执业领域不断拓展；风险导向审计模式进一步推广等。除了上述变化，投资者和社会公众对多年一成不变的审计报告模式多有诟病，要求审计报告披露更多有价值的信息的呼声愈来愈高。为此，中国注册会计师协会借鉴国际审计准则研究的最新成果，修订并增加了审计报告相关准则并由财政部发布。为了反映审计环境的改变，体现审计理论研究的最新成果，特别是为了更好地满足投资者和社会公众对审计报告的要求和期望，本书作者依据审计环境的变化以及新修订的审计报告等十二项审计准则，对全书进行了重新修订。本书修订的主要表现为：对第十二章审计报告章节按照最新发布和修订的审计准则进行了全面修订；对第十八章第八节持续经营审计按照最新修订的审计准则进行了全面修订；对第十九章第三节与治理层的沟通按照最新修订的审计准则进行了全面修订；其余章节按照最新修订的相关审计准则进行了全面梳理和修订；根据会计准则的变化以及相关法规的最新规定，对第三篇中的相关章节进行了全面梳理并加以修订，以适应现实的需要。

3. 审计与鉴证服务

刘明辉　主编/
2007年10月/
高等教育出版社

【内容简介】

本书根据最新发布的企业会计准则和中国注册会计师执业准则体系的核心要求，按照风险导向审计的思想，系统阐述了审计与鉴证业务的基本原理与方法。全书共分五篇，计十九章。第一篇“审计、鉴证与注册会计师职业”（第一章至第四章），主要阐述审计与鉴证的沿革、含义与种类，审计基本理论，注册会计师执业规范体系、职业道德规范，以及注册会计师法律责任；第二篇“审计程序与审计技术”（第五章至第十章），主要阐述财务报表审计的目标与过程、审计证据与审计工作底稿、计划审计工作、风险评估、风险应对、审计抽样和其他选取测试项目的方法；第三篇“交易循环与主要账户审计”（第十一章至第十五章），主要阐述财务报表各交易循环的基本流程、涉及的主要账户和会计记录、主要业务活动，以及各类交易类别测试和账户余额测试；第四篇“终结审计与审计报告”（第十六章至第十七章），主要阐述终结审计阶段的各项工作，以及审计报告的含义、类型、审计意见的类型等；第五篇“非审计鉴证业务与相关服务”（第十八章至第十九章），主要阐述财务报表审计业务以外的其他业务，包括验资、财务报表审阅、其他鉴证业务和相关服务。本书适于高等学校会计学、财务管理、审计学专业学生使用，也可作为审计从业人员参考书使用。

（美）梅西尔　著；
刘明辉　主译/
2008年2月/
经济科学出版社

4. 审计与保证服务：一种系统的方法（第3版）

【内容简介】

全书紧紧围绕重要性、审计风险和审计证据三个核心概念，运用风险导向审计方法，系统阐述了这些概念在每个主要业务循环和相关账户余额审计中的运用，并在应用这些概念的过程中逐步建立审计判断。这种巧妙的构思让读者能够轻松地抓住审计的核心问题，以系统的学习方法学习和应用系统的审计知识。本书不仅系统地介绍了审计的基本理论与实务，也为我们展示了审计经由鉴证向保证服务领域的拓展和变革。本书以IT和网络技术环境为背景，充分反映了现代审计面临的挑战和应对措施。作为一本教科书，本书设计了一个贯穿全书各章的万国制衣公司审计案例，连续而流畅地再现了现代审计的最新实务流程。本书的文字叙述和图、表、示例搭配巧妙，与阅读过程中的思维归纳和演绎很是合拍。每章末尾提供的关键词、复习题、选择题、思考题、案例讨论和网上作业，对深入理解每章的知识大有裨益。

5. 审计学：理论·实务·案例·习题

刘明辉　主编/
2007年7月/
首都经济贸易大学出版社

【内容简介】

本书是针对第一次系统学习审计课程的会计学专业、财务管理专业本科生设计的，亦可作为会计学专业（审计学方向）研究生及MBA、MPAcc更深入探讨审计学的学习材料与参考读物。本书具有以下几个主要特点：一是理论与实际相结合。本书旨在将审计理论及观念与审计方法及实务加以整合，以使学生真正掌握审计学的精髓。为此，本书区别于同类教材的一个重要特点是系统介绍了审计动因、社会地位、审计理论结构和审计目标、审计假设、审计概念体系等基本理论问题，使学生对一些基本的审计问题不仅知其然，而且知其所以然。本书还强调了审计人员的职业责任与社会地位。二是体现国际趋同的要求。本书一方面大量借鉴了以美英为代表的发达国家的先进审计理论与实务；另一方面，全书始终注重结合我国国情，严格按照最新发布的企业会计准则和中国注册会计师执业准则体系的核心要求阐述审计实务，有利于提高读者的实际操作水平。三是充分体现风险导向审计的思路，全书按照风险导向战略系统审计的思路来设计财务报表审计的程序，并将风险评估、风险应对的核心思想融入各项交易循环审计的实务中。四是充分反映了注册会计师业务拓展与执业规范，系统介绍了注册会计师鉴证业务和相关服务的有关内容。

刘明辉，汪寿成 著/
2010年3月/
大连出版社

6. 人力资源内部控制与风险管理

【内容简介】

本书是财政部2008年全国会计科研课题“人力资源政策内部控制指引及典型案例研究”（项目批准号：2008KJA23）的阶段性成果。本书主要内容包括人力资源内部控制环境、人力资源规划内部控制、员工聘用与离职内部控制、人事测评与绩效考核内部控制、薪酬及激励内部控制和员工培训与劳动关系内部控制等。本书旨在为我国企业人力资源内部控制的构建提供有益参考。

7. 公司财务理论

（美）麦金森　著
刘明辉　译/
2002年6月/
东北财经大学出版社

【内容简介】

美国现有教材大多是关于美国的研究与实务的，而大多数国际教材对于美国读者来说则多少带有“洋味”的感觉。作为美国财务学教授，威廉·麦金森对国际财务学抱有极大的兴趣。本书正如他的期望，为美国和其他国家的读者展示了几乎所有的财务问题。本书以清晰的笔触、浅显的风格对财务问题做了详尽的阐述。它突破了传统教材的组织方式及“比较公司财务”的方法，整合了国际上和美国资本市场理论及实证研究的成果，为读者理解现代财务学提供了“智力框架”。当然，本书广泛的参考文献和学术论文引用，对专业人士来说也是大有裨益的。

8. 会计舞弊——投资者人人须知（法务会计译丛）

（美）马杜拉
（Madura，J）著
刘明辉，李智慧　译/
2009年1月/
东北财经大学出版社

【内容简介】

为了与会计舞弊和垃圾股票保持距离而不被其蒙蔽，该从哪里着手、如何着手呢？在过去几年里，公司使用问题重重的会计记账方法已使成千上万的投资者蒙受了上亿美元的损失。通常，当这些投资者知道他们的投资组合陷入很大的麻烦时，已为时晚矣。《会计舞弊——投资者人人须知》这本书向你提供发现并避开那些数据对不上账的股票的实用技巧。本书语言通俗易懂，对每位投资者而言都易于理解、颇具价值。这套便于操作的“投资组合保险方案”将教你：如何看穿并确定一家公司是否通过会计伎俩夸大了收入并削减了开支，乃至更糟；如何察觉一家公司的报告数据是否经过了“修饰”以掩盖严重问题；如何采取一种“零容忍度”的态度，神奇地降低你成为不道德公司行为的牺牲品的风险。

刘明辉　主编/
2001年10月/
东北财经大学出版社

9. 审计

【内容简介】

本书是东北财经大学会计系列教材中的“审计”分册。全书共分二十一章，系统全面地对审计的概论、审计理论的结构以及各种不同类型的审计作了详尽的阐述。本书内容全面，具有较高的科学性、现代性、系统性及实用性，不仅可作为高校专业教材，同时亦可供广大在职人员学习、参考。

10. 审计概念与方法：现行理论与实务指南——三友会计名著译丛

（美）卡迈克尔等著，
刘明辉、胡英坤　主译/
1999年11月/
东北财经大学出版社

【内容简介】

本书充分反映了美国审计准则和审计实务的最新变化，书中所介绍的一系列新概念、新方法，在国内尚无相应的通用术语。我们只能根据自己的理解尽量选择意译贴近的词汇，同时在书后的主要名词英汉对照表中列出，以方便读者理解和查询。本书的体例和风格较国内教材的传统模式有较大的差别，颇值我们学习和借鉴。每一章开头都列出学习要点，便于学生提纲挈领；学习目标之后列出审计准则的相关部分，可以使学生对号入座，融会贯通；章后习题覆盖全面且形式多样，有利于深入理解课文内容。书中还有一系列附录，相关的背景知识尽数囊括其中。这样的内容安排尽可能地方便学生学习和复习，有利于提高学习效率。拥有这样一本体系完整的教材，基本上不必求助其他资料。本书涵盖了所有重要的审计准则公告和一些其他相关准则和法规，详细分析了其来由和作用，而非仅仅照搬条文。课后的讨论题涉及了大量实际操作中遇到的问题，可帮助学生深入理解审计原理，提高解决实际问题的能力。

11. 高级审计理论与实务

刘明辉　主编/
2006年1月/
东北财经大学出版社

【内容简介】

本书特点主要体现在以下几个方面：一是充分体现风险导向战略系统审计的思路，体现增值审计的思想；二是考虑到会计硕士专业教学目标与本科生、研究生教学目标的不同，对纯理论性内容的介绍力求客观、精炼、重点突出；三是在正文中大量穿插图表、案例和相关链接，对有关内容的介绍尽可能简明、形象，并及时补充与正文密切相关且学员所需的知识；四是拓展写作思路，充分反映相关学科、法律法规、经济政策、科学技术变化对审计学科的影响。本书从内容逻辑上分为4编共19章。第一编为审计理论概述，包括第1章审计的供求分析，主要阐述审计起源与发展、审计动因理论，以及现代审计的社会角色与责任，分析影响审计供求的因素内容。第二编为风险导向战略系统审计，系统介绍了内险导向战略系统审计的理论和方法。第三编为审计失败与审计质量控制。第四编为舞弊审计与其他保证服务。

12. 独立审计准则研究

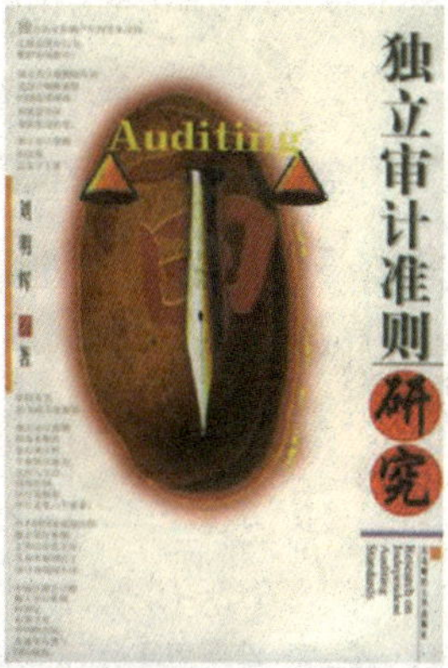

刘明辉　著/
1997年9月/
东北财经大学出版社

【内容简介】

《独立审计准则研究》是我国目前为数不多的关于独立审计准则的学术专著，具有较高的理论价值和实践意义。全书内容丰富，共分为8章。第1章导言，交代了研究独立审计准则的目的、必要性、背景和总体思路；第2章对独立审计准则的产生与发展进行了历史回顾，总结出独立审计准则的演进脉络和发展规律；第3章着眼于理论探讨，研究了审计准则的实质、特征、种类、体系、审计准则与审计理论结构、相关审计术语、注册会计师职业规范体系中其他准则（其他技术准则、职业道德准则、质量控制准则、后续教育准则）之间的关系；第4章要素分析，主要研究了独立审计准则的基本结构和必要要素；第5章比较研究，对中国、美国、英国、日本、澳大利亚、加拿大、德国、法国、荷兰、墨西哥、中国香港、中国台湾等国家和地区的独立审计准则及国际审计准则进行了一般比较和要素比较，揭示了独立审计准则的共性和个性，以及产生国别差异的原因；第6章专题研究，主要研究了我国独立审计准则的制定背景、原则和思路，评价了我国独立审计准则建设的初始成果，并提出了完善我国独立审计准则体系的若干设想；第7章趋势展望，研究了审计准则国际协调的必然趋势和我国应当采取的对策，提出了中国与国际接轨的具体措施；第8章为附录。本书通过纵向历史回顾、横向对比分析、深入要素研究，结合我国实际和国际发展趋势，对独立审计准则进行了全面的探讨。在引证大量翔实资料、充分借鉴中外同类研究成果的基础上，作者创造性地提出了一系列独到观点，实现了理论上的突破。

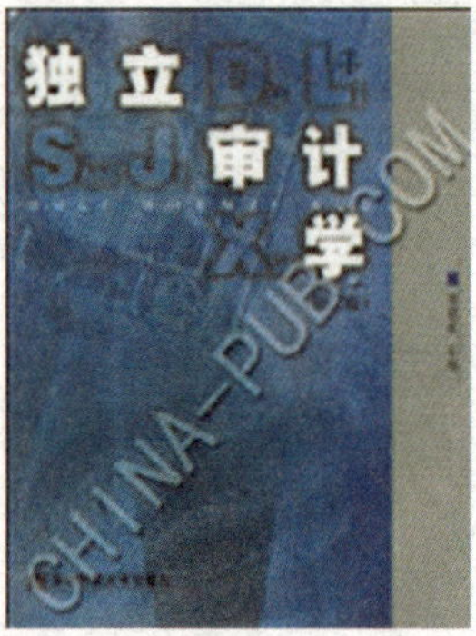

刘明辉　主编/
2002年4月/
东北财经大学出版社

13. 独立审计学（第二版）

【内容简介】

独立审计在市场经济发展中的特殊地位和重要作用已为西方发达国家的历史和现实所证明，我国的社会主义市场经济建设也不会例外。社会发展离不开信任，离不开合作，审计是一个重要的秩序维持机器。经济全球化促进了会计市场的一体化，这不仅为中国注册会计师提供了更为广阔的执业领域，也对中国注册会计师提出了更高的执业要求。本书是在刘明辉教授1996年主编的《独立审计学》一书基础上修订而成的，旨在为独立审计理论及其应用提供最新的实用型指导。本书共分十八章。第一章为概论，主要阐述独立审计的含义与特征、产生与发展以及独立审计准则与质量控制准则。第二章为注册会计师管理，主要介绍注册会计师、会计师事务所、注册会计师协会及行业管理体制。第三章为职业道德与法律责任，主要介绍职业道德的含义与构成，注册会计师的职业道德规范和法律责任。第四章为审计目标与审计程序，主要介绍审计总体目标、具体目标以及实现审计目标所采用的审计程序。第五章为审计证据与审计工作底稿，主要介绍审计证据的取得与评价方法以及审计工作底稿的编制、复核和存档。第六章为审计计划、审计重要性和审计风险，主要介绍审计业务约定书、审计重要性与审计风险的概念运用，以及审计计划的内容与编制。第七章为内部控制及其评价与测试，主要介绍内部控制的概念、内部控制的目标与要素、内部控制的了解及测试和评价方法，以及管理建议书的内容与编制方法。第八章为审计抽样，主要介绍审计抽样过程的规划以及现代抽样技术在审计中的应用。第九章为计算机审计，主要介绍计算机信息系统下的审计和计算机辅助审计技术的原理与运用。第十章至第十四章主要介绍各交易循环的审计目标、内部控制、控制测试和实质性测试。第十章为销售与收款循环审计；第十一章为采购与付款循环审计；第十二章为员工服务与生产循环审计；第十三章为投资和筹资循环审计；第十四章为货币资金审计。第十五章为终结审计，主要介绍终结审计前各重要项目的审计与复核工作。第十六章为审计报告，主要介绍审计报告的形成和审计意见的基本类型。第十七章为鉴证服务、未审计会计报表和专门报告，主要介绍除会计报表审计以外的其他鉴证业务，包括验资、盈利预测审核、特殊报告和内部控制鉴证。第十八章为经营审计，主要介绍经营审计的意义、目标与特征、程序、方法及报告。

刘明辉　编/
2002年7月/
东北财经大学出版社

14. 中国会计研究文献摘编1979—1999：审计卷（上下册）

【内容简介】

本卷以文献摘编的形式，全面、系统地介绍了1979—1999年20年审计理论各观点发展过程和概况。共分27个专题，从内容看，大致可分为四个部分，第一部分是有关种类审计业务的基本理论问题，包括审计本质、审计对象、审计职能、审计理论体系、审计环境、审计目标、审计假设、审计概念、审计规范、审计责任、审计证据、审计程序、审计方法、内部控制与符合性测试、审计抽样、审计报告、其他鉴证业务等；第二部分是有关不同目的审计业务的内容，包括财务报表审计、绩效（经济效益）审计以及合规（财经法纪）审计等；第三部分是有关各类不同审计主体的内容，包括注册会计师审计、内部审计、政府审计；第四部分则包括国际审计、审计管理、电子计算机辅助审计技术以及其他类型审计等专题。全卷内容不仅囊括了所有审计理论的诸多方面，如审计本质、审计目标等，而且也按不同的审计领域分类，如注册会计师审计、内部审计、政府审计等。不仅有审计理论的详细论述，也有审计实务工作的具体意见。对每一项专题，我们不是仅仅列示文献的摘录内容，而是对专题涉及的各个方面作了进一步的分类，例如，审计本质专题，我们分为审计导因、审计属性、审计定义、审计特征、审计种类、现代审计的发展趋势和审计关系等若干子题目，在审计导因中，我们还列出受托责任论、信息论、代理论、保险论、冲突论、防弊正误论、多因决定论和经济职能分解论等若干项目。

15. 会计委派制读本

【内容简介】

本书包括会计委派制的历史回顾、会计委派制的理论依据、会计委派制的基本模式、会计委派制的实际运行评价、会计委派制的制度构建等内容。

刘明辉　主编/
2001年6月/
东北财经大学出版社

16. 会计委派制的探索与实践

【内容简介】

本书介绍了会计委派制的背景分析、会计委派制的具体形式、会计委派制的运行状况、会计委派制的管理制度等内容。

刘明辉　主编/
2002年6月/
中国财政经济出版社

第六部分

个人获奖情况

一、获得荣誉称号情况

大学期间曾多次被评为三好学生、优秀团员、优秀学生干部等。参加工作以来曾多次获东北财经大学、大连广播电视台及各级政府、行业组织的奖励，先后60多次被评为科研积极分子、优秀老师、优秀教辅人员、先进个人、优秀党员、优秀专家、劳动模范等。

序号	时间	奖项名称	授奖单位
1	1995年9月	大连市优秀青年教师	大连市教育委员会、大连市人事局
2	1996年5月	大连市劳动模范	大连市人民政府
3	1996年11月	高等院校青年教师三等奖（教学类）	霍英东基金会
4	1996年8月	财政部部属院校跨世纪学科带头人	财政部
5	1997年8月	大连市优秀青年科技干部	大连市委组织部
6	1998年7月	高校出版系统先进个人	全国大学出版工作者协会
7	2000年12月	高等学校青年教师一等奖（研究类）	霍英东基金会
8	2001年2月	辽宁省第二批百千万人才工程百人层次人选	辽宁省人事厅、发改委、科技厅、教育厅、财政厅、科协、科技基金会七部门
9	2001年4月	大连市优秀专家	大连市委、市政府
10	2002年10月	政府特殊津贴及证书	大连市人民政府颁发

续表

序号	时间	奖项名称	授奖单位
11	2006年12月	全省宣传文化系统首批“四个一批”人才	中共辽宁省委宣传部
12	2007年4月	大连市宣传文化系统“六个一批”人才	中共大连市委宣传部
13	2008年3月	首批全国新闻出版行业领军人才	新闻出版总署
14	2014年9月	入选“会计名家培养工程”	财政部
15	2015年6月	辽宁省第二届全民读书活动“四佳人物”之最佳出版人奖	辽宁省新闻出版广电局
16	2015年12月	全国企业财务管理领军人才	中国企业财务管理协会
17	2016年12月	2016年度中国十大出版人物	中国出版协会
18	2019年12月	第十三届韬奋出版奖	中国出版协会、韬奋基金会

二、科研成果获奖情况

1987 年以来，先后有41 篇论文及多部教材获得各级政府、行业协会及相关刊物的奖励。

序号	时间	获奖成果名称	授奖部门	奖级
1	1989年10月	《承包制企业的会计与会计改革》	中国机床工具行业财会学术研究会	优秀论文奖
2	1989年12月	《物流·物流成本·物流成本计算》	中国电子工业会计学会	优秀论文奖
3	1992年12月	《论重构企业财务机制的原则与内容》	中国中青年财务成本研究会	优秀论文一等奖
4	1993年8月	《关于工业企业财务评价指标若干问题的思考》	中国中青年财务成本研究会	优秀论文一等奖
5	1994年5月	《关于建立企业质量经济核算系统几个问题的探讨》	中国机床工具工业协会财会学术研究会	优秀论文奖
6	1995年8月	《国际财务管理》	财政部	优秀教材二等奖
7	1997年10月	《关于我国会计准则建设目标模式的探讨》	中国会计学会	优秀论文二等奖
8	2002年2月	《试论内部控制的三个口径》	东北财经大学	优秀论文一等奖
9	2003年2月	《上市公司会计监管制度及其改进》	东北财经大学	优秀论文奖

续表

序号	时间	获奖成果名称	授奖部门	奖级
10	2003年8月	《上市公司会计监管制度及其改进》	中国会计学会/中国中青年财务成本研究会	“天健杯”第四届优秀科研成果二等奖
11	2003年12月	《加入WTO与中国会计制度改革的策略选择》	中国会计学会	优秀论文二等奖
12	2003年	《上市公司会计监管制度及其改进》	辽宁省自然科学学术成果奖评审委员会	辽宁省自然科学学术成果奖二等奖
13	2006年	《中国注册会计师行业的规模经济效应研究》	辽宁省自然科学学术成果奖评审委员会	辽宁省自然科学学术成果奖三等奖
14	2008年12月	《改革开放三十周年中国注册会计师制度的嬗变——基于制度变迁理论的解释》	财政部	中国会计与改革开放30周年有奖征文一等奖
15	2010年	《审计》	教育部	普通高等教育“十一五”国家精品教材
16	2014年	《审计》	教育部	普通高等教育“十二五”国家级规划教材
17	2015年2月	《出版社图书选题风险管理现状调查》	中国出版协会	第五届中华优秀出版物奖出版科研论文奖

三、业务成果获奖情况

1993年以来，由本人策划、编辑、出版的共计120余种图书分别获得各级政府、行业组织的奖励。

序号	奖励时间	书名	作者	出版时间	奖项	评奖单位
1	2019年12月	《拯救天才》	王林柏	2016年3月14日	第七届中华优秀出版物奖	中国版协
2	2019年4月	《奇迹之夏》	马传思	2018年3月	入选中宣部2019年“优秀青少年读物出版工程”	中宣部
3	2018年12月	《奇迹之夏》	马传思	2018年3月	2018年度中国30本好书	中国出版协会
4	2018年10月	《九百九十九只小鸡挤呀挤》	陈梦敏	2018年5月	2018“十佳绘本”	中国图书馆学会
5	2018年9月	《大连市优秀文学作品集（2012—2017）》	217位大连作家	2017年10月	第三十一届全国城市出版社优秀图书一等奖	中国版协城市出版社专业委员会
6	2018年12月	《百年见证》	曾思玉	2014年3月10日	第五届中国传记文学优秀作品	中国传记文学学会

续表

序号	奖励时间	书名	作者	出版时间	奖项	评奖单位
7	2018年1月	《大机车》	鹤蜚	2016年7月20日	首届中国工业文学作品大赛报告文学组一等奖	工信部工业文化发展中心
8	2018年6月	《寻找蓝色风》	龙向梅	2017年7月	2017年优秀儿童文学出版工程	中宣部
9	2018年5月	《寻找蓝色风》	龙向梅	2017年7月	2018年向全国青少年推荐百种优秀出版物	国家新闻出版署
10	2018年5月	《冰冻星球》	马传思	2017年5月	2018年向全国青少年推荐百种优秀出版物	国家新闻出版署
11	2018年2月	《拯救天才》	王林柏	2016年3月14日	大众喜爱的50种图书	国家新闻出版广电总局、全民阅读活动组织协调办公室
12	2017年8月	《拯救天才》	王林柏	2016年3月14日	第十届全国优秀儿童文学奖	第十届全国优秀儿童文学奖评奖办公室
13	2017年8月	《大熊的女儿》	麦子	2015年8月24日	第十届全国优秀儿童文学奖	第十届全国优秀儿童文学奖评奖办公室

续表

序号	奖励时间	书名	作者	出版时间	奖项	评奖单位
14	2017年5月	《古蜀》	王晋康	2015年1月15日	2017年向全国青少年推荐百种优秀出版物	国家新闻出版广电总局
15	2017年4月	《百年见证》	曾思玉	2014年3月10日	第六届中华优秀出版物奖	中国出版协会
16	2016年6月	《拯救天才》	王林柏	2016年3月14日	2016年向全国青少年推荐百种优秀出版物	国家新闻出版广电总局
17	2014年11月	《白鲸传奇》	周志勇	2013年9月9日—2015年3月27日	第五届全球华语科幻星云奖最佳少儿科幻原创图书奖银奖	世界华人科幻协会
18	2014年1月	《海洋科普馆》（丛书）	凌晨漫游工作室	2013年9月5日	第三届中国科普作家协会优秀科普作品奖科普图书类银奖	中国科普作家协会
19	2013年1月	《品读大连·第一季》	余音等	2012年9月21日	第二十六届全国城市出版社优秀图书一等奖	全国城市出版社优秀图书评审委员会
20	2012年	《会计之星·博导文库》	李心合等	2011年8月24日—2012年2月27日	第二十五届全国城市出版社优秀图书一等奖	全国城市出版社优秀图书评审委员会

续表

序号	奖励时间	书名	作者	出版时间	奖项	评奖单位
21	2011年12月	《高级会计实务科目考试辅导用书》	中国会计学会	2011年6月15日	2011年度全行业优秀畅销品种	中国书刊发行业协会
22	2010年	《会计之星·博士论坛》	韩洪灵、李娥	2011年4月22日—2011年1月10日	第二十三届全国城市出版社优秀图书一等奖	全国城市出版社优秀图书评审委员会
23	2009年12月	《2009高级会计实务科目考试辅导用书》	中国会计学会	2009年6月25日	2009年度全行业优秀畅销品种	中国书刊发行业协会
24	2009年	《会计之星·博士论坛》	韩洪灵、李娥	2011年4月22日—2011年1月10日	第二十二届全国城市出版社优秀图书一等奖	全国城市出版社优秀图书评审委员会
25	2008年	《第三届全国会计知识大赛法规汇编》	中国会计学会编	2007年6月5日	2008年度全行业优秀畅销品种	中国书刊发行业协会
26	2008年	《第三届全国会计知识大赛辅导讲座》	中国会计学会编	2007年6月6日	2008年度全行业优秀畅销品种	中国书刊发行业协会
27	2007年	《点睛财务舞弊》	马贤明	2006年6月16日	第二十届全国城市出版社优秀图书二等奖	全国城市出版社优秀图书评审委员会
28	2000年	《城市经济学》			第十二届中国图书奖	中国图书奖评委会

四、荣誉证书

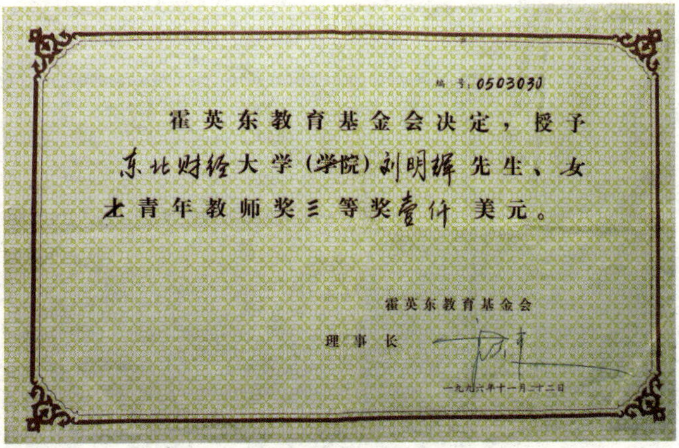

编号：0503030

霍英东教育基金会决定，授予

东北财经大学（学院）刘明辉先生、女士青年教师奖三等奖壹仟美元。

霍英东教育基金会

理事长

一九九六年十一月二十二日

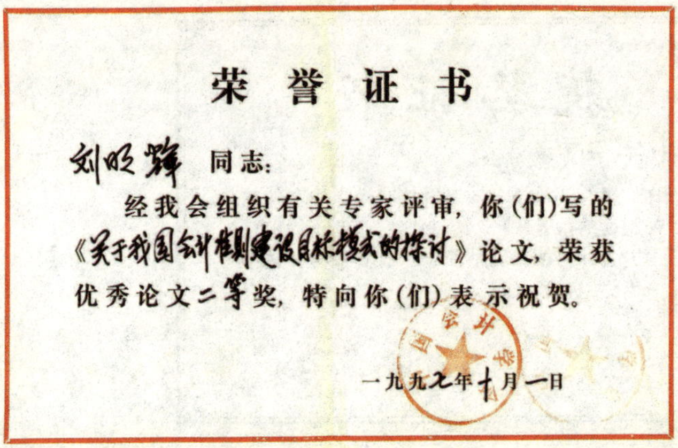

荣誉证书

刘明辉同志：

经我会组织有关专家评审，你（们）写的《关于我国会计准则建设目标模式的探讨》论文，荣获优秀论文二等奖，特向你（们）表示祝贺。

一九九七年十月一日

编号：72007

霍英东教育基金会决定，授予东北财经大学（学院）刘明辉先生、女士青年教师奖一等奖伍仟美元。

霍英东教育基金会

理事长

二〇〇〇年十二月七日

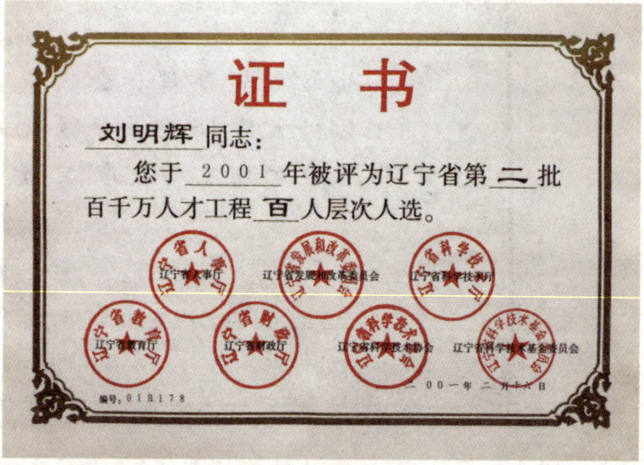

证书

刘明辉同志：

您于2001年被评为辽宁省第二批百千万人才工程百人层次人选。

辽宁省人事厅　辽宁省发展和改革委员会　辽宁省科学技术厅

辽宁省教育厅　辽宁省财政厅　辽宁省科学技术协会　辽宁省科学技术基金委员会

二〇〇一年二月十六日

编号：01B178

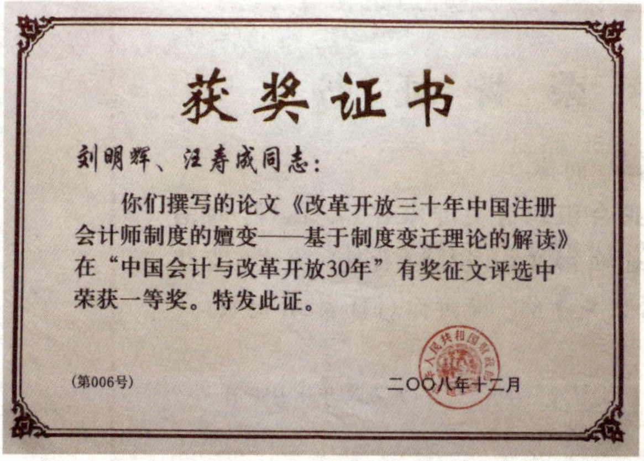

获奖证书

刘明辉、汪寿成同志：

你们撰写的论文《改革开放三十年中国注册会计师制度的嬗变——基于制度变迁理论的解读》在“中国会计与改革开放30年”有奖征文评选中荣获一等奖。特发此证。

（第006号）

二〇〇八年十二月

证　书
刘明辉同志：
经辽宁省宣传文化系统“四个一批”人才工作领导小组研究，辽宁省委宣传部部务会议批准，您于2006年12月被确定为辽宁省宣传文化系统“四个一批”人才。
特发此证。
中共辽宁省委宣传部
二〇〇八年十二月

荣誉证书
HONORARY CREDENTIAL
根据《全国企业财务管理领军人才管理办法》，经中国企业财务管理领军人才评审委员会评定，刘明辉为全国企业财务管理领军人才。
中国企业财务管理协会
二〇一五年十二月

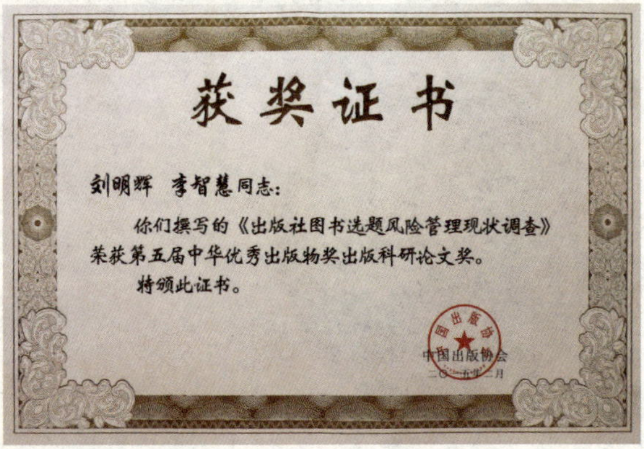
获奖证书
刘明辉　李智慧同志：
你们撰写的《出版社图书选题风险管理现状调查》荣获第五届中华优秀出版物奖出版科研论文奖。
特颁此证书。
中国出版协会
二〇一五年十二月

荣誉证书

刘明辉 同志：

荣获2016年度中国十大出版人物称号。

特颁此证。

中国出版协会

二〇一六年十二月

韬奋出版奖证书

经第十三届韬奋出版奖评奖委员会评定，授予刘明辉同志韬奋出版奖。

中国出版协会 韬奋基金会

二〇一九年十二月

第七部分

师生情谊

會計

一、硕士研究生名录

本人于1992年5月取得副教授职称，1993年春季开始招收硕士研究生。2004年10月离开东北财经大学，但学术关系仍然保留在东财并在东财继续招收研究生，同时承担“高级审计研究”课程的授课任务。2015年因工作太多，个人提出不再招收硕士研究生。

序号	姓名	入学时间	毕业时间	工作单位	职务	专业技术资格及职业资格
1	方红星	1993	1996	东北财经大学	副校长	教授、博士生导师
2	林启云	1994	1997	财政部人教司	副司长	高级会计师
3	王　宁	1994	1997	中国银行大连分行财务管理部	总经理	注册会计师、ACCA
4	崔华清	1995	1998	财政部	处长	高级会计师
5	王义华	1995	1998	深圳大学	教师	副教授
6	周中国	1996	1999	国信证券股份有限公司	CFO	高级会计师
7	宿红星	1996	1999	大连商品交易所	总监	高级经济师
8	金　一	1997	2000	中国进出口银行	主任	
9	温天璟	1997	2000	青岛大学	教师	副教授
10	张丽萍	1997	2000	大华融智管理咨询有限公司	合伙人	注册会计师、注册税务师、ACCA资深会员
11	冯　阳	1997	2000	上海天亿投资集团有限公司	CFO	高级会计师

续表

序号	姓名	入学时间	毕业时间	工作单位	职务	专业技术资格及职业资格
12	薛清梅	1998	2001	南京大学商学院会计学系	教师	副教授
13	王　华	1998	2001	中国中信股份有限公司财务部	总经理助理	高级会计师
14	张宜霞	1999	2002	浙江工商大学	教师	副教授
15	张选民	2000	2003	上海云舞网络科技有限公司	副总经理	会计师
16	李慧颖	2000	2003	普华永道会计师事务所	税务总监	ACCA
17	于　淼	2000	2003	成都泉源堂大药房连锁股份有限公司	董事/CFO	高级会计师
18	夏海东	2001	2004	国防科工局探月与航天工程中心	主管	高级会计师
19	李　黎	2001	2004	澳门科技大学	教师	副教授
20	祁　渊	2001	2004	东北财经大学	系主任	副教授
21	方修宇	2002	2005	大连银监局	副处长	经济师
22	赵　琰	2002	2005	东软集团财务管理部国际业务管理中心	主任	
23	刘　坤	2002	2005	华润集团	商务副总监	
24	曲　明	2002	2005	东北财经大学	教师	讲师
25	刘　悦	2003	2006	中国证监会证券基金机构监管部	处长	ACCA
26	李　凯	2003	2006	河南财经政法大学	审计系主任	副教授
27	刘昕昉	2003	2006	国外		
28	项　静	2003	2006	工商银行山东省分行	部门总经理助理	会计师
29	赵晓静	2003	2006	福建省财政厅	主任科员	
30	毕华书	2004	2007	嘉兴学院	教师	副编审、副教授
31	霍志彬	2004	2007	大连海关	主任科员	注册会计师

续表

序号	姓名	入学时间	毕业时间	工作单位	职务	专业技术资格及职业资格
32	黄效楠	2004	2007	吉林银行大连分行授信审批部	团队主管	注册会计师
33	皮晶妮	2004	2007	南昌万达城投资有限公司万达文华酒店	财务总监	中级
34	张建华	2004	2007	苏州腾晖光伏技术有限公司	运营财务总监	会计师
35	范兰兰	2005	2008	航天长征化学工程股份有限公司	无	高级会计师
36	曾　波	2005	2008	中国人民银行邵阳市中心支行	科员	会计师
37	郝军利	2005	2008	大连万达集团	融资业务总监	会计师
38	刘永环	2005	2008	深圳市证监局	主任科员	
39	赵艳霞	2005	2008	天联广告有限公司	财务经理	会计师
40	王　涛	2005	2008	大连市总工会	副处级调研员	会计师
41	李英姿	2005	2008	中远海运石油运输有限公司	总会计师	高级会计师、CPA（非执业）
42	李　义	2005	2008	东北财经大学法学院	法学院团委书记	讲师
43	于　峰	2005	2008	东特集团有限公司	财务部部长	会计师
44	高　萍	2005	2008	大连市卫生计生委	新农合处处长	助理会计师
45	周　鑫	2006	2009	辽宁出版集团有限公司	财务主任助理	会计师
46	王　丽	2006	2009	北京林业大学	会计	会计师
47	王　莉	2006	2009	毕马威华振会计师事务所	经理助理	CPA
48	刘　黎	2006	2009	教育局纪检组	科员	
49	张　燕	2006	2009	安永华明会计师事务所	高级经理	CPA
50	曲春雨	2007	2010	兴业证券大连分公司业务发展部	总监	CPA（非执业）

续表

序号	姓名	入学时间	毕业时间	工作单位	职务	专业技术资格及职业资格
51	左财百	2007	2010	宁波梅山保税港区佳赟投资管理有限责任公司	管理合伙人	保荐代表人（准）、CPA（非执业）
52	郭丽丽	2007	2010	中信银行唐山分行	中级产品经理	经济师、CPA（非执业）
53	徐寅晨	2007	2010	中国电子科技集团公司	项目主管	会计师
54	李巧丽	2007	2010	杭州师范大学	教师	讲师
55	王晓明	2007	2010	亿达发展有限公司	核算经理	会计师
56	于思荣	2008	2011	大连银行	柜员	会计师、CPA（非执业）
57	李　欣	2008	2011	河南省夏邑县地方税务局	副主任科员	会计师
58	魏　振	2008	2011	中国建设科技集团股份有限公司	主管会计	高级会计师
59	柳俊俊	2008	2011	金融街广州置业有限公司	财务总监	会计师
60	石　影	2008	2011	河北建投集团财务有限公司计财部	经理助理	会计师、CPA（非执业）
61	许国利	2009	2012	光大证券股份有限公司	项目经理	CPA（非执业）
62	钟　杰	2009	2012	西南证券股份有限公司	项目经理	CPA（非执业）
63	钟　媛	2009	2012	平安银行北京分行	产品经理	CPA（非执业）
64	吕　慧	2009	2012	中国石油大学（北京）	教师	讲师
65	张彦军	2009	2012	京东方科技集团股份有限公司	科长	会计师
66	赵　颖	2009	2012	郑州西亚斯国际学院	教师	讲师
67	胡晓雪	2009	2016	大连海昌集团有限公司	审计经理	
68	林晓露	2010	2013	广东发展银行	统计分析岗	会计师
69	周晓文	2010	2013	唐山银行	税务主管	会计师

续表

序号	姓名	入学时间	毕业时间	工作单位	职务	专业技术资格及职业资格
70	马熙辰	2010	2013	中交第一航务工程勘察设计院有限公司	科长	会计师、注册会计师、注册税务师、资产评估师
71	林珊珊	2010	2013	自主创业		初级会计师
72	武淑娟	2010	2013	海航冷链控股股份有限公司	企业代表	会计师、CPA
73	徐忠文	2010	2013	中国南山开发集团	经理	会计师
74	刘伯玲	2011	2014	厦门银行	审计员	CPA（非执业）
75	邹　玲	2011	2014	建设银行	会计	CPA、会计师
76	许玉婷	2011	2014	碧桂园控股有限公司	经理	CPA（非执业）
77	陈少青	2011	2014	宝能集团	主管	会计师、CPA（非执业）
78	周　鹭	2011	2014	中国建筑国际集团有限公司	审计部助理业务经理	会计师
79	黄钰琦	2011	2014	大连出版社	会计	会计师
80	赵　焕	2012	2014	普华永道会计师事务所	审计员	CPA
81	于　娜	2012	2014	国网山东省电力公司烟台供电公司	会计	会计师、CPA（非执业）
82	林景春	2012	2014	国家税务总局安徽省合肥市税务局	会计	注册会计师、税务师
83	肖庆鹏	2012	2014	中国电子科技集团公司第十三研究所	总账会计	初级会计师
84	于汶平	2012	2014	中国民生银行北京中关村私人银行中心	财富经理	
85	汪玉兰	2013	2015	上海对外经贸大学	教师	讲师
86	俞依汐	2013	2015	中华人民共和国大窑湾海关税费科	副主任科员	

续表

序号	姓名	入学时间	毕业时间	工作单位	职务	专业技术资格及职业资格
87	陶明明	2013	2015	中航复合材料有限责任公司	财务主管	
88	王志宇	2013	2015	北京瑞华会计师事务所	审计员	
89	赵相成	2013	2015	工商银行股份有限公司苏州分行	职员	
90	马浩颜	2013	2015	北京三快在线科技有限公司（美团）	商业分析师	
91	李　玉	2014	2016	湘财证券股份有限公司	合规专员	
92	杨玲玲	2014	2016	洛阳双瑞橡塑科技有限公司	成本会计	助理会计师
93	魏　巍	2014	2016	德勤（北京）会计师事务所	审计员	
94	赵丹妮	2015	2017	安永华明会计师事务所（特殊普通合伙）	审计员	
95	王富真	2015	2017	浪潮集团	核算会计	
96	庞　博	2015	2017	天津市地方税务局第一稽查局	科员	
97	郭　懿	2015	2017	唐山市国家税务局第四稽查局	科员	
98	毛依然	2015	2017	德勤管理咨询（上海）有限公司沈阳分公司	税务助理	CPA（非执业）

二、博士研究生名录

本人于1995年5月取得教授职称，2000年春季开始招收博士研究生。2004年10月离开东财后继续招收博士研究生，2014年起不再招收博士研究生。

序号	姓名	入学时间	毕业时间	工作单位	职务	职称
1	方红星	2001年9月	2004年6月	东北财经大学	副校长	教授、博士生导师
2	薛清梅	2001年9月	2004年6月	南京大学商学院会计学系	教师	副教授
3	张宜霞	2002年9月	2005年12月	浙江工商大学财务与会计学院	教师	副教授
4	樊子君	2002年9月	2006年6月	东北财经大学会计学院	教师	副教授
5	常　丽	2002年9月	2006年6月	东北财经大学会计学院	教师	教授、博士生导师
6	甄阜铭	2002年9月	2007年12月	东北财经大学会计学院	教师	副教授
7	徐正刚	2003年9月	2006年6月	深圳证券交易所	副总监	
8	王义华	2003年9月	2007年12月	深圳大学经济学院	教师	副教授
9	胡　波	2004年9月	2007年6月	中华女子学院	专业负责人	副教授

续表

序号	姓名	入学时间	毕业时间	工作单位	职务	职称
10	祁　渊	2004年9月	2012年6月	东北财经大学会计学院审计系	系主任	副教授
12	汪寿成	2006年9月	2009年6月	湖北大学	教师	副教授
13	曲　明	2006年9月	2013年6月	东北财经大学会计学院	教师	讲师
14	何　敬	2007年9月	2010年6月	北京国家会计学院	教师	副研究员
15	韩小芳	2007年9月	2010年6月	南京财经大学	教师	副教授
16	毕华书	2007年9月	2013年12月	嘉兴学院	教师	副编审、副教授
17	李　凯	2008年9月	2011年6月	河南财经政法大学	审计系主任	副教授
18	王恩山	2008年9月	2011年6月	青岛有住投资控股有限公司/派驻秦恒建设发展有限公司	财务总监	高级会计师
19	李智慧	2008年9月	2012年12月	东北财经大学出版社	副社长	副编审
20	王　扬	2009年9月	2012年6月	华东政法大学商学院	教师	副教授
21	赵存丽	2011年9月	2014年6月	大连外国语大学审计处	副处长	副教授
22	乔贵涛	2012年9月	2015年12月	山东理工大学商学院	系主任	副教授
23	李冰慧	2014年9月	2017年6月	天职国际会计师事务所（特殊普通合伙）	经理	

续表

序号	姓名	入学时间	毕业时间	工作单位	职务	职称
24	陈亚光	2009年9月		大连交通大学	教师	副教授
25	周　鑫	2009年9月		辽宁出版集团有限公司	会计	会计师
29	陈树国	2010年9月		国网浙江省电力有限公司	总会计师	高级会计师
30	孙冀萍	2011年9月		太原师范学院	教师	讲师
31	李　欣	2011年9月		河南商丘夏邑县地方税务局		
33	王玉成	2014年9月		东北财经大学		

三、学生心目中的老师

刘明辉教授不仅是我学业上的恩师，也是我职业发展过程中的领路人。作为刘老师指导的第一位硕士研究生和第一位博士研究生，我多有偏得、深感荣幸。在刘老师的悉心指引和教导下，我跨进了财务会计和独立审计的学术殿堂，并一直坚守至今；在刘老师的直接带领和帮助下，我曾经长时间从事出版工作，并从老师那里接过重任，延续了老师创造的辉煌；在刘老师的大力扶植和培养下，我接过了老师参与创建的中国中青年财务成本研究会（中国会计学会财务成本分会）秘书长、会长职责，经历了发展壮大和转型重组的峥嵘岁月。入师门25年以来，既有耳提面命，也有润物无声，既有齐襄盛举，也有同舟共济，既有朝夕共事，也有天涯睽违，所幸的是，我能一直沐浴在师恩之中，并且尽力去学习和发扬恩师的学识和品行。于我而言，忝列师门，不仅收获了宝贵的人生财富，而且烙下了鲜明的风格印记。古人云，“高山仰止，景行行止，虽不能至，然心向往之”。寥寥数语，实在难以表达对恩师的感激之情，谨与各位同门共勉之。

——方红星，1993级硕士研究生、2001级博士研究生

1995年参加方红星硕士论文答辩

2017年，与在京学生聚会合影留念。
前排左起：张丽萍、林启云、刘明辉、崔华清、胡波；后排左起：周晓文、张彦军、魏振、徐寅晨、夏海东、赵焕、何敬、吕慧、李冰慧、汪玉兰

刘明辉教授是我的恩师，是我最尊敬的老师。读研时，他以那特有的敏锐目光，把我引入当时还少有人涉足的注册会计师审计报告研究领域，指导我做了许多很有意义的研究，也为后来的学习研究和工作奠定了良好的基础。在学习期间，他给予我无微不至的关怀和悉心指导，使我受益良多、永生不忘。他勤学善思、笔耕不辍，在很多领域不断挑战自己并取得卓越成就，这些都激励着我在人生道路上长此不懈、永思进取。毕业二十多年来，虽然各自忙碌，但老师仍然时刻关心着我们，偶尔小聚，寥寥数语，总能让我们分享他观察专业和社会的深邃思想和人生智慧。祝敬爱的刘老师身体健康、万事如意！

——林启云，1994级硕士研究生

1998年，崔华清硕士学位论文答辩通过后合影留念

短短的硕士学习期间，恩师在我入学不久时向我们讲过的一句话——“做事先做人”，一直影响着我。参加工作这么多年，恩师的这句教诲，一直回响在我的脑海中，时时刻刻激励着我做正派人，说老实话，做正确事，取得工作上点点滴滴的成绩。衷心感谢恩师的教诲伴随着我的成长，伴随着我的一生，伴随着我向前进步。

——崔华清，1995 级硕士研究生

与96级研究生宿红星、周中国合影

我是1997年考入东北财经大学攻读会计学硕士学位的，而能够成为刘老师的学生一直是我硕士阶段最大的鞭策、鼓励与荣誉。今天当我写这篇短文时，我已经成为刘老师学生20年整了。记得读书的时候我的成绩并不好，科研能力也不强，甚至都不知道如何写论文。当时全凭着自己的“年少无畏”鼓起勇气恳求刘老师收下我这样一个学生，并保证未来会加倍努力。也正是因为当年的承诺，这些年来我一直告诫自己，只有努力才可以做得更好，才可以自豪地告诉别人，我是刘明辉的学生。

在我心中，刘老师是一位真正的理论家、实践家和企业家。他不仅仅教会了我如何写文章，在我们公司IPO中，他作为独立董事，还教会了我在上市公司中进行公司治理如何将理论应用于实践。对于上市公司的资本运作，刘老师会根据内部控制的规定以及公司的实际情况，适时、恰当地提出有针对性且切实可行的方案，同时还可以兼顾税务和会计处理。

在我心里，刘老师是一位宁折不弯的英雄。作为学生的我，可以深切体会到刘老师在过去的日子里所遇到的困难和承受的压力。而今天他可以带着一个几乎破产的企业从困境中走出来，在那些过来的日子里，我深知他一个人需要承受多少委屈，需要扛下多少艰难，需要面对多少无可奈何。

在我心里，刘老师是一位慈父。每次要与刘老师见面，我都是既紧张又期待。紧张的是担心自己做得不好，没有颜面去面对刘老师；期待的是自己又可以听到刘老师用不紧不慢的语气问我是否工作顺利，家里如何，孩子如何。他的每一句话让我感觉到父亲般温暖，又觉得自己作为孩子需要更加努力。

在我心里，刘老师是一位好朋友。2009 年我考上了辽宁大学的博士研究生，由于当时工作特别忙几次都想放弃，每次跟刘老师说自己想放弃的时候，他都会给我讲真实的故事，鼓励我继续前行。7 年之后，我终于完成了自己的学业，同时也在事业上取得了进步。

在我心里，刘老师永远是我努力前行的动力。刘老师在学术和企业经营管理上的成就，一直鞭策着我。20 年前对自己的承诺，是我一直默默努力工作的动力，为的就是成为刘明辉老师的一名合格的学生。未来我将继续严格要求自己，为做更好的自己，为做刘老师培养的合格学生而努力。

——冯阳，1997 级硕士研究生

2000年，温天璟、金一、张丽萍、冯阳硕士学位论文答辩通过后合影留念

在我大四勤工俭学卖书时认识了刘明辉老师，当时我为东北财经大学出版社写图书营销策划方案，后来刘老师成了我的研究生导师，也是我人生中最重要的导师，一直指引着我。在学业上，刘老师认真指导我修改论文；在生活上，刘老师、胡师母给予了我家众多关怀，卖书收入和翻译书籍收入也是我研究生期间重要的生活费来源；在毕业以后工作生活中的重要时刻，刘老师总会给我重要的支持和指引。您是我一生的导师，感谢您！尊敬您！敬爱您！

——张丽萍，1997 级硕士研究生

感谢我的硕士导师刘明辉老师，感谢他在我攻读硕士学位期间的悉心指导和无私关爱，以及在我毕业后参加工作以来一直的关心和鼓励。读研期间，我有幸成为刘老师的学生，在我人生的重要阶段得到了刘老师的指导和帮助，使我在后来的学习和工作中受益匪浅。在学校期间，在我专业知识学习和毕业论文写作过程中，刘老师以深厚的理论功底耐心细致地为我辅导、论证和把关。刘老师对我的言传身教使我终身受益。他严谨的治学之风、扎实的专业功底、对科研工作的热情和乐观向上的生活态度，无时无刻不在激励与鞭策着我，他永远是我工作和学习的榜样。

——金一，1997 级硕士研究生

时间过得真快，转瞬间硕士毕业已经 18 年。看着毕业答辩时的合影，看着同窗师兄师姐，看着我一生敬重的刘明辉老师，是那样的感慨和亲切。1997 年报选导师时，我毫不犹豫地填报了刘老师，内心无比忐忑，因为彼时刘老师早已是会计学院众多学子向往的名师。非常感谢刘老师选择了我，我非常荣幸地成为刘老师的学生。

在以后相处的两年多时间里，我无时不为老师的魅力所折服。印象中，刘老师的字典里就没有“不可能”三个字，“敢为天下先”应当是老师真实的写照；老师教导我们要敢于去想，勇于面对困难，遇到任何事情都不要畏惧。印象中，刘老师从不知道疲倦——授课、指导学生论文、参加学术会议、管理出版社……旺盛的精力时常让我自叹不如。此时能够真正体会到那是老师对事业不懈的追求。刘老师如此之博学让我叹为观止，审计、财务管理、财务会计、企业管理……几乎所有的会计领域他都有深入的研究，是真正的会计“大家”。也正因如此，老师经常教导我们要多读书，读各个门类的书以拓宽视野和境界。我感受到刘老师是一位“严师”，这种严厉体现了他学术研究的严谨。他会不满意于学生文章的框架、逻辑、语言的组织与表达……但我知道这是老师希望我们能做得更好。我更多感受到刘老师是一位“慈父”，这种“慈爱”是老师内心深处真切的关爱。老师会给予我们众多机会参加学术会议，给予我们出版社的兼职工作以补贴生活……当然我还记得在老师家中吃到的湘式红烧肉，我还记得人生第一次吃到牛蛙。

点点滴滴涌上心头……刘老师的人格魅力永远激励我前行；我深以成为刘老师的学生而自豪！唯愿刘老师身体健康，青春常在！

——温天璟，1997 级硕士研究生

我是刘明辉老师的一名硕士研究生，在选导师的时候，我毫不犹豫地选择了刘老师。刘老师专业扎实，思维敏锐，视角独特，具有极强的研究能力，在专业道路上始终是我的引路人；刘老师为人谦和，态度和蔼，循循善诱，关心学生的学习与生活。转眼我已经毕业十七年了，刘老师对我的教育和指导历历在目，十分感谢刘老师对我的培养和关怀。

——王华，1998 级硕士研究生

刘明辉老师不仅是我的硕士、博士论文指导老师，还是我人生和事业的领路人。他带领我走上了学术的道路，让我热爱上了会计研究。正是在他的指导和帮助下，我才有了今天。作为一位学者，刘老师著述颇丰，特别是为中国审计准则的建立和完善作出了很大的贡献。作为一位创业者，刘老师将管理理论应用于实践，为社会创造了巨大的价值。作为一位教育者，刘老师培育了大量的优秀学生，他强调踏实努力，门下招收的学生也多为踏实努力的人。在我看来，刘老师不仅是一位理论家，更是一位践行者。在学术研究方

2003年，首届博士生方红星和薛清梅博士学位论文答辩后合影留念

面，刘老师有极其敏锐的观察力，他总是能够带领我们走向最前沿的研究课题。他强调全面和辩证地思考，无论讨论的是什么问题，他总能在短时间了解后提出独到的见解，而这些见解往往就是整个研究课题的创新点。这一品质对于一位管理者而言可能更加重要。刘老师能够几次带领团队，从头开始进行价值创造，所依靠的可能正是这种与众不同的思维能力以及创新能力。刘老师关心每个学生的成长，为学生提供机会，尽其所能地为每个学生安排最好的发展方向。在这个方面，我可能是他所有学生中受益最多的。在我人生和事业的每个重要阶段，刘老师都给了我最重要的帮助，过去如此，现在依然如此。

——薛清梅，1998 级硕士研究生、2001 级博士研究生

1999年，我大学毕业，有幸投入刘老师门下，开始了我硕士研究生的学习，尔后，又有幸成为刘老师的一名博士研究生，2005年博士毕业。师从刘老师六年，我从一个懵懵懂懂、不谙世事的“大孩子”慢慢融入社会，不断学习、成长和发展，奠定了我未来发展的基础，是我人生中最重要的六年。这六年是在刘老师的悉心指导和关怀下度过的，恩师在学习和生活方面给予了不遗余力的指导、热心的帮助和关怀，恩师耿介磊落的品格、积极向上的处事态度、锲而不舍的学术精神、哲睿广博的治学风范，使我受益匪浅，是我一直学习的榜样和努力的方向。工作之后，虽然天各一方，难以得到恩师耳提面命的教诲，但恩师依然在工作、学习和生活上给予了无私的指导和帮助，每一点成绩和进步都凝结着恩师的心血和汗水。而今不惑之年，回首过往求学和工作的近二十载，更是深刻地体会到了古人所说的“一日为师，终身为父”的道理和内涵，师恩厚重，终生难忘。

——张宜霞，1999级硕士研究生、2002级博士研究生

2005年，张宜霞博士学位论文答辩通过后合影留念

与张宜霞和王义华在一起

智者、明者、行动者

——我的老师刘明辉教授

三生有幸能在刘老师的门下读书，所受教诲，感念一生。在这样一位智者面前，你提出的求教，不论是学术上的，还是生活上的，都是秒秒钟给出超乎想象的回答。有些事刘老师给予的点醒，往往是在时过境迁或者时隔经年，才发现老师当初说得对。作为一位在学术研究上登峰造极的大师，我们由衷敬佩他的严谨治学和智慧超群。但是，刘老师的能量远不止这些。从学术界到教育界、再到出版界，从创办学术组织、组建独立学院再到带领出版社扭亏为盈，我们看到的始终是精力充沛的刘老师。或许，这得益于刘老师年少时因家境贫寒而辛苦务农打下的钢铁侠般的身体素质。当然，我想更多的是因为刘老师清晰地知晓，自己就是一个追梦人，生命不息，追梦不止。知人者智，知己者明，不仅如此，刘老师还是行动派。我国注册会计师审计刚刚起步时，刘老师就出版了我国该领域的开山之作《独立审计准则研究》，为学界和实务界所推崇。多年以来，老师一直参与审计准则、内部控制制度等实务规则的制定，规划出版大量的财经教材与书籍。当刘老师专注于儿童出版物的研发时，更是国家级的奖项拿到手软，开发的大白鲸品牌真不晓得哪天就会成为中国的迪士尼。不过，就是这样一位行动如风的智明长者，仍然会在没有出差的每个清晨，在办公室里等待着学生前来求教。

——祁渊，2001 级硕士研究生、2004 级博士研究生

我是刘明辉老师 2001 级研究生，2004 年毕业至今有 14 个年头了，一直在北京工作。刘老师因为工作的缘故常来北京出差，多数时候总是悄悄地来悄悄地走，怕给大家添麻烦。但每年都会找个机

会见见我们，说说各自的工作，聊聊天、谈谈心。刘老师从教30多年，桃李满天下，每次这样的机会都变成了师门热热闹闹的聚会。对自己的学生，老师总是很亲切。早些年毕业的学生和老师相处的时间长，刘老师既是良师更是益友；而对这几年新进师门的“90后”，刘老师更像慈父。这些年来，岁月在刘老师和我们这些学生身上都多多少少留下了痕迹，忙忙碌碌的工作和生活给老师还有我们这些步入不惑之年的学生都增添了或多或少的白发和皱纹。岁月变迁，这份师生情不减半分，却日益深厚。每次见到老师，仿佛自己仍是那个20多岁的坐在教室里的年轻人。时光不走，记忆像昨日一般新鲜。

2001年我考入东财时，刘老师已经是声名在外的名导，想进师门的同学很多。因为方红星师兄的引荐，我才能如愿以偿。研究生的课程比较紧张，对待不同的课程大家的时间和精力投入都不一样。对于刘老师的课，我是从不敢有丝毫怠慢，不仅仅课堂上要听得专注、记得仔细，课前的准备工作更是重要，图书馆查资料、做好预习是必须的。刘老师不会严厉批评学生，但作为刘老师的学生都有一份压力，可以不是十分优秀的，但努力不能比别人少。就像走上工作岗位以后，即便没有出色的成就，也要踏踏实实，不给师门减分。

研究生的学习时光短暂，一晃就到了准备毕业论文的时间。那年刘老师给我们同年级三个学生的论文方向是研究民营企业的融资问题。为了我们有第一手的资料，刘老师给我们选择了辽宁和浙江两个有代表性的地区，帮我们把关调研方向和问题。更为难得的是，在那个酷热难挡的2003年夏天，老师亲自带着我们三个学生南下北上，同吃同住，不辞辛劳，走访了很多不同类型的企业，收获了许多有价值的资料，为我们的论文顺利完成发挥了不可替代的作用。刘老师可能忘了每次调研完一个企业后给我们做的总结指导，也可能忘了那一年夏天杭州的酷热，我们却不能忘记，因为这次的调研让我们更深地体会到了老师严谨细致、亲力亲为的治学之道。十多天的朝夕相处非常难得，点点滴滴都是永存心底的师生情谊。

——夏海东，2001 级硕士研究生

攻读刘老师的博士研究生正是我转换人生方向的关键选择，那时候我时常感到茫然又不知所措。由于对自己的专业能力没有信心，我一度想中断学业另谋生路，并专程很认真地向刘老师汇报。刘老师断然否定了我的想法，认为畏缩和后退会影响长远的发展。为此，刘老师一直鼓励我，相信我可以把学术做好。

是导师的信任让我坚定了方向，对学术研究产生了不舍的情怀。现在回想往事，导师在我心目中无疑是学识渊博、人格高尚的，但是更深刻的感受是刘老师不畏艰难，意志坚定，勇于面对，善于决断。这种坚韧不拔的精神伴随着导师对事业的追求，也给了我巨大的精神力量，让我在挫折面前不低头，在成绩面前也不窃喜。百折不挠而又平淡自然，刘老师当然就是我最深的也是最近的仰望。

——常丽，2002 级博士研究生

他看上去是一位非常严厉的老师，接触后却又十分平易近人；他总是不苟言笑，一时兴起却又谈笑风生；他的付出从不溢于言表，被察觉后却总是一笑而过；他满腹经纶抱负远大，然总能做到大处着眼小处着手。他，就是我的恩师刘明辉博士。在跟随老师学习的短短三年里，我学到了丰富的专业知识，获得了难得的锻炼机会，更令我受益终身的，是他展现给我们的严谨认真、敢于挑战、心无旁骛、沉稳大气的气质和风格。

——方修宇，2002级硕士研究生

东财两年多的时光转瞬即逝，是学生时代的结束，也是走向社会的开始。我很庆幸在硕士研究生阶段有这么一位治学严谨、学识渊博、平易近人的导师，他对学术一丝不苟，对学生谆谆教导，传授专业知识，讲述做人道理。记得刘老师在指导我们学习和写作论文的时候，经常讲的一句话是“线头不是布”，教导我们要勤于思考、全面思考、体系化思考，把好的想法、观点细化、拓展、广泛联系，形成一个体系，成为一篇好的文章，甚至一本书，这样才能有更大的意义和价值。这不仅仅是做学问的道理，也是做人做事的道理。学生时代结束了，但学习永无止境，走向社会之后，在实际工作生活中，有在学校学习的知识做基础，有硕士阶段锻炼的学习、思考方法做驱动，有刘老师传授的做人做事的道理把方向，这些都是在人生路上踏实前进的可靠保障。感恩东财两年多的时光，感恩刘老师让人受益终身的教导。

——刘坤，2002级硕士研究生

打油诗一首

——贺刘老师著书传世

有丹心辨昭昭明，

无声雨润冥冥志。

傲霜枝感天涯短，

白庶子念师恩长。

审虚实依服人法，

计春秋据明事章。

八斗才育莘莘徒，

五车书著压卷文。

——赵琰，2002级硕士研究生

岁月如梭，积淀留存的是在求索途中的镌刻。从2002年初识恩师至今已有16年，在此期间，我有幸跟随刘老师读了硕士和博士，同时也完成了步入社会参加工作、结婚、生子等一系列人生大事。刘老师广博的学识、严谨的治学态度、勤勉刻苦的精神以及乐观豁达的品格都给予我深刻的影响。老师既是我学习的榜样，更是鞭策我前进的动力，使我受益匪浅。

每当回忆起学习期间，老师定期组织的师生探讨还历历在目，气氛既紧张又活跃。老师严谨但却风趣，对于学术问题一丝不苟，但是对于学生却关怀备至。老师的日常工作十分繁忙，还经常需要出差，自由时间并不多，但只要是学生的事情，老师总会挤出时间来解决。我清楚地记得在我写博士论文期间，老师出版社的工作愈发繁忙，每当我有写作的困惑需要请教老师时，老师都会在第二日早上正式上班之前一小时赶到单位当面为我指导，老师的敬业奉献精神让我深受感动。

回顾几年的读书生活，恩师不仅用渊博的知识、严谨的治学态度为我授业解惑，更重要的是教我如何做人，如何处事。老师的谆谆教诲和人生启迪，使我受益终身。这份感激之情，难以用言辞表达，在此，我谨致以我最深的谢意！

——曲明，2002级硕士研究生、2006级博士研究生

追忆似水年华，描述师生情深，在那青涩的年代，是老师郑重的嘱托为我们纠正了偏离的航向，您煞白了头发，费尽了心血，用坚实的双手拖起我们灿烂的明天。

世界上有一种情，超越了友情，那就是老师对我们无微不至的关怀之情，对我们的细心教导之情。我真心祝福老师万事如意、永远健康、永远HAPPY！

——甄阜铭，2003级博士研究生

刘明辉教授是我攻读博士学位期间的导师。恩师人格高尚、胸襟宽广、治学严谨、学贯中西、思维精辟而又极富创造力，处处是我学习的典范。恩师是授业“经师”，更是传道“人师”，我从恩师这里所学到的也不仅仅是会计学知识和治学方法，更多的则是目光

参加胡波、甄阜铭博士论文答辩

长远、先做人后做事。

——徐正刚，2003 级博士研究生

有幸硕士研究生阶段师从刘老师，自此对我的人生产生了极大的影响。刘老师治学严谨，思维缜密，眼光高远，富有担当。刘老师的言传身教，至今仍历历在目。曾记得老师告诫我们做研究做事情，要少刨坑、多钻井，不要跟风；老师还告诫我们要先做人，后做事，有德之后有才方可成大器……老师对我们要求很严格，看似苛刻的要求，促进了我在学业和修养上的提升，在我走上工作岗位之后，都成了我扎实的基础和别人可以看到的优点。感谢刘老师！

——刘悦，2003 级硕士研究生

2005年，制定审计准则期间，北京裕龙大酒店，与学生徐正刚、夏海东、胡波合影留念

回首研究生考入东财的那一时刻依然历历在目，回想加入刘老师师门的那一时刻依然激动我心。在东北财经大学师从刘老师的这段时光，是自己踏实研究、潜心学术、终生难忘的三年。刘老师在学术研究上给予我们谆谆教导、鼓励鞭策，教会我们“耐得住寂寞，守得住清贫，才能最终拥有繁华”；在生活上更是像家人一样给了我无微不至的关心，犹记得自己2005年在中注协参加学术讨论的那段日子，刘老师和师娘到北京，考虑到已近冬季我衣服带的少，师娘亲自带我添补冬装，时至今日想来仍感动不已，心绪难以平静！作为师门一员，将永记师恩教诲，让这份教诲指导我未来前进的方向，伴随我的一生。祝愿刘老师身体健康，生活幸福！

——项静，2003级硕士研究生

从东财毕业十余年，回想起我的求学生涯，我的导师刘明辉的形象仍然如此鲜明，正如他的名字，明明如月，光辉独特。老师的身材虽然瘦小，但腹内自有文江学海，锋芒内敛；老师平易近人，说话幽默风趣，常于不经意间展露智慧的光芒。两年学习生涯，无数点滴日常，不知怎么，最让我印象深刻的一幕，却是老师在雪地的一次摔倒。那日大连大雪，正逢我们几个师兄弟毕业论文答辩完毕，老师请我们一起吃饭，我们和老师边聊天边向饭店走去，雪天路滑，老师不慎摔了一跤，我们赶紧把老师扶起，笑谈中继续前行。老师一直就是这样，从未在高高的“神坛”作遥远的指挥，而是在我们身边做良师益友和引路人。感谢老师的无私指导，唯愿老师身体健康，再创佳绩！

——赵晓静，2003级硕士研究生

十五年前承蒙老师不弃，收留我攻读博士学位。读书期间，老师的谆谆教诲、信任期望和鞭策鼓励历历在目，确实师恩难忘，受益匪浅。老师治学非常严谨。我清楚记得老师详细指出我论文初稿中的错误，逐条列出具体修改意见（如何撰写摘要等）。十多年过去了，这些指导意见仍然深深影响着我。老师给我们提供了非常宝贵的学习和实习机会，让我们开阔眼界，锻炼能力；老师无私地将人生感悟传授给学生，有时候是几个故事，有时候是短短一句话，无不深含做人做事之道。老师的幽默和智慧着实令人彻底叹服。要想提升自己的口才和反应能力，必须多跟老师学习才行。老师经常说的一句话是：先做人，后做事。这句话虽然简短，但其深意却值得学生一辈子追寻。

——胡波，2004 级博士研究生

得入刘明辉老师门下，是我人生的最大幸事。2004 年开始审计专业学习，2008 年跟随导师进入财经出版领域，2012 年又跟随导师转型幻想儿童文学出版，刘老师言传身教、耳提面命 14 年，改变了我的人生。

刘老师为人做事顶天立地。做学术研究，刘老师是国内审计、财务大家，告诫我们要少刨坑、深挖井，不要跟风，要耐得住寂寞，在一个领域要做到最好；做专业出版，刘老师洞悉大势、眼光高远、战略清晰、运筹帷幄，植根于国家民族发展，谋事立业，无论是财经出版还是儿童文学出版，无不令业界景仰；为人为师，富有担当，敬师尊长，重情重义，提携后辈，甘为学生后辈的摆渡人。

刘老师志笃意坚，自强不息。自执掌大连出版社以来，只要不出差，无论刮风下雨，也不论前一天发生了什么，刘老师早上 7 点半之前一定坐在办公室里开始工作；出版社战略转型，困难重重，如履薄冰，刘老师坐镇中军帐，岿然不动，不是在改变就是想着如何改变，点滴积累终汇成滔滔大势。

刘老师因材施教，爱徒似子。因为在老师身边的缘故有幸与同门常联络，我发现每一位同门都有对老师独特的记忆，这是一个个刘老师悉心呵护着学生求学上进不断进取的故事。刘老师为每一个学生尽心用力地提供着不同的平台和机会，所以，现在师门呈现一派正气，且又在学术、实务，甚至不同专业百花齐放、各自争鸣的繁荣气象。

我资质愚钝，有幸得入师门，受益终身。感激刘老师！

——毕华书，2004级硕士研究生、2007级博士研究生

研究生阶段能够成为刘老师的学生，并能得到刘老师的言传身教，在我学生生涯及以后工作中都是最值得骄傲的事情。

首先是刘老师严谨的治学风格。比如，在我写毕业论文阶段，老师对于论文中关键字词的使用都要求尽可能地表述准确和使用到位。印象最深的一次是，为了让我能够真正理解“保证”“鉴证”“认证”等词语的意义，老师在百忙之中特意拿出一上午的时间和我讨论，反复推敲，直至我明白这些词语的含义及在哪些具体业务中使用。老师严谨的作风一直影响着我的工作态度和风格，比如对新业务的会计处理、异常情况的应对，我也是反复论证，直至找到最合适的会计处理方案。

其次是老师的耐心和亲和力。虽然刘老师工作繁忙，但对于我们平时提出的问题，他都不厌其烦地给我们讲解。当时讨论中国会计准则国际化趋同问题时，刘老师与我们讲解和讨论准则的情境，

我还记忆犹新，从中我们收获的不仅是专业知识，更重要的是老师对待学习的态度和方式。这也是我今天“好为人师”、喜欢与大家共享知识的重要原因。

最后是老师教导我的为人做事的态度。我今天能够取得这小小的成绩与这点是分不开的。研究生的最后一年，刘老师已经到出版社担任社长，在他办公室聊天时，老师说以后能不能取得大成就就要看自己的勤奋、努力程度，比如你能不能每天比同事早到5分钟，下班晚走5分钟。我记住了老师的这句话，养成了现在早来晚走的工作习惯，也渐渐得到了公司领导的信任和认可。谢谢刘老师教会我的这些为人做事的原则，让我受益终生。

离开老师已经十多年了，毕业后没有再当面向老师问好，除了对老师的歉意，更多的是对老师深深的感恩之情。谢谢老师的教导，我会铭记在心，并祝愿老师身体健康、万事顺意。

——张建华，2004级硕士研究生

还记得当时选导师时，我是抱着试一试的心态选了刘明辉老师，但是非常幸运地被刘老师选中。能成为刘老师的学生一直是我非常自豪的一件事。因为老师是如此的优秀，我在他的众多学生中不算突出，所以一直倍感压力，心里也默默发誓一定要好好向老师学习，做一个老师认为合格的学生，这种思想一直激励着我前行！最让我印象深刻的是老师对学术研究的严谨、认真。还记得当时写毕业论文时，老师教导我说他要的是一篇优秀的毕业论文，而不是一篇及格的毕业论文。要做就做最好，认真对待每一件事，也是对自己负责，这也成为我如今的工作习惯，再次感谢老师！

——皮晶妮，2004级硕士研究生

现在回忆我的硕士生涯，除了触手可及的海边、美丽的校园、亲爱的同学们，最让人印象深刻和最要感谢的就是我的导师刘明辉教授了。导师年轻有为，无论搞学术还是做事业均业绩突出、硕果累累。虽然导师工作十分繁忙，但仍兢兢业业，认真负责地指导着我们论文的写作。每次会面、电话和邮件联系，导师的一语中的都让我茅塞顿开。导师的思维方式、为人品质、处事风格都是永远值得学习的，也不断激励着我在以后的人生路途中努力有所创造，对他人和社会有所贡献，方能不辱导师之名。一晃十年过去，刘老师仍是一样，事业有声有色，佳闻频传，在此祝福老师！

——刘永环，2005 级硕士研究生

研究生阶段能成为刘老师的学生是我毕生都引以为傲的事情。刘老师治学严谨、儒雅谦虚，更具有伟大的人格魅力，对我而言，刘老师亦师亦父。回想起研究生阶段的学习时光，感激之情总是溢于言表。衷心祝愿刘老师的出版事业蒸蒸日上！

——范兰兰，2005 级硕士研究生

刘老师是一位认真负责，治学严谨，要求严格，平易近人的老师。在我研究生毕业论文的撰写过程中，他耐心地指导我，多次指出论文结构的搭建和不足的地方，让我受益匪浅，使我在今后的人生中懂得碰到难题时静心思考，力求做到更好！感谢刘老师的教导！

——曾波，2005 级硕士研究生

一直折服于刘老师高深的学术造诣，2006 年，我有幸成为他的学生。在攻读博士学位期间，老师要求我们博览群书、广泛涉猎，要保持敏锐的学术嗅觉，遇到问题要多视角分析，告诫我们在学术研究中应“少刨坑，深打井”。这些都成为我治学的座右铭。老师渊博的学识、严谨的治学深深地影响着我，是我治学的榜样。

老师师德高尚，不仅在学生在校期间教书育人、诲人不倦，而且十分关心学生毕业后的成长，多次亲临我所在学校指导学科建设，不愧是师德典范。

——汪寿成，2006级博士研究生

第一次“遭遇”刘老师的湖南普通话；每次通电话时“恐怖”的两秒钟寂静；第一次听刘老师在讲台上娓娓道来；每次学术研讨时的高屋建瓴；每次刘老师与圈内好友的谈笑风生；第一次论文开题的“线头与布”；每次带论文见刘老师前的忐忑；每次同门聚会对刘老师的车轮提问；第一次参加刘老师家庭聚会的和睦；每次对生活的嘘寒问暖；刘老师在飞机起飞后的“秒睡”；得知刘老师住院消息时的揪心；翻刘老师旧照看到那一头黑发时的心酸；了解刘老师励志人生后的敬佩；每次看到“大白鲸”成长的喜悦……

一块块拼图构成我眼中和心中敬爱的刘老师：一位致力于教育和出版事业的“学术男神”。

——周鑫，2006级硕士研究生、2009级博士研究生

时光荏苒，转眼间已毕业十年，而从事现在这份审计工作也已十年，这一路走来，我一直怀着一颗感恩的心，感恩能成为刘老师的学生。刘老师的谆谆教导，让我对审计这个行业第一次有了相对清晰的认识；刘老师的言传身教，让我明白要踏实做事，认真做人；刘老师笑对生活，诙谐幽默，更让我明白，要时刻记得生活还有诗

2010年9月10日，和部分博士生一起欢度教师节。
前排左起：李琳、常丽、刘明辉、甄阜铭、陈亚光、祁渊、李智慧；
后排左起：周鑫、陈树国、毕华书、曲明、樊子君、王恩山、李凯

和远方。我知道，无论毕业多久，在专业道路上，在人生道路上，老师终将一直为我们引路。感恩！感谢！

——张燕，2006 级硕士研究生

刘老师治学严谨，在审计准则制定和研究方面造诣很深；为人亲切随和，幽默风趣，重情义、讲信誉、勇担当；为人师表，认真授课，注意引导学生开阔思路，关心、爱护学生，兼有学者和长者风范。能成为刘老师的学生是我人生幸事！

——何敬，2007 级博士研究生

清晰记得，博士入学的第一个国庆节假期，师母刚动完手术，身体还在康复之中，恩师既要照顾师母，又非常挂念我们新生。于

2010年6月，何敬、韩小芳博士学位论文答辩通过后合影留念

是，恩师和师母邀请我们新入学的硕士和博士到家里做客，恩师亲自到超市买菜并下厨为学生们准备丰富的美食，详细询问每位新生的学习和生活，幽默风趣地介绍自己的求学和研究经历，引导我们要科学制订学习计划，言谈中充满了对学生的信心和希望。恩师的生活点滴，不仅使我们一直坚持严谨的学术态度，更使我们有责任感地对待工作和家庭。

——韩小芳，2007 级博士研究生

不知不觉间，毕业已经8年，毕业时的情景却历历在目，对刘老师的教导一直感激在心。当时刚好处于毕业前夕，突然传来噩耗，我的第一任导师谷祺教授不幸过世，彷徨中不知该怎么办，后来刘老师在任务最繁重的毕业论文时期，热心接收我成为他的学生。一听到我能成为刘老师的学生，同门们纷纷祝贺我，并且嘱咐我一定要好好写论文，刘老师的治学严谨和严厉在东财可是出了名的。果不其然，蛮自信的论文到了刘老师手里，从大到小改出了很多问题。刘老师治学严谨的态度深深影响了我，让我懂得对待任何一件事都要认真严谨和仔细。毕业后回到杭州做了一名教师，每次批阅学生论文的时候都会想起当初刘老师对我的教诲。虽然自己很平凡，但是我愿意追随刘老师的脚步把这种认真严谨的治学精神传给我的学生。

——李巧丽，2007 级硕士研究生

在研究生期间，老师的每一次论文讲评，无不透露着他敏锐的思维、高瞻的思想和严密的逻辑；一次次的学术讨教和论文修改，老师那严谨认真的治学态度、精益求精的学术精神无不深深地督促着我，激励我要更加进取；每一次的集体召集和相互讨论，无不向我们传达着团队的意识和协作的力量。老师的这些高贵品质和人格魅力让我受益终身！

——王晓明，2007 级硕士研究生

2007—2010 年，我有幸成为刘明辉老师的学生。刘老师在做人、做事和学术方面给我树立了榜样和标杆。做人方面，老师正直无私、诚实守信；做事方面，老师实事求是、认真负责；学术方面，老师治学严谨、力求创新。刘老师的一言一行为我今后的工作、生活注入了正能量。

——徐寅晨，2007 级硕士研究生

一直以来，我非常荣幸能够跟随老师完成硕士研究生阶段学习，并且能够进一步跟随老师继续进行博士阶段的学习。在这些年的学习过程中，刘老师不但以知识渊博、治学严谨、教学有方赢得学生们的尊敬，还能够对不同资质的学生因材施教，不断引导我们敏而好学，不耻下问；鼓励我们笨鸟先飞，勤能补拙；警示我们学而不思则罔，思而不学则殆。正是得益于刘老师的言传身教，让我等莘莘学子能够学海泛舟、勇攀书径，才有如今兄弟姐妹们在祖国各条战线上的绚丽多彩。

——李欣，2008 级硕士研究生、2011 级博士研究生

作为刘明辉老师的学生，我深感荣幸，在此对老师的谆谆教诲表示感谢！在同学们眼中，导师堪称“严师”中的“严师”。或许严谨治学、清正为人的研究和处世态度，让导师看起来有些严厉。还清楚地记得导师通过多次面对面、电话和邮件等方式，耐心地一遍遍指导我们的论文写作，要求每一个论点都要做到论据充足、每一个数字都要反复核实、每一个论证结果都要尊重事实，让我们对学术研究永存敬畏之心。同时，导师还教导我们吃苦耐劳、干干净净的做事为人之道，鞭策我们在今后的工作和生活中“不为浮华遮望眼，胸有静气品自高”。导师的博学和智慧，不仅让我进一步丰富和积累了专业知识，更重要的是为我的精神世界亮起一盏明灯，指引我前行！

——石影，2008 级硕士研究生

在硕士研究生阶段，有幸跟刘老师学习的两年半时间内，在刘老师身上深刻感受到一个优秀杰出教师的品格，“学高为师，身正为

范”，“学为人师，行为世范”。刘老师治学严谨，知识渊博，不管是会计理论，还是审计研究，刘老师引经据典，娓娓道来，讲述会计审计准则制定背后的故事，教会我们思考问题的方式方法，给我们留下很深的印象。做人方面，刘老师为人正直，教会我们如何做一个对国家、社会有用的人，为我们做出很好的表率，是我们心中永远的精神导师。

——魏振，2008 级硕士研究生

在“东北财经大学出版社”更名为“东北财经大学出版社有限责任公司”前，我曾起心动念转归教学，因此就坚定了继续读书的想法，当时给自己追加的主要理由之一是：在出版社转企改制这一变化来临前，自己多少做点准备。

而刘明辉教授是我们东财出版社前任社长，亦是我敬仰的具有人格魅力的老领导；是我们东财会计学院学科带头人，亦是很多学生崇拜的理论功底扎实深厚的年轻的老教授；是我国会计专家、大家、名家，亦是令很多人难以望其项背的人中翘楚。更为重要的是，刘老师从会计到出版的跨界，让我毫不犹豫地选定了他作为导师。

在博士学位论文的后记里，我总结自己的这段求学路是“学之路、思之路、舍得之路、苦乐之路”，而恩师“见微知著、勇于创新、精益求精”。无论彼时还是此刻，我都想以心底最切实的感受而非罗列辞藻的方式来表达或评价。需要补充的是，恩师的正直守信、幽默风趣、敢于挑战、执着担当，也为我树立了学习的榜样！

恩师已经再次起航，祈愿恩师“长风破浪会有时，直挂云帆济沧海”！

——李智慧，2008 级博士研究生

三年博士学习，点点滴滴早已深深地刻入我的记忆。忘不了一个个清早，您牺牲休息时间，在办公室里不厌其烦地给我指导；忘不了课上，您幽默风趣地将枯燥无味的审计理论，演绎得丰富生动；忘不了在您家里，享受您与师母厨艺的温馨场景……三年时间不长，却给我的人生带来了巨大转变。您深厚的理论功底时刻启发着我思考，并催我努力读书；您字斟句酌的推敲精神，次次让我羞愧与汗颜，却也时刻警醒着我，要有严谨的学术态度；您对我的耐心与照顾，让我备感亲切与温暖。毕业后最羡慕的是，还留在老师身边的同学！时常感叹，要是能再在老师身边多读几年多好！不过，时至今日，毕业后六年，每当我遇到专业与教育育人问题时，您仍旧无私地给我以指导！

2012年，王扬博士学位论文答辩通过后合影留念

毕业后再看您，少了几分读书时的严肃，更是在我生活和工作彷徨无助时，给我以莫大的支持和帮助！还记得您与我讲的“孝”与“顺”，您对待父母、孩子、亲戚与朋友的言行，您带我一起去看望您的导师，您用您的一言一行时刻教育、影响、指引着我！感谢您，我最亲爱的恩师，最尊敬的恩师！

——王扬，2009级博士研究生

在硕士研究生期间，非常有幸能够成为刘老师的学生，刘老师无论对待自己，还是对待学生都十分严格，他那种认真、严谨治学的态度，对待学术一丝不苟的精神，一直到现在都在深深地影响着我。写论文期间，刘老师常常会帮助我分析文章结构，指出文章中的不足，耐心给予我指导。有一次需要老师在论文上签字写评语，我居然迟到了，刘老师在办公室等了我半个多小时，直到现在我还非常惭愧。现在我也是一名教师，我会一直以您为榜样，严格要求自己，争取成为一名合格的老师。

——赵颖，2009级硕士研究生

与刘老师交流的机会并不算太多，但是每次交流后都会让人记忆深刻。老师思想敏锐，学识渊博，不但能够在专业上给予指导，而且在其他问题的分析点上依然能够有更高的认识，每次交流后都有醍醐灌顶的感觉。刘老师著作等身却依然勤奋如故，与老师相交能够感受到一种能量。这种能量始终鼓励着我迎难而上、砥砺前行。

——张彦军，2009级硕士研究生

我与老师于2002年相识，有幸在大学时就成为老师的学生，想

前排左起：钟媛、刘明辉、吕慧、李艳；后排左起：梅超、钟杰、张彦军、许国利

来已逾17载，如若当年没有恩师的帮助我无法坚持完成学业，并且在我的每一个重要人生阶段都离不开老师的身影。这么多年与老师的每一次见面和会话我都清晰记得，无论在做人做事，还是在职场困惑和专业指导中老师都给予我真挚的教诲和指导，使我受益匪浅，不断成长。老师不论身处任何环境都坚持不懈，勇于创新，锐意进取。从意气风发到头发花白，我知道每一份成就的背后是老师不断的负重前行和默默承受。

老师是我一生中最尊敬的人。他关心我的成长，提供广阔的发展平台。每次与老师的见面和通话既紧张又期待，我希望能听到老师的教诲，能让我充满动力不断进取，但也怕自己做得不够好，不够优秀而辜负老师的教诲。每当我遇到困难，想要放弃坚持的时候，想起老师便让我有了持续前行的动力和勇气。

能成为恩师的学生，是我一生最大的幸运，因此不敢怠懒，定会不断地提高自己，只为不辱师门，不负恩师培养！

——胡晓雪，2009级硕士研究生

老师在生活中幽默、风趣、精力充沛，在做学问时认真、严谨、精益求精。老师平时工作特别忙，还经常需要出差，常常是带着行李箱去上课，上完课直接去机场。即使这样，老师也从没放松对我们的严格要求和热切关怀。我记得写毕业论文时，刚把写好的论文发给老师，很快就能收到老师的反馈，从错别字到论文结构老师都一一指导，真是字字推敲。老师的认真仔细，促使我更加认真地对待毕业论文。最终，在论文答辩的时候，我的毕业论文获得了优秀，特别感谢老师！

——周晓文，2010级硕士研究生

读研期间很幸运能加入刘明辉老师门下，聆听老师教诲。刘老师虽然工作繁忙，但对我们的学业指导却一点都不含糊，大到论文结构，小到遣词造句、标点符号，一点点帮我们修改、完善。每次跟老师见面，都让我有耳目一新的感觉，老师不单关心我们的论文写得好不好，还特别关心我们的个人生活和将来打算。那会儿，最开心的就是跟老师一起吃饭聊天，老师博闻强识、妙语连珠，言谈之间充满了思辨和智慧，让我如沐春风，不愧是"会计名家"。多年后的今天，回想起当时的情形恍如昨日。

毕业多年，得益于老师的言传身教，工作上也获得过一些小的

前排左起：马熙辰、刘明辉、徐忠文；后排左起：林晓露、武淑娟、周晓文、林姗姗

荣誉，但总担心自己不够努力，有辱师门，老师的跨界创业故事，激励着我不断前行。

——马熙辰，2010 级硕士研究生

刘明辉老师是我的硕士研究生导师，但是我早在本科时就与恩师结缘了。那就是学习恩师编撰的《审计》教材，这为我今后的求学指明了方向。后来，我发现恩师不仅在学术上专业，认真严谨的工作作风和幽默风趣的谈吐给我留下了更深刻的印象。这么多年过去了，我还是想对亲爱的老师说一声：老师，谢谢您！您辛苦了！

——武淑娟，2010 级硕士研究生

刘老师是我最崇敬的一位知名学者、一位成功的企业家、一位人生道路上的导师。每一次与老师交谈，他渊博的学识和敏锐的学术思想以及对前沿领域和交叉学科的深刻见解，都让我茅塞顿开，收获颇丰。刘老师睿智的思想、谦虚的品格、成功的事业更是我人生不懈努力追求的目标。

——赵存丽，2011 级博士研究生

初识老师，是攻读硕士学位阶段，刘老师讲课生动幽默，但严厉认真。那时，刘老师在我眼里就是不可企及的“大牛”。待自己工作、结婚、生子一系列个人私事落定，我决定报考刘老师的博士研究生。几个月后，顺利成为刘老师的弟子，那时，我欣喜若狂。

随着大小论文的撰写，和老师的接触也更为频繁，在佩服老师严谨的学术态度之余，更能感受到老师对我们的包容、耐心和关怀。

2018年3月，与学生赵存丽博士合影

我这样的“笨”学生，理论基础薄、逻辑能力差，要想写好一篇文章，需要很长时间的修改。刘老师总是在繁忙的工作之余，一次次抽时间与我们推敲论文结构、修改润色词句。在与老师无数次的交流探讨中，我一次次感受到老师做事、做学问及做人“认真负责”的态度。

最后，再一次感谢老师对我们的包容与耐心，也感谢老师言传身教，教我们如何做事做人。

——孙冀萍，2011级博士研究生

离开学校已有4个整年，也有4个年头没有看到我的导师——刘明辉老师。刘老师留着一头灰白的头发，精力充沛，神采奕奕，他给我的印象就像是一位严厉的家长。由于刘老师非常繁忙，因此我们很少能见到老师，但是一旦见面，刘老师会抓住时间不停地教导我们。当你做错事情的时候，他也会不留情面地批评你。我清楚

2016年9月25日，与李欣、孙冀萍、王扬在一起

地记得研二时，毕业论文要开题，我们同门几个同学去老师家里探讨论文的细节。当时坐在老师家客厅的沙发上，我把自己论文开题的思路和结构跟老师汇报了一番，由于思路不清晰、逻辑不合理被老师指出了很多问题。虽然老师言辞犀利，但是每一句都很受用。至今回想起来，那场景还历历在目。那件事让我对刘老师心存感激，那一次改变了我做事的态度，让我在工作和为人处事方面都很受益。

——许玉婷，2011 级硕士研究生

对老师印象最深的就是论文指导期间，我信心满满地拿着论文去找老师，经老师一番指导，灰溜溜地回来，然后花上好长时间改写论文。跟老师请教的次数越多，越觉出老师学术造诣至深，很是佩服。

老师虽高为出版社社长、高校教授，却很平易近人。去老师家请教论文时，老师总是友好地请我们在家里吃饭、喝茶，很是自在，如同回家一般。

感恩老师在硕士研究生期间对我的指导，一生铭记。

虽远在他方，却也总听说老师在学术界的好消息！祝贺老师，给老师点赞！祝老师身体康健，越来越好！

——刘伯玲，2011 级硕士研究生

刘老师在我们这届学生心中犹如一位慈父。每一次会面，他都很关心我们的学习和成长情况。给我们的指导和建议，话虽不多，却字字珠玑，充满智慧，让人茅塞顿开、受益匪浅。刘老师的思维既严谨缜密，又非常敏捷灵活。他曾鼓励我们“既要会学，又要会玩”，注意劳逸结合，在生活中学习、体会、观察和总结。能成为刘老师的弟子是我最大的荣幸。

——黄钰琦，2011级硕士研究生

刘老师在学术上以获得真知为目标，对学生严格要求、认真指导、谆谆教诲；除了学术上的成就外，刘老师在企业经营管理方面更是理论与实践相结合的典范，具有妙手回春之功；在生活上，对学生嘘寒问暖，关爱有加。以成为刘老师的学生而自豪！

——乔贵涛，2012级博士研究生

一字一句包含谆谆教诲，一言一行彰显人格魅力。

记得当时选导师时，我的各方面条件并不符合老师的要求，但老师还是收下了我。我感到非常幸福。老师不仅学识渊博，而且风趣幽默，看待问题的眼光独到，各个学科的知识在老师这里都可以融会贯通、运用自如。从老师这里，我学到了做事要认真负责，做研究不要急功近利，要沉下心。老师的一言一行，都为我树立了优秀的典范，是我一生学习的榜样。

——于娜，2012级硕士研究生

导师刘明辉教授于我而言，既是老师，也是父亲。刘老师无论在学术上还是生活上都给我树立了很好的榜样。在生活上，老师勤俭节约，幽默智慧，寓教于乐。在学业上，老师对我要求严格，他经常教导我要扎实掌握基础理论知识，训练自己缜密的逻辑思维，培养独立思考问题的能力。无论任何时候、任何地方遇到老师，跟他讨论学术问题我都能感受到老师敏锐的洞察力、严谨的逻辑性和扎实的理论功底。

我眼中的刘老师非常勤奋踏实，不怕失败，吃苦耐劳，敢于创新，具有优秀的企业家精神。他让我相信，自己心中想要实现的目标，只要付出足够的努力，最终一定能够实现！他让我相信，越努力越幸运！我这一生最幸运的事情就是能够成为刘老师的学生！

——汪玉兰，2013 级硕士研究生，后连读博士研究生

短暂的研究生两年学习经历，多次得到刘老师的悉心指导。刘老师治学严谨、循循善诱，对学术和事业孜孜钻研和一丝不苟的态度对我影响深远。师从刘老师，一生无悔。

——陶明明，2013 级硕士研究生

正所谓“经师易遇，人师难求”。在博士三年期间，刘明辉导师对我影响极深，主要体现在两个方面：一是渊博的学识和严谨的学术态度。在学术上，导师理论功底深厚、见解独到。每当遇到困惑，与导师讨论之后，我茅塞顿开，学术视野不断开阔。二是正直的性格。我特别喜欢和导师聊天，导师正直的性格潜移默化地影响着我，教会我如何做人、做事，受益匪浅，而这些都将会成为我真正走进社会的财富。“高山仰止，景行行止。虽不能至，心向往之”，能成为您的学生是我的幸运！

——李冰慧，2014 级博士研究生

学高为师，身正为范。我心中的刘老师不仅是一位博学的博士生导师，更是宽以待人，严于律己的典范。依稀记得刚入学的时候，博士研究生的高强度研究学习，对于美国毕业回来的我来说有些困难，尤其论文写作方面更是我的弱项。每当遇到问题时我都会去找

刘老师询问，老师再忙也会耐心解答。无论严寒酷暑，周末也会牺牲宝贵的休息时间为我指点迷津，有时甚至刚出差回来就会解答。在老师的帮助下，我逐渐有了信心。在科研的道路上我没有独行，能遇到刘老师我是幸运的，刘老师是当之无愧的人类灵魂工程师。

——王玉成，2014 级博士研究生

硕士研究生阶段，能遇到刘老师是我最大的幸运。特别是在论文写作上，刘老师非常严谨认真，对我们要求特别严格，使我在硕士阶段养成了良好的习惯。同时，在生活上，刘老师非常慈祥，给我们精神支持，是我的精神导师。每次去向老师请教问题，老师都不厌其烦，非常乐意跟我们交流，很感激刘老师在硕士阶段在学习上给予的帮助和支持。

——李玉，2014 级硕士研究生

虽然硕士研究生阶段只有短短的两年，但恩师刘明辉对我的教诲让我受益匪浅。最让我感动的是导师的敬业奉献精神，虽然导师平时工作十分繁忙，还经常出差，但在辅导我们撰写毕业论文的阶段，即使再忙导师也会利用早晨甚至周末的时间不厌其烦地当面为我们修改论文，大到对文章结构的反复推敲，小到对语句辞藻的修改润色，让我知道认真严谨不仅是做学问，更是做事、做人的根本。感谢导师的耐心，更要感谢导师的严厉，感谢导师的言传身教，教会我如何做事、做人。

——赵丹妮，2015 级硕士研究生

左起：郭懿、王富真、刘明辉、赵丹妮、毛依然、庞博

第八部分

媒体采访与报道

會計

读东财大书　圆大财东梦
——访东北财经大学出版社社长刘明辉

说起大连，多数人想到的首先是大连国际服装节。会说大连人擅打国际牌，把一年一度的服装节办得红红火火，办成了全球瞩目的服装文化盛会，了不起。

近年若在出版界说起大连，人们很可能还会想到东北财经大学出版社，1998年初，它一举推出的百余部引进版国际权威财经管理标准教材，在出版界、教育界、财经界引起轰动。人们在大连又发现了一个擅打国际牌的高手。

近几年来，东北财经大学出版社准确把握国际国内财经专业发展态势，瞄准制高点，选好切入点，建立生长点，不断推出适销对路的财经精品，创下了良好的社会效益和经济效益。1998年，发行码洋近一亿元，利润1005万元，在全国大学出版社排名第九；1999年，在竞争激烈、市场疲软的情况下，仍然巩固了阵地，并继续有所前进。根据社名打出的“读东财大书，圆大财东梦”的标语，已不仅仅是一个促销口号，已然成为它自身成功发展的真实写照。

实验舞台与展示空间

东北财经大学出版社是财政部主管的财经专业出版社，1985年2月即已成立，但很长一段时间，班子认识不一，经营管理欠佳，失去了一个又一个发展良机，1993年竟出现巨额亏损，逼得大学党委不得不临阵换将，面向全校干部和教员公开招聘社长。刘明辉就是在这样的背景下由会计学系财务教研室党支部书记的位置竞聘到出版社来主持工作的。

那时刘明辉才29岁，一下子成了全国出版社最年轻的一把手，能不能管好一个出版社，学校党委书记、校长都为他捏了一把汗。在不太了解他的人看来，这位个头不高、貌不出众的年轻人，似乎显得不够成熟，能力也受到怀疑。1993年以前，尽管他已是会计学硕士研究生导师，为本科生、硕士生开设过多门课程，在财务管理、会计学两个学术领域颇有建树，并已连续三届担任中国中青年财务成本研究会秘书长……可是几次选拔会计学系副主任他都落选了。因此，当校党委把出版社社长一职拿出来竞聘上岗，作为学校人事干部制度改革的试点时，刘明辉非常珍惜这次难得的显示自己能力的公平竞争机会，最终在五位（其中有三位是正处级干部）竞聘者中脱颖而出。

事实上刘明辉到出版社之前，已出版了47部书，其中，担任主编、总纂、独立撰写的就有20多部。为出版这些书，他曾跟省内外十多家出版社打过交道，还担任过五六本杂志的特约编辑和编审，对有关出版的一些基本知识和基本情况并不陌生。凭借学术上的专长和业务上的初步积累，他满怀信心地走上了新的岗位，把出版社作为他从事财经专业知识教学与科研的一个实验舞台，让课堂上向学生灌输的企业管理理念在这里得到展示，获得成功。

对症下药，当年扭亏

刘明辉一上任就注意对人对事尽可能客观、公正，从容稳妥，逐步调动积极因素，化解消极因素，避免产生新的矛盾。

首先，他与班子成员“约法三章”：不翻历史旧账，不纠缠于过去的是非；一切从头开始，把精力集中到出版社的发展上；坚持民主集中制，任何决策都要经过集体讨论，一旦通过就必须无条件执行。其次，建立健全被大部分职工认可的规章制度来规范管理，对过去表现不好，不完成任务的采取谈心、劝诫的方式，限半年内改正，逾期不改的概不留用，辞退上交学校处理。这样动真格地处理了三名编辑，对全社触动很大，社风明显好转。再次，跑资金、找选题，解决财务困难。过去许多编辑等人家送稿上门，或是靠学校给课本，向财政部要教材，工作非常被动。编出的书市场很小，基本上没有利润。刘明辉来后，发挥专业特长，带领编辑走出去，了解市场需求，紧急挖掘双效选题，几本注册会计师考试教材出版后当年见效，利润丰厚，加上狠抓成本核算管理，厉行开源节流，刘明辉接手的头一年，不仅收拢了人心，还解了财务上的燃眉之急，当年实现扭亏为盈。

初战告捷，刘明辉适时地全面启动整改措施：改革人事制度，整顿队伍作风，将自荐、推荐、公开聘用、民主选拔、双向选择等多种选人用人方式结合起来；改革编辑管理与运作体制，优化选题结构，严格质量管理，设立质检室，配备专职人员并外请质检员；改革分配制度，建立目标管理责任制，使利益分配与工作目标、风险相联系，真正体现多劳多得。为了进一步规范管理，刘明辉抽调各部门相关人员组成行政事务、选题策划论证、质量管理、生产调度、宣传广告、劳动关系等六个委员会，建立起自己的决策支持系统，使得“改革、开发、管理”的一系列措施能够分别落实。1999年5月开始，全社又花了四五个月时间来讨论制定内部管理制度的全套规定，形成文件汇编，用以统一思想、指导工作，使大家有章可循，社领导也可从繁杂的事务中解脱出来，想大事，抓要害。

四句话和四个字

作为财经专业出版社，根本的出路和生存发展之道就是要发扬自身优势，出好本校本行业和本社最具专长的财经教材与相关图书。刘明辉看准本社的会计学最具优势，社长、副社长、社长助理及四五个编辑都是学会计的，有博士、硕士，编辑力量较强；同时本校的会计学专业集合了一批全国一流水平的专家学者，作者队伍整齐。以这样的主观力量，面对全国1200万会计人员的庞大市场，应该大有用武之地。选准主攻方向后，他们始终把有关会计专业用书作为出版重点，认真抓好。其他专业用书的开发，也都特别注意到需要与可能之间的结合与平衡，尽量减少随意性、盲目性。

随着出版改革的进一步深化和集约化经营的要求，东财社经过不断摸索、总结，逐步提升战略思想，形成了“控制总量，优化结构，提高品位，突出双效”的四句话指导原则和“围绕一个‘效’字，抓住一个‘新’字，保证一个‘实’字，落实一个‘精’字”

的四个字出书思路。围绕一个“效”字，就是围绕两个效益，巩固本版特色，突出原创风格，培育优质品牌；抓住一个“新”字，就是把握最新契机，反映最新成果，开拓最新领域，从内容到形式都追求最新；保证一个“实”字，就是抑制浮躁心态，注重实事求是，强调实际实用；落实一个“精”字，就是精心策划，精雕细刻，精益求精，不断把书做好，尽可能提高再版率和市场占有率。刘明辉说：“无论是学术界还是出版界，今天都有浮躁心态，这不好，我们要抑制浮躁心态，坚持实事求是，坚持实际实用。重点开发的图书大部分要能配套，并有三五年的发展考虑，比较系统、比较持久，没有打一枪换一个地方，捞一把就跑的思想。”

本着“服务教育，兼顾市场”的方针，东财社牢牢抓住教材这一主体，几乎像变戏法似的，快速而又准确地推出了一大批门类齐全、体系完整、层次分明、配套成龙的财经类教材、教学用书，既有中专、高职、电大、本科、研究生、MBA等财经学历教育教材，又有资格考试、自学考试、岗位培训、成人教育、后续教育、应试辅导等泛教育教材，并且注意教材的权威、稳定和及时更新。如近期开发的新概念教材体系，便适时反映了制度上、体制上、政策上的变更和新技术、新方法的运用，在形式上也适当吸纳了西方尤其是美国教材的优点，增强导引、案例和讨论题。一套教材包括课本、教学指导用书、案例与习题共三册，体系完整、信息丰富、形式生动，便于正规教学和个人自学，而出版社的品种也自然形成规模，扩大效益。

东财社还围绕财经专业，有计划地出版了一批学术著作和工具书，包括“中国当代经济前沿科学文库”“东北财经大学教授文库”“当代西方经济学丛书”“三友会计论丛”“现代金融与发展理论丛书”以及《中华人民共和国独立审计准则》《经济法规汇编》《英汉财贸词典》，等等。

重视引进，注意引导

刘明辉和他的同事深知我国财经学科与国外学科理论和实际运作上的差距，因而特别重视专业教材和其他优质图书的引进。他们与麦克劳-希尔、国际汤姆森、西蒙与舒斯特等国际著名出版商广泛合作，至今已达成国际版权合同近200项，成为国内最大的引进版财经、管理类图书出版者，其中“哈佛商学院案例教程”“世界财经与管理教材大系”等英文原版书97种，已进入全国上百所高校，供外语水平较高的专业人员阅读；翻译的畅销书“顶级管理经典系列”“数字经济·网络时代经典译丛”“世界财经管理经典译库”等，被各界普遍看好；直接约请在世界范围内有影响力的外籍华人专家学者为本社撰写的图书，收益也比较大。

市场是需要引导的。有些选题一下子看不出有多大价值，但有档次提升、作者培养、宣传影响等多重附加值，就不能轻易去掉。东财社引进英文原版书之前，新华书店一听说是教材，根本不想进货。引进后，填补了书店的空白，而且读者可用人民币购买，比买原版书便宜很多，所以销路很好，书店信心也大大增加。

“我觉得做出版的不能总是首先考虑挣多少钱，而要先考虑读者的需求；从根本上来说，需求就是效益。”从学者堆中出来的刘明辉，深有感触地说，“如果赔钱的书一律不出，就有相当一部分读者的需求得不到满足，出版社的效益也会受到这样那样的影响。作为社长，在力所能及的前提下，赔钱出一些书来满足一部分人的需求，就拉近了出版社跟他们的距离，这对出版社的长远利益是有好处的。我们不能只盯着一本书的眼前利益，而要看它的潜在价值，对其他书的影响。一本翻译的学术著作，只卖三五千册，哪怕就卖一万册，也很难有什么效益。但是你培养了一位作者，他把这本书翻译了，更多的人运用这本书去从事教学，或者著书立说，这本书就中国化了。它的价值不就高了吗？”

为了支持学术著作的出版，从1995年开始，东财社从利润中按一定比例提取积累了120万元资金，建立了三项出版基金——“三友会计出版基金”“教材及学术著作出版基金”“当代中国经济科学出版基金”，在全国范围内资助出版了百余种教材及财经专著。

创造新的营销模式

东财社不仅推出大批革新我国商品营销理念与操作的优质图书，在这些图书的经营过程中还努力贯彻和实践了这些先进的成功理念与模式。

当他们1998年一次性推出110多种世界一流名校教授编著的财经管理类经典教材时，正值图书市场低迷时期，销售形势不容乐观。他们除运用原有的广告、书评、报道等营销方式外，还借鉴国际著名高教图书出版公司的做法，面向学校进行“关系型”和“互动式”的促销。

1. 邀请复旦大学、南开大学、南京大学、四川大学等20余家财经管理教学单位举办“引进版财经管理教材专家论证会”及产品介绍会，让教材尽快与专家见面，有效地扩大了影响。

2. 斥资20万元，启动“MBA书架工程”，向全国55所MBA授权院校赠送最新引进版的工商管理教材，争取市场份额。

3. 为教师提供教学样本，进行教学培训。如向采用东财社英文原版教材的单位赠送配套的教师手册、学习指导、题库等图书，改变国内一些教材重理论、轻技能、轻操作的习惯。这样一来能很快与教材使用者建立关系，增加信任感；同时把读者在使用中遇到的问题或提出的建议反馈回出版社，形成读者与出版社之间的良好互动关系，促进出版社的发展。

这几年东财社事业发展很快，但他们居安思危，除了培育市场，还在不断开发新品种。最近，在已有财经类教材、外版教材出版经验的基础上，根据教育部新出台的“高等教育面向21世纪教学内容和课程体系改革计划”的精神，实施新的战略——“制定换代型教材”选题，推出高等教育专业教材新系。

这套由全国重点财经院校和名牌大学相关专业的百余位老前辈和中青年学科骨干牵头编写的教材，涉及财务管理、会计学、市场营销、工商管理等经济类主干学科，涵盖本科、中专、成人教育等各层次的教学需要，内容与形式都将有重大更新。其中一部分已经开始征订。从1999年12月6日大学出版社订货会、2000年元月10日“经济出版社联合体”订货会和元月12日北京图书订货会的情况来看，行情看涨。在短短的一个月内连续举行的三次订货会上，东财社都实现了开门红，分别获得500多万元、200多万元和600多万元的订数码洋。这预示着，以这套“新概念教材”为主打的东财社图书，将会在新千年里占有更大的市场份额，它的明天会更美好。

这一切成功，首先靠的是人才。东财社十分重视青年人才的吸纳，并搭建实践舞台，推行见习制、助理制，对35岁以下表现优秀、具有培养潜质的员工进行阶梯式和专业式交叉培养，让他们担任合适的科室或社一级见习助理职务，加强锻炼，加速成长。像担任发行、宣传和版权引进工作的社长助理方红星，虽然不是副处级，但他管的事情比有的社领导成员还要多。刘明辉从自己的成长历程中深切地体会到环境、机制的重要，所以他特别留意给年轻人压担子、造机会，希望他们比自己进步得更快更好。

《出版广角》，2000年第5期　记者：陈相因

开拓创新　止于至善
——记东北财经大学津桥商学院刘明辉教授

刘明辉教授，1964年出生于湖南汨罗，东北财经大学教授、博士生导师。1993年任东北财经大学出版社掌门，现任东北财经大学津桥商学院院长。

治学严谨　成果卓著

尽管承担着繁重的教学及经营管理等任务，刘教授始终不曾中断过他为之如痴如醉的财会科学研究工作。自其处女作《全面成本控制论》在《会计研究》发表后，他先后在《会计研究》等省级以上刊物发表学术论文、译文共260余篇，其中40余篇被权威杂志转载，30余篇获政府有关部门或学术团体的奖励。他曾先后编著、主编、参编各种学术专著、教材、教学参考书及工具书共62部。近年来，刘教授先后主持承担国家自然科学基金、国家社会科学基金、财政部等省部级以上科研课题16项，多次获得有关部门的奖励和表彰，1992年10月荣获东北财经大学首届科研积极分子称号，2000年获霍英东教育基金会高等院校青年教师一等奖（研究类）。

刘教授治学严谨，开拓创新，打破“就会计论会计”的思维定式，主张采用多学科、多领域的多种方法研究财务、会计、审计问题，提出了许多新颖的见解，在以下领域形成了自己的学术思想：

1. 独立审计理论与注册会计师职业规范。刘教授是最早参与中国注册会计师职业准则研究与建设的学者之一。他参与了中国注册会计师独立审计准则第一至第六批共42个项目的研究、起草和修订工作。早在数年前，刘教授就提出“中国注册会计师行业的当务之急有四,一是搞好脱钩改制，强化独立性；二是建立健全职业规范，明确法律责任；三是加强行业监管，整顿会计市场；四是搞好人员培训，强化内部机能”。他认为，建立和完善独立审计准则是实现注册会计师审计规范化、法制化、国际化和现代化的必然要求；审计准则的实质在于规范，审计准则对于保证审计质量、减少审计失误、保护审计人员、为审计本身提供可信性等有其积极作用，也有其负面影响；制定独立审计准则必须考虑经济环境、政府部门、法律体系以及审计历史等因素的影响，与审计环境相一致。

2. 内部控制理论与实务。内部控制是刘教授关注的主要领域之一，从早期研究成本控制、财务控制开始，经过不断发展，其研究领域拓展到了国有企业内部控制、民营企业内部控制、内部会计控制规范、企业法人治理等多个研究领域。他早期著有《企业会计设计导论》和《经济监督通论》等多本著作和论文，专著《经济监督通论》于1995年获辽宁省社科联优秀成果三等奖。2000年以来，刘教授先后发表了《企业内部控制探讨》《浅议内部控制的构成要素》等一系列研究内部控制基本理论和方法的论文。从2002年开始，刘教授先后承担了财政部重点课题“内部会计控制规范——实物资产”、国家自然科学基金课题“我国民营企业内部控制研究”、辽宁省社会科学基金重点课题“COSO框架在国有企业的应用研究”等。在《会计研究》2002年第8期刘教授发表了《内部控制的经济学思考》一文，从系统论、契约经济学、制度经济学等多个视角打破传统的看法，对内部控制的内涵、控制权的分配及优化、内部控制的外部效应等问题进行了深入的探讨，指出了当前内部控制研究中的问题，认为“由于传统的内部控制研究主要是由审计人员为了提高审计效率、明确注册会计师审计时评价内部控制的责任进行的，不可避免地导致了研究的片面性。内部控制从内容和形式上都打上了审计行业的烙印，被定义在与财务审计密切相关的‘保证和防护政策、程序、过程’这样一个狭窄的范围内”。

3. 会计制度改革与会计新领域。刘教授在该领域的著作主要有《走向21世纪的现代会计》《企业财务会计》《中级会计教程》《会计委派制读本》《会计委派制探索与实践》《清产核资的理论与实践》《物流管理会计》《关于我国会计准则建设目标模式的探讨》《现行会计规范体系需完善》《论“社会会计”的学科属性》《日本环境会计研究》《关于会计管理与会计新问题的探讨》《工业企业财务会计制度的若干重要改革》等。其中，《清产核资的理论与实务》等均为国内较早出版的著作，《物流管理会计》一书为我国目前这一领域的唯一著作。2002年，刘教授还承担了国家社会科学基金课题“加入WTO与深化中国会计制度改革”，在《东北财经大学学报》发表的《加入WTO与中国会计制度改革的策略选择》一文中，他认为加入WTO后，我国的会计制度改革应当“实现会计制度改革由诱变、派生、被动向源发、自主、主动的转变；实现会计制度改革范式由供给主导型向需求引致型的转变；创新会计理论和实务，实现会计制度的不断完善；积极参加国际交流与合作，争取‘国际化’的主动权”。他还在《会计研究》上撰文《上市公司会计监管制度及其改进》，从制度经济学的角度对中美会计监管制度进行了比较和分析，认为“为了实现股票市场的效率和公平，会计监管成为一种制度选择和安排。制度包括正式规则、非正式约束及其实施机制，三者共同决定着制度整体的效率和效果。应当转变监管思路和指导思想；完善会计监管实施机制；创新正式规则；培植非正式约束”。

4. 财务管理与经济活动分析。刘教授在这一研究领域颇有成就，著有《财务管理原理》、《企业财务管理》、《财务管理》、《国际财务管理》、《公司财务理论》（译著）、《经济活动分析》、《资产评估指南》、《会计报表的编制与分析》、《厂内银行的理论与实务》、《论经济活动分析的模式转换》以及《关于完善企业财务评价指标几个问题的探讨》《定位21世纪的财务管理》《中西方流动资金管理的比较研究》等多本著作和多篇论文。他较早地指出，会计报表是衡量企业经营成果与财务状况的晴雨表，经济活动分析是引导企业正确进行经营决策的信号弹。为适应市场经济体制的要求，企业经济活动分析应不断加强预见性、及时性、全面性、针对性和科学性；财务分析要向制度化、系统化、电算化和现代化的方向发展。

5. 成本管理与控制。围绕全面成本控制这一中心，刘教授撰著了三十余篇论文，内容涉及变动成本法、标准成本制度、质量成本管理、物流成本管理、清产核资理论、目标成本管理、划小核算单位、内部银行核算等。他较早地提出，企业管理的基本目标是实现经济效益的最大化，而实现这一目标的根本措施之一是降低成本，降低成本的关键是实施全员参与的全过程、全因素的成本控制。实施全面成本控制的基本方式有两种，一是目标控制，如实行目标成本管理、标准成本制度、定额成本管理等；二是责任控制，如划小核算单位、内部银行结算、责任成本核算、归口分级管理等。全面成本控制的范围应包括产品生产成本、产品设计成本、售后服务成本、寿命周期成本等贯穿成本形成全过程的成本以及质量成本、物流成本、环境成本等社会成本。这些思想和观点都有力地指导了工厂的生产和管理，产生了很大的经济效益和社会效益。

为人师表　精心教学

刘教授不断追求学识的提高，1984 年他从湖南财经学院本科毕业后，到我国资深的成本会计专家——东北财经大学欧阳清教授门下读研究生，1987 年 7 月毕业并获经济学硕士学位；同年留校任教。1990 年晋升讲师，1992 年 5 月破格晋升副教授，1995 年 5 月破格晋升教授，成为东北财经大学最年轻的教授。1994 年师从我国著名的财务管理专家——谷祺教授攻读博士学位，1997 年毕业，获经济学博士学位。2000 年开始担任东北财经大学会计学院博士生导师。

刘教授曾先后为专科生、本科生、研究生主讲过多门课程，他积极倡导教学改革和教材建设，他认为保证学校办学成功的基本要素有三个：一是高水平的师资队伍；二是先进的教学体系，尤其是教材；三是良好的校园环境和学术氛围。他曾多次参加全国高等财经院校财会教学改革研讨会，并撰文就会计学专业的课程设置、教材建设及实习办法等问题与同行们磋商。1989 年刘教授率先提出改进实习办法，采用走出去与请进来、工厂实习与实验室实习相结合的实习模式。1991 年在深入调查研究的基础上，他编写出一套《纺织工业会计核算模拟材料》，为本校会计学专业多届毕业生实习所用。1993 年与刘永泽教授合作在《财经问题研究》杂志发表《论改革会计学科体系》一文，文中对会计学专业的课程设置、教材改革等方面的意见被本校及兄弟院校所采用。

开拓创新 锐意进取

1993年9月，作为东北财经大学干部管理体制改革后的第一位公开竞聘上岗干部，年仅29岁的刘教授出任东北财经大学出版社常务副社长，全面主持工作。当时的出版社严重亏损、负债累累，各项工作处于混乱和停滞的状态。上任伊始，他即着手建立和完善各项内部管理制度，实行优化组合，积极开拓选题，提高图书质量，使出版社各方面的情况得以根本好转。在他的领导下，出版社1994年一举扭转亏损局面，盈利188万元，以后各年的发行码洋、销售收入和创利额连年增长，至1999年，全年实现销售码洋近亿元，实现利润1400余万元。上任7年，全社累计出版图书2300余种，累计创利4000万元，上交学校1500余万元，并有200余种图书获得国家教委、财政部及省市新闻出版局的优秀图书奖，取得了建社以来最大的成绩，东北财经大学出版社由一个亏损严重的“破落户”变成了中国大学出版界的新星。因此，刘教授于1998年被大学出版工作者协会评为大学出版社优秀社长。这些都证明了刘教授作为一个领导者卓越的管理能力和开拓精神。

不满足于现状，开拓进取是刘教授永远不变的追求。2001年，通过干部竞聘，刘教授出任东北财经大学津桥商学院院长，受命组建津桥商学院。不到两年的时间，在刘教授的领导下，津桥商学院高举国际化、智能化、现代化和规范化四面大旗，致力于“为家长创造希望，为学生创造未来，为社会创造财富，为学校创造品牌”，已经由一个概念上的名词发展成为颇具规模、小有名气的二级学院。

殚精竭虑　一心为公

刘教授不但研究、教学、管理为人称道，而且一心为公，热心社会事业。为了促进中国会计理论的发展、促进中国中青年学者会计研究水平的提高，在著名会计学家杨纪琬等老一辈的支持下，他与刘永泽、夏博辉、李敬辉等人于1988年倡导并发起成立了中国中青年财务成本研究会。刘教授在担任研究会秘书长的15年中，始终如一地为研究会的发展壮大尽心尽力，取得了不凡的成绩。研究会先后召开专题理论研讨会22次，有力地促进了中国中青年会计学者的学术交流和合作，促进了中国会计理论与实践的发展。每一次理论研讨会的规划、组织和召开，都倾注了刘教授无数的心血和汗水。

刘教授作为独立审计方面的资深专家，参与了中国注册会计师《独立审计基本准则》等多项规范的研究、制定、修订工作，为注册会计师事业的规范和发展作出了杰出的贡献。作为一个知名学者，刘教授无疑是非常成功的；作为一个普通人，他更成功。多年来，他多次资助家庭贫困的大学生，为他们支付学费、提供生活费，为他们的困难而奔走，尽其所能地帮助他们克服困难，完成学业。

总之，无论用什么样的文字，都难以很好地描述出刘教授的形象。也许我们能从刘教授所题写的东北财经大学津桥商学院的校训里体会一下他是如何治学、如何育人、如何做人的："治学有术，无术则学不精。学精于勤，贵于用，止于骄。浩瀚乾坤，书海无涯，学无常师，学无止境。成才有道，无道则才不正。才贵于诚，贵于信，废于损。从古至今，正道沧桑，顺道者昌，逆道者亡。基于此，我们崇尚砺学精神，倡导勤学勤思勤练；崇尚学以致用，倡导读书读人读事；崇尚孺子风范，倡导唯礼唯义唯信；崇尚品行诚笃，倡导至真至善至诚；崇尚务实严明，倡导严肃严格严谨；崇尚中正谦和，倡导戒偏戒骄戒惰；崇尚团结友爱，倡导互帮互助互学；崇尚师道尊严，倡导尊师尊长尊人；崇尚公平竞争，倡导重德重才重识；崇尚开拓创新，倡导唯勇唯新唯实。”

《财会月刊》，2003 年 A8

刘明辉：会计学人中走出的出版社社长

刘明辉，汉族，1964年出生于湖南汨罗，曾经担任东北财经大学津桥商学院院长，会计学院博士生导师，兼任中国中青年财务成本研究会常务副会长兼秘书长、中国审计学会理事、财政部独立审计准则组成员。

1984年在湖南财经学院获经济学学士学位，同年考入东北财经大学会计学系，师从著名会计学家欧阳清教授，攻读经济学（会计学）硕士学位。1987年毕业后留校任教。1997年在著名会计学家谷祺教授指导下，获经济学（会计学）博士学位。

刘明辉的学术专长集中在两大领域：现代财务管理与分析；独立审计。在现代财务管理与分析领域，先后发表、出版了大量著述，着重研究了财务管理理论与方法、企业经济活动分析、财务报表分析等问题。在独立审计领域，刘明辉教授是较早开始从事专门研究的青年学者之一。自1993年起，连续入选独立审计准则组，他参与起草的多项准则已经在全国范围内颁布实施。他撰著的《独立审计准则研究》是国内该领域最新研究的代表作之一，他主编的《独立审计学》是国内第一部独立审计教材。刘明辉还在《会计研究》《经济学动态》等国家、省部级专业杂志上发表学术论文100余篇，出版学术专著、教材和专业书籍近60本，累计个人著述已逾500万字。

其中，40余篇（本）获省部级以上科研成果奖励。刘教授先后承担省部级以上科研课题8项，已结题7项，均获好评。

2002年在担任津桥商学院院长期间，刘明辉教授所申请的国家自然科学基金课题《民营企业资本扩张与融资体制研究》获得批准立项，这是刘明辉教授2002年获得批准立项的第三个国家科学基金项目。前两个项目分别是国家社会科学基金课题“加入WTO与深化中国会计制度改革”和国家自然科学基金课题“我国民营企业内部控制研究”。

自1993年以来，刘明辉多次获得“大连市优秀青年教师”“大连市劳动模范”等光荣称号。1995年获霍英东教育基金会高等院校青年教师奖。1997年被确定为财政部跨世纪学科学术带头人。

刘明辉先后为本科生、硕士生、博士生开设过“工业会计”“企业经济活动分析”“企业财务管理”“现代会计前沿专题”“资产评估研究”“审计理论研究”等10多门课程。1995年破格晋升教授，成为当时东北财经大学最年轻的教授和全国最年轻的会计学教授之一。自1993年起，开始担任经济学（会计学）硕士研究生导师。

1993年任东北财经大学出版社常务副社长，1995年任社长兼总编辑，担任这一职务直到2001年；曾经担任东北财经大学津桥商学院院长。2004年下半年，调任至大连出版社，担任社长职务。目前还担任全国会计专业技术资格统一考试教材《财务管理》的主编。刘明辉还兼任财政部会计专业技术资格考试专家组成员、中国注册会计师独立审计准则组成员、中国中青年财务成本研究会常务副会长、三友会计研究所副董事长、辽宁省注册会计师协会顾问等职。

他还是《会计之友》等多家专业杂志的特约编审。

2000年，作为20世纪中国会计学界名人被收录《中国会计学界百年星河图》(郭道扬,《财会通讯》, 2000年第1期)，列入190位五星人物排第89。

《中国会计报》，2010年7月

刘明辉：我喜欢挑战，喜欢玩真格的

他虽说只有四十六岁，但在大连各出版社老总的心目中他是老大。

他是会计学人中走出的出版社社长，在独立审计、公司理财、内部控制与风险管理等领域成绩斐然。

我认识的几位大连的出版社社长，提到他，都会用敬佩的口气说：刘社长是个喜欢开拓的人。

正如他自己对我说：我是个喜欢挑战的人，喜欢玩真的。

无论从他的学术背景还是个人气质，直觉上，他属于那种十分精明的“会计人”，与大刀阔斧改革和开拓市场的气质有点背离。但是，走近他才发现，他确实是个处处喜欢玩真格的人。

“一生中做什么及能做什么，与小时候的经历分不开”

三石：像你这样会计学人背景的出版社社长在业内十分罕见，不仅仅在会计学术界有很高的知名度，在出版界同样有骄人的业绩，很令我好奇。

刘明辉：一个人一生中做些什么，能做些什么，和小时候的成长经历是分不开的。我小时候家里特别穷，买不起书，所以我特别向往长大后能与书打交道。我最羡慕的是我们县城里新华书店的营业员，那时我的梦想就是长大能做个书店的营业员，想看什么书就看什么书。

三石：哈哈，我小时候也是这样想的，后来还真做了一段时间的书店营业员。我那时，但凡有读者订阅那些小众图书，我都是先看完再送给读者，哈哈。

刘明辉：那我真要羡慕你了。这情景我那时只有在梦中才有。上大学的时候，我的理想是做一名图书馆管理员，在那里接触的书会更多。那可真是我们那个年代常用的一个词儿："知识的海洋"。那时我天天往图书馆跑。后来大学快毕业时，学校要我留校，我兴奋地说："好呀，能不能让我做图书馆管理员呀？"学校说不行，要我到团委，做团委工作。呵呵，后来我就考了东北财经大学研究生。

三石：嗯，好深的图书情结。是不是到东北财大也想当图书馆管理员？

刘明辉：想做但仍没有做成呀，后来留校教书，没能有机会去图书馆做事。但后来因机缘进了学校的出版社，做书给他人看，哈哈。

三石：这是最高层次地实现了你的理想，说说你这个机缘吧。

刘明辉：1993年7月，东北财经大学搞干部制度改革试点，正逢当时的东北财经大学出版社的社长到了退休年龄，学校就将出版社列为试点的重点部门，将社长的位置在全校招聘。当时报名的人不少，但经学校综合考核只有四个人进入初选范围。我当时已是副教授、教研室副主任，其实我本人压根也没有想到自己会被选中，只是骨子中对图书有种情结。学校同事们动员我应聘，认为我有想法，也有一定管理能力，可以展示一下才能。当时东北财经大学出版社亏损很严重，学校希望干部制度改革后财大社能有一个比较好的起色。承蒙大家把票投给了我。记得当时的学校党委书记找我谈话，说我是杀出来的黑马，那年我29岁。

三石：十分年轻的社长。

刘明辉：这就是命吧。

三石：哈哈，好命。

“我是个做事谨慎的人，但我更是个喜欢做事玩真格的人”

刘明辉：我是个做事谨慎的人，但我更是个喜欢做事玩真格的人。我出任东北财经大学出版社社长岗位，压力是相当大的。大多数人对我寄予期望，但也有人是看笑话的心态。

三石：很理解。

刘明辉：我当时提出来三句话：一是向改革要活力，二是向管理要潜力，三是向开发要效益。我提出的不是口号，而是真格儿的改革。

三石：哈哈，动真格地让大家瞧瞧。

刘明辉：哈，这可不是赌气的事，而是想真正地把这个社搞好。当时社里很多状况确实不尽如人意。第一，出版社要想做好，要调动大家积极性，那一定要改革，包括要人事制度、分配制度、选题机制等一系列的改革，全要到位，所以我提出来向改革要活力。第二，向管理要潜力。当时出版社的管理是比较落后的，所以提出强化管理，比如人力资源管理、财务管理、库存管理、档案管理，等等。这里有个例子，在我去这个社之前，出版社每年交给火车站一笔费用，叫“保管费”。这是我们社没有及时去火车站提货，即工厂发货及书店退货压在火车站，我们要交保管费，这笔费用一年就要好几万。当时我就不明白，怎么会有这个费用呢？这完全是出版社的管理造成的，只要及时提货就行了，但在老体制中总有不及时提货的种种借口。我决定从这个细节抓起。储运科第一次拿着三百多元保管费发票到我这儿报销的时候，我当场就把票撕了，并从我自己的钱包中掏了三百多元给储运科科长。我说，这是第一次也是最后一次。就这么一下，以后就没有这样的情况了，这给社里节约了不少。

三石：好强硬的手段，但从细节上开刀是很好的策略，接下来再制定完善的制度，效果就会很显著了。

刘明辉：是呀，在改革的初期，一定要从细节上让大家真实感受到才行。第三是向开发要效益。开发主要指两个方面：一是图书选题；二是市场的开发。财大社当时的选题特点主要是：一是学校内的教材；二是与财政部有关的图书，如财政法规等，因为我们学校是属于财政部的。而其他选题很少。因此，出版资源基本都是等、靠、要，更没有市场意识。那时我们社的发行渠道只有一个，就是学校或是较少的专业店，我们的书是进不了新华书店的。我上任后带着人跑了很多新华书店，当时很多书店的老总都不接待我，而接待我的书店老总则说，你只有大学教材，我们没有办法卖呀，你要拿出适合大众市场的图书来才行。这事儿对我们的触动很大。于是，我们在开拓选题范围上做文章，着手策划高水平的学术著作选题，策划出如《三友会计论丛》《管理前沿文库》等高品位的学术著作，满足经管类高端读者的需求。尤其是在1996年至1998年期间，我们推出一大批引进版的财经图书，如《哈佛案例教程》《当代经济前沿文库》等读物。这些书一下便打开了书市，新华书店等渠道全面向我们敞开，市场影响力逐步提高，同时拉动了我们社的其他图书的市场。我们以前不到3000万，两三年时间我们就上到1个亿了。

三石：产品是王道，出版社的品牌是由过硬的选题所支撑的。

刘明辉：再给你介绍一个细节，那就是质量管理环节。当时承接我们图书的个别印刷厂在质量上有很大的问题，装订的用胶及技术都不过硬，造成脱胶、散页的现象。我就把印刷厂厂长们同时叫来，当着厂长的面扯书，有问题的书一扯就裂开了。而后我们就商量，如何提高质量，并且从原材料、流程、责任等方面提了一系列的要求。之后，他们又请我们去厂里研究，这样图书的印装质量就提高了。

三石：确实是玩真格的。

刘明辉：那是。在人事制度改革方面我们力度更大。我本人就是干部制度改革的产物，所以，我在推进财大社人事制度改革方面也不能手软。我上任后首先就是将出版社各部门负责人进行公开竞聘。我们当时就提出来，人员能进能出，干部能上能下，薪酬能高能低，机构能设能撤。同时，配套进行分配制度改革，不能完成综合考核指标那就得让位。记得第一年有三个人没有完成综合指标，其中有两个人还有自己的副业，心思不在社里，群众意见较大。于是我们班子便研究严格执行制度，讨论如何将他们调整岗位。哪知当时的其中一人找到我家威胁我，那种老体制中生存的人的“斗争”手段你可能也会有所了解，就是那样的，扬言如果动他那就不客气，等等。我当时就对他说了一句话：“在你说这话之前，我一直考虑怎么办，是不是提供机会，但听完你这句话，我知道我应该怎么办了。你一定不能留在出版社了，除非我不在社里了，最好你先想个招把我搞出出版社。”

三石：真是个硬派人物。

刘明辉：学校党委十分支持我们的改革。这三个人终究还是离开了出版社。所以，你是真干真改革，你就有真效益。大家看到你真干，那大家就真的跟着你干。

运用财务管理技术来促进出版社管理的科学化

三石：你是财会专家，听说你在出版社管理方面有自己独特的操作手段，很有技术性。

刘明辉：不能说是手段，而是运用财务管理技术来促进出版社管理的科学化。比如，我在财大社首创“风险目标管理责任制”，效果相当好，既调动了员工积极性，又大幅度提高了效益。不过这个“风险目标管理责任制”的设计比较复杂，有很多的评比系数作为支撑，但很具科学性。如果你是个策划编辑，将会有一个全程营销的考核体系，比如出书品种、印制码洋、回款、利润等指标，对你自己策划的选题，你可以在充分进行市场调研的情况下，大胆预测你这本图书的市场占有率及实现利润情况。可以选择利润10万元、20万元或是100万元，每个计奖比例是不一样的，但里面有个风险存在。如果你选择的是10万元的指标，那正好完成的是10万元，那绩效比例就是10%，个人能得1万元。举个例，你实际完成20万元，如果目标定的也是20万元，能得4万元；如果目标定的是10万元，只能得2万元；但如果目标定的是30万元，只能得1万元。这种考核办法要求编辑能够准确地评估自己的目标，同时又能勇敢地努力拼搏去提高市场占有率。

三石：这个“风险目标管理责任制”很有刺激性，能充分发挥每个人的潜能。

刘明辉：是呀，大家压力很大，但积极性很高，根本没有闲人存在。所以那几年社里的增长速度很快。另一个值得我自豪的是质量管理的改革，我同样是将统计学、审计学的原理用在图书的质量管理上，十分有效。我们传统的图书质量检查，一般用固定抽查的方式，如40万字，抽查前10万字。其实这种质量抽检方法并不科学，特别是财大社出版的教材图书，往往教材并不是由一位教师所著，一本书每章节都可能是不同的老师撰写，那你只抽查前面的一部分就出问题了。还有大部头的工具书，如字典，也存在这一问题，全书前后质量是不一样的。因此，我提出质量管理科学化，质检不留死角，确保质量。我运用统计学、审计学的理论，用“等距离抽样法”进行我们图书的质量检查。

三石：“等距离抽样法”怎样操作?

刘明辉：很简单呀，也就是说一本书30万字，我要抽其中20%检查，就是6万字。我采取从第1页至第4页，第21页至第24页，第41页至第44页这种办法，这样整个书都覆盖了，很有科学性。

三石：真建议出版社都来学习学习你的“风险目标管理责任制”“等距离抽样法”，这才是一个真正的出版企业的科学管理。

“定位”是出版社核心的竞争战略

三石：聊聊大连出版社的情况吧。

刘明辉：呵呵，2004年大连市市委组织部、宣传部到我们学校来谈，让我去大连出版社任社长。说实话，大连出版社和东北财经大学出版社的差距十分大，基础差，可以说真是资不抵债呀。我并不愿意来，多数人也反对，包括家人。不过我的骨子里真是喜欢挑战的人，我认为是个全新挑战自我的机会，那就试试吧。于是2004年我就来了，哈哈。

三石：刘社其实是个真性情的人，说真话、做实事，不容易。

刘明辉：当时确实是这样的情况呀。不过，说实话，这次试没有试得太好。

三石：哈哈，你只是对自己的要求比较高罢了。据我所知，这几年在你的领导下，大连社的发展还是相当快的。

刘明辉：大连社无论是在体制还是品牌上，都与财大社有很大的差距。我这几年主要精力还是放在体制的创新方面，没有一个好的体制是无法把这样的社盘活的。另外，我以前管理的是大学出版社这样比较专业的社，而大连出版社是一个综合出版社，出版范围比较宽，这样看起来是个优势，但实际上是劣势，创品牌几乎是要从一张白纸做起。

三石：确实，从内容机制到产品、质量、渠道开发、营销推广等都不容易。而做这一个城市出版社，最关键的是“定位”。在出版社定位方面，你来后是实施了怎样的战略？

刘明辉：你说得很专业，“定位”是出版社核心的竞争战略。大连出版社作为综合类的出版社，必须有自己的“识别系统”，要让读者一眼就能识别出你是出哪类书的。总体而言，我们向“三大板块”进行聚合。第一个板块主攻日语方面的图书。因为大连在地理位置上离日本很近，大连的日资企业也相当多，而且大连的高校也对日语专业很重视，尤其是大连外国语学院的日语专业在全国占据优势地位。无疑，我们日语图书的作者群、读者群都很庞大，这个板块我们应牢牢抓住。第二个板块和我的“老本行”有关系，就是出版经济管理类的图书。我在东北财经大学出版社做了8年的社长，对经管类图书的选题还是很有把握的，也掌握着大量的作者资源。同时，大连出版社现在的营销队伍也有经管类图书的实战经验。第三个板块是美术类的。我们现在有一批很专业的美术编辑，而且大连出版社原来就出版过一些美术类作品，反响也很不错，也积累了一些经验。还有一个基础项目，便是为地方的文化建设服务，比如“文化大连”系列丛书等，这一块主要是体现社会效益，为大连的地域文化作贡献。

改革从我做起，无论成败都是贡献

刘明辉：到大连出版社后，定位、选题、市场开拓还算是比较顺利的，经过努力，无论是出版社的规模还是效益的增长，这几年也是令人满意的。花大力气的主要是制度建设和体制的改革，而体制的改革都是这几年的重点。

三石：“向改革要活力，向管理要潜力，向开发要效益”应仍是你的法宝吧。

刘明辉：是的，我用了近一年的时间建立完善各种规章制度，理顺编辑出版流程，加强内部控制和风险管理，规范员工行为，提高质量等。

三石：听说你们内部规章制度条文多达近200页。

刘明辉：你情报力还是比较强的。其实这些和我在财大社的工作套路差不多，而近几年来我最大的精力主要是放在大连社的体制改革上，而我们的改企工作仍是玩真格儿的。我们的目的是将大连出版社真正转为企业实体，真正成为市场上的竞争主体。实际上，转企改制后，我们又对内部规章制度进行了进一步的修订和完善，现在的制度有501页。

三石：能否介绍得具体一点？

刘明辉：关于出版社转体改制，我体会十分深，早在20世纪90年代我就在各种不同场合积极呼吁过，出版社一定要改革。当时我领导下的东北财经大学出版社实际已经是企业化运作。我坚持主张改制，同时要改制就要真改，改到位，不可逆地改制。到大连社后，2005年我就提出了改企转制初步方案，近年来，我们先后设计了七八套改革方案，探索转企之路。我们的实际结果是，在大连市委的支持下，由大连天歌传媒股份有限公司、大连市国资委下的创新装备投资公司，加上出版社员工，三方面组建了“大家出版传媒（大连）股份有限公司”。

三石：为何取“大家”之名？

刘明辉：为什么这样叫，因为大连出版社的地域性太浓，而作为出版社而言本身应没有地域概念的，关键是看产品质量。这个“大家”有三层含意：一是希望我们的作者都是大家——大师；二是希望读者是大家——大众；三是希望我们出版公司是个大家庭，我们的员工都是这个大家庭中的一员。

三石：这只是名字，那除产品外，新公司在跨区域发展方面有怎样的思考？

刘明辉：我看问题还是比较长远的，要有较宽的视野。我们现在注册的公司后面有个括号（大连）二字，也就是说，我们将会在北京、上海、广州、深圳设立分公司，充分利用当地的出版资源和人才资源，策划出高质量的出版物，最后的目标便是策划出能走出去的优秀出版物，这才是我们真正的出版战略。

三石：哈哈，这个真格的举动好有野心。

刘明辉：有的出版社为了“试点”而转企了，因为这样可以拿到某一阶段的税收优惠政策，但其实并不是真正的企业。我不想这样，我还是想让不同的经济成分进来，然后遵照现代企业制度进行管理。我认为目前可行的模式便是这种股份制公司。我们改企的手续整整做了一年的时间，当地政府也是十分支持，一路开绿灯，去年12月31日正式注册了股份公司。当然，好事多磨呀，还有许多的路要走，股份公司是成立了，我们的资本变更、名称变更，根据新闻出版总署的规定正在申报过程中。

三石：你说好事多磨，似有难言之隐？

刘明辉：你很敏感呀，我个人认为，我们的改制工作应做得是最彻底的，方向应是对的，但也许步子跨得大了一点。

三石：你指的是改企中的股权结构问题吗？

刘明辉：是呀，我们的股份制改造中，职工持股为30%，这在全国各出版社改企中还没有先例。

三石：你为什么要坚持职工持股呢？主要基于什么考虑？

刘明辉：我个人认为，在确保国有资本绝对控股的前提下，由管理层和员工以现金出资持有部分股份，是大势所趋，其好处是显而易见的。第一，职工持股是激励员工支持改革、主动参与改革，推进转企改制工作顺利进行的重要举措；第二，只有职工持股才能有效地将员工个人目标和公司目标协调起来，真正解决现代公司治理中的利益冲突问题；第三，职工持股是现代企业发展必不可少的动力源，对吸引人才、留住人才具有非常重要的作用；第四，员工持股可使公司决策更加科学、民主，有利于加强群众监督，减少决策的失误；第五，员工持股更加有利于保证图书的出版安全，员工会以主人翁的姿态参与到维护出版安全的整个过程中。持股员工们都明白，一旦出现出版安全问题，丢掉的不仅仅是职工的“饭碗”，作为股东，其投入资产也会受到损失。总而言之，员工持股使员工与公司结成了利益共同体，真正实现了风险共担、责任共负、效益共创、利益共享，有利于增强企业的凝聚力和向心力，有利于企业的长期发展，可谓有百利而无一害。实际情况也确实印证了这一点。改制以来，公司员工工作积极性空前高涨，各项主要经济指标都有大幅提升。上半年出书品种比上年同期增长94.25%；印制图书总码洋比上年同期增长61.67%；完成发货码洋比上年同期增长39.75%；实现净利润比上年同期增加250万元。

三石：你这个真格儿的玩大了。

刘明辉：改革就是一个探索的过程，走在改革探索的前面，这个案例也许从我做起，无论是成败，对出版业界都是一个贡献。我现在还有一部分精力主要放在我们社的人才建设上，我们在实现战略部署，挖掘和储备人才是十分重要的。

三石：如果这个案例成功了，你是怎样的考虑？

刘明辉：那我会迅速启动全国扩张的战略，在全国几个重点城市建设分公司，比如北京，就可能会根据不同的出版类型设立两三个专业性公司。现在人员和出版资源我们都在积极努力之中。我想，一定会成功的。

《出版营销》，2010年第9期

砺学开拓　唯新唯实
——记东北财经大学会计学院刘明辉教授

刘明辉，1964年出生于湖南汨罗，1984年在湖南财经学院获经济学学士学位，同年考入东北财经大学会计学系，师从著名成本会计学家欧阳清教授，攻读经济学（会计学）硕士学位。1987年毕业后留校任教。1990年晋升讲师，1992年6月破格晋升副教授，1995年5月破格晋升教授，成为东北财经大学最年轻的教授。1994年师从我国著名的财务管理专家谷祺教授攻读博士学位，1997年毕业，获经济学（会计学）博士学位。2000年起开始担任东北财经大学会计学院博士生导师。刘明辉教授曾任东北财经大学出版社社长、东北财经大学津桥商学院院长、东北财经大学杂志社主任、大连报业集团副社长、大连出版社社长等职。现任大家出版传媒（大连）股份有限公司总经理、总编辑、东北财经大学会计学院教授、博士生导师、国家重点学科带头人，兼任东北财经大学教授、博士生导师，中国会计学会常务理事、财务成本研究分会名誉会长、会计监督专业委员会副主任委员，中国成本研究会常务理事、中国审计学会理事、财政部会计准则委员会咨询专家等职。

刘明辉教授治学严谨，开拓创新，打破“就会计论会计”的思维定式，主张采用多学科、多领域的多种方法研究财务、会计、审计问题，提出了许多新颖的见解。他的学术专长主要集中在独立审计、内部控制与风险管理、公司理财等领域。

在独立审计领域，刘明辉教授是最早参与中国注册会计师职业准则研究与建设的学者之一。作为独立审计准则研究的资深专家，自1994年加入中国注册会计师独立审计准则组以来，直接参与中国注册会计师执业准则第一批至第七批共90余个项目的研究、起草和修订工作，为中国注册会计师执业准则体系的建立和完善作出了重要贡献。他撰著的《独立审计准则研究》《高级审计研究》是国内该领域主要代表作之一，他主编的《独立审计学》《审计与鉴证服务》均为国内该领域第一部系统阐述独立审计和鉴证服务的教材，主编的《审计》被评为普通高等教育“十一五”国家级规划教材的精品教材。刘明辉教授认为，建立和完善独立审计准则是实现注册会计师审计规范化、法制化、国际化和现代化的必然要求；审计准则的实质在于规范，审计准则对于保证审计质量、减少审计失误、保护审计人员、为审计本身提供可信性等有其积极作用，也有其负面影响；制定独立审计准则必须考虑经济环境、政府部门、法律体系以及审计历史等因素的影响，与审计环境相一致。

刘明辉教授在现代财务管理与分析领域颇有成就，先后发表、出版了大量著述，如《财务管理原理》《企业财务管理》《财务管理》《财务成本管理》《公司财务理论》《厂内银行的理论与实务》等著作和论文，着重研究了财务管理理论与方法、企业经济活动分析、财务报表分析等问题。刘明辉教授指出，会计报表是衡量企业经营成果与财务状况的晴雨表，经济活动分析是引导企业正确进行经营决策的信号弹。为适应市场经济体制的要求，企业经济活动分析应不断加强预见性、及时性、全面性、针对性和科学性，财务分析要向制度化、系统化、电算化和现代化的方向发展。

尽管承担着繁重的教学及经营管理等任务，刘明辉教授始终不曾中断过财会科学研究工作。刘明辉教授先后在《经济学动态》《会计研究》《审计研究》等核心期刊发表学术论文、译文共420余篇，其中50余篇被权威杂志转载，42篇论文获政府有关部门或学术团体的奖励。近年来先后主持承担国家自然科学基金2项，国家社会科学基金1项，财政部、教育部等部级以上科研课题20项；先后编著、主编、参编各种学术专著、教材、教学参考书及工具书共65部，其中本人独立撰著或主编共35部，个人累计著述字数约1300万字。撰写的《改革开放30年中国注册会计师制度的嬗变——基于制度变迁理论的解读》获财政部、中国会计学会“中国会计与改革开放30年有奖征文”一等奖。

刘明辉教授曾先后为本科生、硕士生、博士生主讲过十多门课程，他积极倡导教学改革和教材建设。自1993年以来，刘明辉教授多次获得“大连市优秀青年教师”“大连市劳动模范”等光荣称号。1996年被评为财政部部属院校跨世纪学科带头人，2000年被确定为辽宁省百千万工程百名人才，1998年获全国大学出版工作者协会优秀社长、大连市优秀科技干部称号；2000年获霍英东教育基金会高等院校青年教师一等奖（研究类），2001年被授予“大连市优秀专家”称号。2006年被评为大连市宣传文化系统六个一批人才、辽宁省宣传文化系统四个一批人才、辽宁省十大新闻出版工作者。2008年被评为全国新闻出版系统领军人才。由其策划编辑的《城市经济学》一书获第十二届中国图书奖。

《财会学习》，2010年第9期

大家出版刘明辉：不求最大　但求最佳

从整个出版市场来看，出版社要想站稳脚跟，广撒网很难捕到大鱼，尤其是少儿图书市场，不精不专，很难摸清小朋友们的口味、虏获家长的芳心，如何走出一味做大却无法做强的怪圈，是每一家出版社都需要思考的问题。为此，百道网采访了2012年将主攻少儿图书市场的大家出版传媒（大连）股份有限公司（前身是大连出版社）总经理、总编辑刘明辉先生。

目前，不少出版社在扩大规模、做大盘子方面苦心竭力，上品种、增人力、铺摊子，但是到年底一算账，利润的增长并没有赶上规模的增长，精品的增加也仿佛力不从心，这种现象在出版界越来越普遍，也导致了市场上的图书同质化严重，读者在选择上更加迷茫，出版社在消化库存方面越来越棘手。从整个出版市场来看，出版社要想站稳脚跟，广撒网很难捕到大鱼，唯有找准目标选好饵料潜心垂钓，才能有所收获。

鉴于当下的市场形势，大家出版传媒从2012年开始，将出版目标逐渐转向少儿领域，凭借已经在市场上产生了极大影响力的一批作家和作品，专注于少儿出版领域，始终以“保卫想象力”为核心理念，用专业和真诚赢得感动，全力打造原创幻想儿童文学作品，用总编辑刘明辉的话说就是：“大家出版，不求最大，但求最佳。”

保卫儿童想象力，构建特色出版品牌

品牌是一个企业的竞争力。在构建品牌资源的前提下，大家出版传媒在建立原创幻想儿童文学作家队伍上发力，创建了包括杨鹏、伍剑、周志勇、车培晶、满涛、滕毓旭、于立极等知名儿童作家在内的队伍，培养了科幻作家哈琳、凌晨、温雅等新生力量，并拟对他们的作品进行全版权经营，从而打造一批强势产品，形成具有自身特色的少儿板块，用特色开启幻想类少儿图书市场。大家出版传媒的少儿图书作家大多长期从事少儿文学创作，多次获得过国家及省级文学创作大奖。

杨鹏是中国首位迪士尼签约作家，已经有好几个系列的图书由大家出版传媒出版，在社会上形成了相当大的“鹏迷”队伍，作品不仅赢得了孩子们的喜爱，连家长都爱不释手。杨鹏的创作理念是要用幻想儿童文学的形式阐释美德。他倡导用保卫想象力的方式让孩子们在幻想与冒险的故事中去领悟、去感受美德的真谛。2011年，江西省教育厅将杨鹏创作的“小超人弟弟弟”系列故事改编为百集动画片，并制作成大型德育教育光盘，在全省范围内力推。“小超人弟弟弟”系列故事曾多次荣获国家级、省级大奖，并连续10年在全国数十家少儿报刊上火热连载，现已成为影响两代少年儿童的文学经典形象。

为了更好地开发和维护作者资源，辅助和促进少儿图书板块的发展，大家出版传媒今年准备申请创办《幻想精灵》期刊。《幻想精灵》以“保卫儿童想象力”为核心，是一本颇具特色的儿童文学期刊，将为孩子们奉献更多优秀的原创幻想儿童文学作品，让中国孩子在奇妙的幻想世界里更多地接触和了解原创儿童文学，感受它独特的魅力。刘明辉说，以刊带书，以书促刊，书刊并举，可形成良性互动，资源共享。

“六一”儿童节马上就要到了，大家出版传媒在节日期间也给孩子们准备了“不同口味”的礼物，满足孩子们的各种需求：著名儿童文学作家杨鹏的“超能神探帅小天”系列、“小超人弟弟弟第二季”系列、“杨鹏获奖作品选第二季”系列。正在运作过程中的儿童文学图书还有杨鹏的“八尾猫”系列；著名儿童文学作家伍剑的“男生吹吹”系列；“秀逗大哥”周志勇的“地球大蹦极”冒险科普小说系列；以及本土知名儿童文学作家满涛的“魔法海盗船”系列等。

立体式营销，以真诚打动读者

大家出版传媒原是一家综合性出版社，出版的图书涉及政治、经济、科学、文学艺术、教育等80个门类，先后有230余种图书获得国家级、省级优秀图书奖及“五个一工程奖”等各种奖项。随着社里少儿图书板块的重点书、品牌书日趋增多，营销活动和营销投入近年也明显增加，地面主题活动、校园签售活动、宣传报道等频度越来越高，用刘明辉总编辑的话说就是：“把这些作者优势、资源优势转化为营销优势、竞争优势，让产品、营销共同构筑成大家出版传媒的核心竞争力。”因此，出版社在营销活动上注重创新，在营销活动的组织方式上下大功夫。

地面活动、作家签售，一个都不能少。大家出版传媒向来重视产品的营销活动，尤其是注重体验的少儿类产品。比如2012年的重点产品“八尾猫”系列第一本《猫侠与小王子》恰逢北京图书订货会推出，为了进一步扩大影响与宣传力度，在2012中国书业营销创新高层论坛上，刘明辉总编辑特别作了书业营销“六六六”的专题演讲，播放了一段很有视觉冲击力的《八尾猫》的微视频，“八尾猫”的图书作者杨鹏、“八尾猫”的原创作者陆晓、出品人张澜和“中国狼爸”萧百佑等嘉宾先后走上台宣传介绍《八尾猫》，现场陆晓与杨鹏还完成了印证“八尾猫”品牌的“手模”留念，并与众嘉宾共同开启签书仪式。

另外，重要作家的签售活动也是必不可少的。大家出版传媒组织作家杨鹏举行校园签售活动在全国多个省市开展，签售效果很好，趁这个势头，出版社借力给力，2012年将以江苏、浙江、广州、深圳地区为主要签售地，并逐渐向少读联所在地区拓展，如长沙、南通、西安、武汉等地。签售形式力求灵活多样，巧妙利用事件营销引起家长、老师和孩子的关注。

全面实施精准的网络营销策略。大家出版传媒在2012年北京图书订货会上的地面营销活动不仅引起了书业渠道商老总们的兴趣，还吸引了搜狐网、《光明日报》、百道网等许多媒体进行报道，达到了在纸媒上投放广告所达不到的极佳效果。众所周知，随着网络技术的发展和信息时代的到来，越来越多的人尤其是年轻人获取信息的方式从传统的纸媒和影视传媒，转向了网络。网络以其信息量大、传播速度快、受众群体广、成本低的优势迅速打入了人们的生活，尤其是重大的活动和好的精神文化产品，通过网络的传播和网友的互动更能引起人们的共鸣。大家出版传媒抓住少儿产品购买人群恰好是年轻人这个特点，佐以网络营销，线上线下互动，起到了很好的传播效果。社长刘明辉表示，今后，大家出版传媒将充分利用网络媒体，加强搜索引擎的优化，尝试百度搜索平台的推广，增加产品与品牌的网络曝光率，全面实施精准的电子邮件和微博营销。开拓电子商务渠道，实现网络销售渠道的多元化、合作形式的多元化，尝试多角度合作共赢，加强与各大网店的深入合作。

营销活动公益化。公益活动向来是有社会责任感的企业们所钟爱的营销活动，传达的公益理念能够使企业获得良好的社会效益。大家出版传媒从公益化的角度开展营销宣传活动，不但给社会奉献爱心，也让家长、老师和孩子了解出版社的少儿图书。适时在各地图书馆或学校举办作家与小读者见面会、名家讲座、图书分享会等公益活动，或在网络上举办一些新书品鲜会，请一些网络上的草根意见领袖参与，通过他们的博客和微博将对图书的感受传播出去，借助他们在特定网友中的公信力和号召力，达到预期的传播效果。

当前，正值第三届大连读书月，大家出版传媒将于5月19日与中共大连市委宣传部、大连市文广局（新闻出版和版权局）共同主办“海之梦　海之谜”海洋文化主题沙龙，全力打造属于大连本土、具有国际视野的海洋文化出版品牌。届时，还会配合开展专题书会和讲座，向广大青少年宣传海洋知识，推荐社里的海洋文化精品图书，促进社会各界对海洋和海洋文化的关注。

5月23日，大家出版传媒还将与中共大连市委宣传部、大连教育学院共同主办“保卫儿童想象力”名家公益讲座活动，著名儿童文学作家杨鹏将围绕“幻想儿童文学经典作品的阅读推广和作文写作”两大主题，与全市小学语文骨干教师展开深入的交流与探讨。此次活动契合大家出版传媒少儿图书的出版理念，通过对杨鹏原创幻想儿童文学作品的推介，倡导广大教师在语文教学中注重激发儿童的想象力、创造力等综合能力的提高。

延伸产业链，强化品牌

新的出版局势下，单靠图书打造品牌的发展模式越来越艰难，图书产品的深度开发和跨行业延伸越来越受到青睐，图书、动漫、影视、网游，各领域之间的合作与助推成为常态。“喜羊羊与灰太狼”电影、动漫、图书的三方联动，“赛尔号”“洛克王国”和“奥拉星”系列，无一例外都是儿童网络游戏在图书产业的延伸……这些合作不仅展现了多媒体时代相关产业互动所带来的良好市场收益，更能够引发关于图书行业发展的思考，即只有以开放的心态迎接多媒体时代，寻找跨行业的合作机会，才能使少儿图书市场充满活力。

大家出版传媒在“八尾猫”系列图书的运作过程中，与合作方一起推出了图书、儿童剧表演、主题公园等多种形态和表现形式的产品，各种产品之间形成了很好的协同效应。此外，大家出版传媒也在积极地与中国移动杭州数字出版基地、苹果商城等数字出版中介合作，努力推进相关数字产品的开发。刘明辉社长表示，原创少儿出版物的全媒体互动是发展潮流，我们必须掌握优质的原创出版资源，才能在市场竞争中把握先机，才能为产业链延伸提供支撑和保障。

不可否认，当下整个图书市场的发展遭遇了瓶颈，一味做大无法做强的怪圈现象仍在持续上演，这不管对出版业的发展来说，还是对出版社的发展来说，都是无益的。努力把自己从没有优势的领域抽身出来，做到某一个领域的最佳，才是站稳脚跟的根本。大家出版传媒朝着专精尖的方向做出版，不求最大，但求最佳，无疑是非常明智的选择。

http://www.chinawriter.com.cn

2012年6月5日09:21 来源：百道网

2013年，接受大连电视台“财智非常道”采访

从灶火里救出宝贵的书
——大连出版社总编辑刘明辉教授的读书故事

在汨罗江边，伟大诗人屈原停止人生吟唱的地方，一个瘦小的农家娃正在苦等着那条船，船上应该有多位答应来他家做客的老师，几个小时过去了，孩子只等来老师们赠给他上大学的生活用品和两本字典……

35年前江边的这一幕永远地刻在刘明辉的脑际中，如今他身为大连出版社的掌门人，将大连出版社打造成全国知名出版社；他又是国内著名审计学家，著作颇丰，但是湖南乡下一个贫苦读书郎的故事让闻者唏嘘感叹。

看书　小手挨了一巴掌

“你问我最早看的书？”刘明辉略一思忖，说：“是小人书。”1964年出生于湖南农民家庭的刘明辉是家中的长子，下面还有一弟一妹，他说家里穷，根本买不起书，直到他们家迎来下乡的岳阳知青，他才看到第一本小人书。刘明辉刚从知青大哥手里接过崭新的小人书，自己的手背就挨了一下打，原来他的小泥手刚给新书盖了一个“黑印”，知青大哥说：“你不爱惜书，必须先洗手，再看书，还要把书包上皮。”从六七岁开始，刘明辉就养成了洗手看书，包皮看书的习惯，经年不变。“我和村里的会计处得很好，因为全村只有他那里有一份报纸，我想弄点报纸，包书皮呀。”

有了知青大哥相赠的书当基础，刘明辉小小年纪就显示出一定的组织管理才能，他把周围三个自然村里凡是有书的孩子们组织起来，组成一个小圈子，大家在圈子里互相换书看，好借好还。对于那些手里有书，但不在圈子里的大孩子，刘明辉和小伙伴们采用更策略的方法，“我们帮人家抓青蛙，干干活儿，跑跑腿儿，就是为了换他们手里的书看”。

后来在县城念书时，刘明辉最爱去的地方就是新华书店，“当时，新华书店并不是开放式的，想看书，还得隔着柜台让服务员拿，有个女服务员特别好，不像那个男服务员总催我赶紧看，不买拉倒。每次去新华书店前，我都会把手洗得非常干净，看书从不留黑印，这也是那名女服务员愿意让我看书的原因吧，看来，小时候，知青的那一巴掌没白打。”

“那时我想，将来在新华书店工作该有多好。”刘明辉说。

抢救　被扔到火里的书

“想读大学？我们刘花洲没有那个祖宗！”说这话的是刘明辉的同宗亲戚，他们所在的村子叫刘花洲，他的父母也不太同意他念下去，家里供不起他和弟妹同时上学，这时高中开学已经一个多月了，刘明辉还在家干农活儿。

县城高中的老师来到刘明辉家里，央求父母让孩子读下去，说这个孩子一定能考上大学，其中一个老师的一句话让刘明辉永生难忘，“挽救未来的唯一希望就是改变现在”。说这话的是他的英语老师黄荣华。最后，老师向刘明辉父母保证，刘明辉的学费和宿费他们包了，只要家里每个月拿45斤大米就行，算做食费，如果没有大米，用100斤红薯代替也可以。刘明辉的父母同意了，但是他的弟弟和妹妹只能辍学。

在县城高中，刘明辉从普通班开始，连跳几级，最后进入尖子班。高考临近，班里学生除了他，都订了一套高考复习资料，一套几块钱，但是他掏不出这个钱，书发下来那天，刘明辉借故离开教室。“当时可能是一种自卑心理吧”。刘明辉说，在操场上走了一圈，当他返回教室的时候，他看到自己的书桌上也有和其他同学一模一样的一套复习资料。他跟老师说：“我并没有买这套书。”老师说：“你的情况，我们都知道。”

拿着这套来之不易的高考复习资料，刘明辉就连在家里帮厨拉风箱时也在看。那本书挺厚，又包着书皮，那天，正在做饭的母亲误会了，以为马上就要参加高考了，孩子还在看闲书，“我让你再看”，她一把从他手里夺过书，直接扔到熊熊的灶火里，刘明辉马上奋不顾身地从灶火里把书又给救了回来。

他救回了书，也救回了希望。

师恩　并不只那本字典

“已经都下午了，来吃午饭的老师们怎么还不来呀？”站在江边的刘明辉眼睛盯着江面，他在等那只船。

这时，高考结束了，因为身高的限制，刘明辉没能考上他最想去的北京师范大学，“师范生，国家补贴多，我能帮家里节省些”。后来，湖南财经学院录取了他。

至此，刘花洲村终于有了自己的第一位大学生。

为了感激高中老师的各种帮忙和照顾，刘明辉的父母连攒带借，搞了一桌酒菜，邀请老师们来家做客，聊表谢意，老师们也都答应了。所以，请客那天，刘明辉从半晌午就在江边等着接老师，望眼欲穿，到下午两点的时候，江面上终于来了一条船，船靠岸，刘明辉兴奋地迎上去，结果从船上只走下来他的体育老师。体育老师挑着一根担子，他说：“其他老师不来了，让我当代表，他们把你上大学的用品准备好，让你好好学习。”刘明辉打开担子，里面有一个脸盆、一只水桶、一只热水瓶、一个铝饭盒、一大摞崭新的笔记本、一大把圆珠笔，还有两本字典，一本是《新华字典》，一本是《英汉小词典》。看到这儿，刘明辉不禁潸然泪下。

当着记者的面，刘明辉又拿出那本他珍藏30多年的《英汉小词典》，这是著名英语语言学家陈羽纶先生和党凤德先生编辑的，其中陈羽纶曾供职于商务印书馆，已经于几年前辞世。

“这么多年了，我还保留着它，有它陪伴，如师在旁，师恩难忘，当年老师对我那么好，后来我当了老师，也努力将它传递下去，我会对我的学生更好。”刘明辉说。

刘明辉在大学里又对朦胧诗感兴趣，他写的童话作品刊登在《湘江文艺》上。徜徉在学校图书馆和校外的书店，他记下的读书笔记足有一米高，他说那时最大的梦想是毕业了在大学图书馆里当管理员，可以看很多书。

远在湖南的他订的两本杂志，一本是《辽宁青年》，另一本是大连的《海燕》。刘明辉笑了，“难道冥冥之中，老天已有安排，让我日后来大连？”

从湖南财经学院毕业后，刘明辉考取东北财经大学硕士、博士，如今他已经是国内相当知名的审计学专家，主编、编写了五六十本学术专著，有的已经成为全国高校的经典教材。2004 年，刘明辉的身份再变，成为大连出版社总编辑，从看书、编书、写书，又到出书，“看来我要和书打一辈子的交道。”刘明辉说。

“还常见那些高中老师吗？”记者问。

“见呀，有的已经不在当地了，搬迁到别的城市了，有的老师来大连游玩，我奉陪到底，有的老师想让我帮忙发表作品。”刘明辉一字一板地说，“这个忙，我一定帮。”

《大连晚报》，2015 年 6 月 21 日

大连出版社刘明辉专访：保卫儿童想象力

主持人：腾讯儿童的小网友们以及图博会的小读者们大家好，非常高兴腾讯儿童又在这里和大家见面了，我是主持人潇月。在这里，我们今天非常荣幸地邀请到了大连出版社的社长刘明辉先生，刘社长先跟大家打个招呼。

刘明辉：各位小网友好，主持人潇月好。

主持人：非常感谢刘社长来到演播室。这一次图博会大连出版社算是独树一帜，打出了“保卫想象力”的一个口号，刘社长能跟我们介绍一下“保卫想象力”这个口号是怎么回事？

刘明辉：我简单说一下背景。我们的口号叫作“保卫想象力”，是2012年年初提出来的。2012年的时候，我们出版社根据当时出版社的发展状况以及出版业的状况，提出了要进行战略转型、产业升级。在这个背景下，我们推出了一个叫作幻想儿童文学“十个一工程”。“十个一工程”里面第一个工程叫作“叫响一个理念——保卫儿童想象力”。为什么要提保卫儿童想象力呢？我从两点来说一下我们的考虑。一个是从整个国家的视角来看，中国已经成为世界的制造中心，中国缺的不是制造力，而是创造力、创新力。创造力、创新力是源自于想象力，没有想象力就没有创新力。应该说人生没有想象很难有很大的发展，如果一个民族缺乏想象力，我觉得无疑也会是一个落后的民族。另一个角度，从儿童的角度来看，知识固然重要，但是想象力比知识还要重要。我们知道，一个孩子不断地成长成为一个成人，甚至到了老年，到我这个岁数，甚至更大，他的知识可以不断地增长，他的经历会不断地增加，阅历会不断地增加，他的经验会不断地积累，但是有一样东西，就是想象力它是不会增加的，它是会不断消退的。尤其我们国家，目前这种应试教育体制，对孩子的想象力更是一种说得难听一点是摧残。当下我认为保卫儿童的想象力是时代的召唤，是家长和老师的心声，也是我们政府各界人士应该承担的一个责任，当然也是我们出版界应该有的担当。所以，我们就提出来要保卫想象力。并且我们把幻想儿童文学这个领域作为我们出版社的一个主攻方向，提出来我们要把大连出版社打造成为中国的原创幻想儿童文学产业基地。在这个理念下，我们同时提出了“阅读升华人生、想象成就未来”的口号，除了出版了一系列幻想儿童文学精品图书之外，我们还组织了保卫想象力百家千校阅读推广活动。我们准备组织100位以上的作家进入1000所以上的小学、中学，来进行阅读推广、阅读讲座指导。今年启动以来，我们在浙江、江苏、上海、北京、辽宁等地已经有二十几位作家进入近200所学校开展公益讲座，社会反响相当不错。

主持人：刚刚刘社长为大家介绍了保卫孩子想象力的重要性。您说到有一个幻想儿童文学的产业部落，现在的发展情况是怎么样的？

刘明辉：我刚才提到了我们的目标是要把大连出版社打造成为幻想儿童文学的产业基地，产业部落也可以理解为是幻想儿童文学产业基地的另一种说法。具体地说，幻想儿童文学产业部落是以广大儿童为目标读者、目标受众，以保卫想象力为主旨的一个文化创

2015年8月，接受腾讯儿童专访

业产业集群，我们把它叫作部落。这个部落是我们作为打造幻想儿童文学产业基地的一个具体化的步骤。

主持人：这样一个部落对于整个行业的发展都是很有必要的。

刘明辉：正是由于我们做这样一个事情，我们需要采取一定的措施、一定的步骤来推进这项工作。就目前来说，我们开始做的事情一个是在腾讯的QQ群，专门建了幻想儿童文学产业部落的QQ群，也建了幻想儿童文学产业部落的公共账号和微信群，另外我们正在搭建幻想儿童产业的网络平台，通过这个平台实现网上操作、网上出版、网上宣传、网上推广。

主持人：通过新媒体的宣传，宣传力度会更大一些。

刘明辉：做这些工作的目的首先是聚人气，二是聚集资源，三是形成多条产业线，多个产业链条。比如说我们现在成规模的至少有三条产品线，一个是大白鲸计划，二是八尾猫，三是快乐星球产品线。以大白鲸为例，它是2012年国家新闻出版广电总局改革发展项目库的项目，它是以儿童为主要的受众，以保护想象力为主旨，以宣传海洋文化、海洋战略、大生态理念为基本理念，以大白鲸为主要品牌的产业集群项目。包括上游的儿童文学图书作品，有科普类的、科幻小说类的，有绘本，有侦探类的，等等，好多种，很丰富。

主持人：刚刚您说了这么多，包括大连出版社也为大家带来了这么多丰富的一系列的书籍，我听说刘社长这边也是每年会举办大白鲸世界杯儿童文学奖，当时为什么想到来创建这样的比赛？

刘明辉：我们的终极目标是要打造幻想儿童文学产业基地，要做产业，尤其是我们这是文化产业，是创意产业，也是内容产业，做这个产业就离不开好的创意、好的内容。如何来获得这些内容，我想途径不外乎是这么三种。第一种是引进，把人家的拿过来，这可能会有一个问题就是水土不服。第二种是原来已有的作品，传统文化，增加一些时尚的元素，有人说这是吃老祖宗的。第三种是原创，我们走的是第三条路子，即原创。为了获得更多更好的原创的内容资源，所以我们设立了一个奖项，叫大白鲸世界杯原创幻想儿童文学奖。我们想通过这个奖项的设立来动员、鼓励、吸引一大批优秀的儿童文学作家参与投稿，通过评奖的机制，选出一些好的原创作品。这样就为我们产业基地的建设积累一些好的资源、好的种子。

主持人：原创的才是最好的。您说到要选拔出这么多好的作品，选拔的标准是什么？

刘明辉：一般都会很关心评奖有什么样的原则，什么样的标准，你这个奖跟别的奖有什么区别。原则当然还是公开、公平、公正，标准当然也还是集思想性、艺术性和可读性为一体，三者相统一。具体的含义不用我多解释。我想说一说我们这个奖的特点，区别于其他奖项的特点。我理解，第一，我们是为了保证它的公平公正。整个奖项有四个阶段，一是初选，二是复评，三是小读者评审，四是终评。四个阶段，作为评审人、评阅人都看不到作品的作者是谁，是匿名处理的。所以我们只问作品质量高低，不问作者身份如何，作者来自哪里。这是第一个，它是绝对公平公正的。

主持人：这样的做法对于作者来说是绝对公平的。

刘明辉：第二个特点，我们的奖项是到目前为止唯一的儿童文学奖里要有孩子来发言说话的，我们设置了一个环节——小读者评审。每一个作品至少给三个以上，一般是五个以上的小读者，他来发表意见，我们有一个问卷调查表，他会给出一些意见。如果是小读者不喜欢，专家说再好，最后也不能得奖。

主持人：因为毕竟最终的受众是小孩子。

刘明辉：第三个特点，我们特别强调的是原创。作品本身是没有出版过的、没有发表过的，是真正的原创，不能是引进的。

第四，我们强调保卫想象力这个理念。参选的作品都是幻想儿童文学，可以是科幻的，可以是童话幻想的，可以是神话幻想的，或者其他的，但是你一定要有幻想的元素在里面，不能是完全写实的那种。

第五，作品只要是以中文写作投稿的都可以，不管你是中国大陆的，还是港台的，还是国外的。我们已经举办过两届，第三届10月8日征文结束，从这三年来看每年投稿都有国外和我国港台地区的。第一届、第二届有美国的、加拿大的、澳大利亚的、新加坡的，还有来自中国台湾、中国香港的，这也算一个特点。

第六，我们这个奖项首次实现，在评委里面，是由我们国家顶尖的儿童文学作家、评论家和顶尖的科幻作家、评论家一起参与评奖。儿童文学作家可能更多地关注你的艺术性、可读性，科幻作家更多地关注你的幻想色彩和元素。

主持人：听了刘社长说的这么多评判的标准，经过这样标准的评判，得出来的获奖作品一定是非常优秀的。

刘明辉：应该是这样。

主持人：这样的一个奖项，对我们产业部落的发展有什么影响？

刘明辉：我们要做幻想儿童产业首先是要有好的内容资源，有好的创意，要讲好故事，设计好人物形象。这些都离不开内容，内容也就是作品。我们通过这些可以积累一大批优秀的作品，就是内容资源，相当于我们有了一批良种，优秀的种子。

第二，本身我们会吸引一大批优秀的作家来参赛，鼓励大家进行幻想儿童文学的创作，同时还会扩大出版社的影响，起到宣传推广的作用。

怎么促进产业发展，尤其是促进出版社与下游企业的联合，促进联盟，对这方面也是很有好处的。比如说我们跟大白鲸世界文化发展有限公司和大连圣亚旅游控股有限公司结成战略联盟，我们一起来做这个产业。我们负责投书，也做舞台剧，有声读物、动漫，等等。圣亚就做大白鲸的主题公园，大白鲸的室内儿童乐园，大白鲸的海洋城。像室内儿童乐园从2013年开始到现在已经在全国23个城市建了25家，很受小孩子的欢迎。

主持人：谢谢刘社长在这里跟大家分享这么多。刘社长今天来参加图博会，为大家带来了什么图书？

刘明辉：这次图博会我们也是做了一些准备，在这之前我们也跟一些国家的出版社，还有一些版权的代理商做过事前的沟通，产品也做过一些介绍。我们有几套重点的书，从昨天来看外商也是很感兴趣。比如说这一套《校园三剑客》，这是著名儿童文学作家，也是中国首位迪士尼的签约作家杨鹏的一个品牌作品，销量很大。

主持人：目前这套书是深受小朋友喜欢的。

刘明辉：对。这一套《快乐星球》，它是先有的电视剧，在央视连续播了很多年，原来看这部电视剧的人可能都已经成家立业了。现在《快乐星球》的电影也马上要播出了。

再比如说《奇迹校园》《大熊的女儿》是大白鲸世界杯原创幻想

儿童文学奖的获奖作品，这是获奖作品的第二季，刚刚上市。从昨天的情况来看，我们跟东南亚一些国家的出版社达成了版权输出的意向，我相信今天、明天还会有更好的收获。

主持人：也希望大连出版社在未来的日子里给大家、给小朋友带来更多更优秀的作品，非常感谢刘社长今天来到直播间，感谢您。

刘明辉：谢谢您，我们一定会很努力地去满足孩子们的需求。

儿童文学 IP 时代到来？看大连社如何深度掘金

在大连出版社的布局与发展中，最具核心竞争力的就是幻想儿童文学产业基地项目的建设。幻想儿童文学产业基地是一个以儿童为目标受众、以“保卫想象力”为主旨的文化创意产业开发基地。它依托作为源头的儿童文学创意，以纸质图书出版为基础，向数字出版、动漫、影视、文艺演出、网络游戏、文化旅游等领域进行产品延伸和拓展。幻想儿童文学产业基地的建设与运营，将构建出一条完整的幻想儿童文学产业链条。

大连出版社四“变”

2015 年是“十二五”规划收官之年、“十三五”规划布局之年，也是大连出版社加快战略转型、推进产业升级，着力打造幻想儿童文学产业基地的攻坚之年。回顾 2015 年的快速发展，社长兼总编辑刘明辉谈到了大连出版社在这一年中所做出的四个“转变”。

“一是实现了规模效益向质量效益的转变。公司不断优化出版结构，控制品种规模，强化精品意识，努力提高单品种图书销量，提高人均获利水平和单书获利水平。”精品战略意味着大大提高单种图书的可持续性。刘明辉说，全社沿着这一思路，实现了全年主营业务收入比上年增长44.10%；利润比上年增长123.45%；平均单书创利比上年增加1.51万元，增长77%；人均创利比上年增加8.89万元，增长115%的目标。“二是从产品经营向品牌经营转变。”刘明辉介绍说，大连出版社在少儿图书板块以“保卫想象力”为核心理念，成功打造“大白鲸”“八尾猫”“快乐星球”等品牌；地方图书板块以“打捞城市记忆，传承城市文明”为理念，出版了“‘字码头’读库·辽宁舰”“‘5511’文艺精品工程长篇小说”“棒棰岛·‘金苹果’丛书”等多个系列品牌图书。品牌经营的优势是能够形成集群效应，产生持续的知名度和影响力。

第三个转变，则是纸质出版向全媒体出版转变。“我们一方面着力于传统出版与数字出版融合，将数字出版的平台搭建和资源储备作为重中之重，已经完成‘幻想屋’儿童文学数字出版升级改造工程，协同编纂系统已投入使用，可满足不同阅读终端的数字阅读需求。另一方面开展全媒体营销，加强地面店、网店、馆配、校网等固有渠道的建设，在充分利用电视、报纸、网络等外媒的同时，我们也很重视官方微博、微信，以及微店、淘宝店的建设和维护，以实现O2O立体营销。”还有一个重要的变化即第四个转变，是自身定位的转变，“从单一出版商转变为版权运营商”。刘明辉说：“我们关注的对象不再只是读者，而是包括读者、观众在内的广大‘受众’；我们的产品不再只是图书、出版物，而是各种以‘内容’为基础的产品线；我们的身份不再只是出版商，而是版权运营商。我们的全版权布局不只局限于动漫、影视等某一特定形式，而是全方位、富媒体、多形式开发，是要打造以纸质图书出版为基础，向数字出版、游戏、动漫、影视、舞台剧、文化旅游等领域进行衍生产品延伸和深度开发的‘一条龙’产业发展模式。”

聚焦幻想儿童文学

大连出版社自2012年抓住了转企改制的契机，努力探索更为科学、主动的发展模式，坚持以保卫想象力为理念，以幻想儿童文学产业基地建设为目标，开创了改革发展的新局面。

“近几年，我社着力打造品牌，累计有百种图书获得省级优秀图书奖，近30种图书入选国家‘农家书屋’工程征订目录，多种选题入选‘十二五’国家重点图书出版规划。我们策划实施了一批重大项目，其中四个入选国家新闻出版改革发展项目库，三个获得中央文化产业发展专项资金支持，一个获得省委宣传部专项资金支持，三个获得市委宣传部专项资金支持。这些项目的实施对于推动公司转型升级，尤其是推动幻想儿童文学产业基地建设发挥了至关重要的作用；创造性地设立了幻想儿童文学高层论坛、‘海之梦·海之谜’海洋文化主题沙龙等多个交流平台，对公司选题策划、项目论证、作品研讨和作家队伍建设起到了不可忽视的支撑作用。”

刘明辉告诉读书报：“在大连出版社的布局与发展中，最具核心竞争力的就是幻想儿童文学产业基地项目的建设。幻想儿童文学产业基地是一个以儿童为目标受众、以‘保卫想象力’为主旨的文化创意产业开发基地。它依托作为源头的儿童文学创意，以纸质图书出版为基础，向数字出版、动漫、影视、文艺演出、网络游戏、文化旅游等领域进行产品延伸和拓展。幻想儿童文学产业基地的建设与运营，将构建出一条完整的幻想儿童文学产业链条，我们要努力让该产业基地争取成为国家创新性文化产业示范基地。”

今年，大连出版社将致力在线上线下融合方面实现新的突破。“我们要充分利用大数据、网络出版等先进技术手段，通过建设‘中国幻想儿童文学新媒体平台’等项目实现作家、画家、评论家、阅读推广人、读者等多方密切互动，聚合各方资源，逐步提高技术资源和人力资源开发利用能力，打造中国特有的幻想儿童文学立体化交互平台。”

另外，大连出版社将实现目前重要线下业务和线下平台的线上建设工作，最终实现基于互联网和现实的立体无边界的幻想儿童文学生态体系。

这个体系的规划是：一是要建设成以儿童文学创作者、爱好者及相关的互联网和移动终端用户为目标客户群，专注于幻想儿童文学内容资源开发，集在线创作、在线评论和在线阅读推送等功能为一体的垂直类网络文学全媒体出版平台。二是要建设成以少年儿童、小学教师和家长为主要服务对象，以互联网、移动互联网、微信、QQ为媒介的垂直类专业社群体系，服务于公司产品的营销传播。三是要建成以儿童文学作家、评论家、画家为主要服务对象的，基于移动互联网的垂直类专业社群生态体系，不断推进幻想儿童文学创作与激励机制的建设和完善。

打造幻想儿童文学产业基地

围绕幻想儿童文学产业基地建设这一目标，大连出版社近年来策划设计了一系列重大项目，并以此推进传统出版和新兴出版在内容、渠道、平台、经营、管理等方面的深度融合，带动产业转型升级。

“大白鲸计划”由大连出版社策划发起，与大白鲸世界文化发展有限公司、大连圣亚旅游控股股份有限公司共同实施，意在将其打造成一条完整的产业链。产业链上游为原创幻想儿童文学，中游为动漫、游戏、舞台剧、影视及衍生产品等，下游为室内儿童主题乐园、海洋公园及海岸城，上下游协同开发、共创品牌。截至目前，“大白鲸”品牌图书已出版7个系列132种图书，累计销量达到250余万册，《白鲸传奇》《海洋科普馆》《最后三颗核弹》等多部作品荣获国家级奖项。大白鲸舞台剧先后在北京、西安等地精彩上演，现已演出200余场，15万余人观看了演出。大白鲸动画片登上了2015年央视动漫春晚舞台。大白鲸室内儿童主题乐园已先后在大连、哈尔滨、青岛、广州等27个城市开业了33家门店，拥有100多万名“小鲸粉”。“大白鲸”魔幻海洋新世界以及大白鲸世界海岸城现已正式施工。

大连社的“幻想屋”儿童文学数字出版升级改造工程已取得阶段性成果。一期工程“协同编撰系统”已投入使用，实现了文字、音频、视频出版物的数字编辑出版，可满足不同阅读终端的要求；二期工程“流程整合”已经完成，在协同编撰系统平台上实现编校、审稿、质检等业务流程与内部控制流程、绩效管理流程以及原有信息管理系统（ERP）的全面整合，实现一体化；三期工程是将数字出版物的输出平台与幻想儿童文学新媒体平台对接，此项工程正在实施中。

在“一条龙”战略指导下，大连出版社进一步明确了幻想儿童文学产业基地的运作模式，即以著作者为核心的内容创作模式、以优秀IP为核心的全版权运作模式、以出版物为龙头的产品结构模式、以儿童为目标受众的类型化产品模式、以链式运作为思路的专业化生产模式、以市场需求为导向的产业资源整合模式。上下游环环相扣、联结共生、互相促动，以实现文化创意价值最大化。基地建设以“幻想儿童文学‘十个一’工程”为抓手，将图书出版与其他文化产业跨界融合，形成产业集聚优势。“2015年底，随着‘十个一’工程的逐步落实，大连出版社绘就了幻想儿童文学产业基地建设蓝图，该项目被纳入《辽宁省新闻出版广电业发展‘十三五’规划》，省新闻出版广电局和大连市文广电局领导先后莅临我社，专程听取了该项目汇报，两级政府高度重视。”刘明辉说。

而中国幻想儿童文学新媒体平台建设目前已完成基础搭建。平台搭建包括三部分：一是完成中国幻想儿童文学新媒体平台线下布局和线上平台的建设规划。二是建立幻想儿童文学资源库，目前已初具规模，积累了原创幻想儿童文学内容资源约1200种。三是开展项目子系统技术研发招标工作。

幻想儿童文学IP时代

面对未来的挑战，大连出版社确定了一系列发展战略与具体规划。刘明辉预计，到2020年，公司战略转型和产业升级基本到位，幻想儿童文学产业基地建设全面完成，新兴业态蓬勃发展，出版社基本建立起模式创新、布局合理、设施完善、管理高效的现代出版传播体系，做大做强做优全媒体出版产业。

刘明辉告诉记者，为了保证以上目标的实现，“十三五”时期，大连出版社将实施以下几项战略：

第一，归核化战略。为了加快公司产业结构调整和升级，培育和提高公司核心竞争力，实现公司现有经营领域与未来经营领域之间的良好整合，公司要将优势资源集中于幻想儿童文学产业基地、海洋文化产业基地建设两个方面，继续强化核心业务，使公司的核心业务在“十三五”期间产生更大的影响，占据更大的市场份额，在同行业中处于领先地位。

第二，品牌化战略。为全面实现由图书精品化向内容产品品牌化的转变，公司将实施品牌战略、加大品牌投资、扩大品牌资产。各个部门、各个项目组、各条产品线都要紧紧围绕“品牌化战略”，采用多种模式专心打造幻想儿童文学品牌，使大连社成为幻想儿童文学产业方面的领军企业。

第三，产业化战略。加快推进传统业态与新兴业态的融合发展，广泛开展与动漫、影视、教育、旅游企业的深度合作，不断延伸产业链条，做大做强幻想儿童文学产业。

第四，国际化战略。加快“走出去”步伐，在版权走出去、产品走出去、企业走出去等方面取得明显成效。争取在俄罗斯等国家设立分支机构，争取在全球实现版权输出累计达到百个以上。

记者：郭倩

《中华读书报》2016年5月4日

刘明辉：要构筑原创幻想儿童文学生态

记者手记：一个湖南人，来到千里之外的大连。他磨掉了一些棱角，收获了一些经验。作为一名财经教授，他在出版业界中日益展露他的文化天赋，理论研讨、平台交流、作品征集、出版、版权运营齐头并进的大白鲸模式日益引起广泛关注，探索出一条以内容为核心的少儿出版创新发展的道路，形成了独具特色的幻想儿童文学全产业链发展模式，更为原创幻想儿童文学繁荣发展搭建了一个生态环境。艰难困苦，玉汝于成。“大白鲸”的六年旅程并非风平浪静，其间，有反复，有质疑，有压力，有风波。每一位掌舵者，又何尝不是把苦和痛独自咽下呢。

大连出版社过去六年的努力，在去年开始见到成效。《拯救天才》《大熊的女儿》获得第十届全国优秀儿童文学奖，《拯救天才》入选“大众喜爱的50本书”，获得中华优秀出版物奖，说明我们过去专注于原创幻想儿童文学出版的努力，品牌建设已经开始见到成效。

当然，压力和挑战并行。其一，“叫好不叫座”的情况仍然存在。“大白鲸”征集活动中涌现出的优秀作品，内容质量得到了专家的认可，得到阅读推广人的认可，也能得到像优秀语文老师等读者的认可，但我们作品征集机制是只看作品质量，不问作家出身，作家知名度不够会影响图书的销量，需要做很多工作。其二，付出很大代价，好不容易把作家培养出来了，作品宣传出来了，但作家转投其他出版社了，这也是一种压力。

今年，我们还会在营销宣传上不断投入，包括正在进行的“保卫想象力行动”，要把市场做透，计划走到每一个省市宣传“大白鲸”的获奖作品。但这个过程还是比较漫长的，要家长和孩子接受一位新作家或某一个作品，不是那么容易的。出公版书，炒名家作品，效益会来得很快，而我们专门做原创的，尤其培养新人，代价会很高。

大白鲸模式日益引起业界的关注，我们很欣慰。最开始设计时是想在幻想儿童文学方面有所突破，能树立旗帜，把大连出版社真正打造成为幻想儿童文学出版基地，要做到这一点，首先要占领优秀内容资源，就想到设立奖项，最开始叫大白鲸世界杯原创幻想儿童文学奖，在当时，这个奖设计的奖金也是最高的，希望它有吸引力，能够吸引到真正的好作品。我们推出的幻想屋儿童文学主题沙龙，还有中国原创幻想儿童文学高层论坛，对我们团结作家、开发优质选题，都起到了很好的作用。

通过征集方式吸收这么多作品之后，我们又采取进一步行动，比如说签约作家制度，比如对一些优秀作品实行买断，包括“明日之星”儿童文学作家培养的培训班，都不计代价在做。

让优秀的内容能以更多的业态和产品形态出现，获得更大的影响力和更好的回报，大连社确立了全版权运营的战略。我们自己在北京注册子公司做舞台剧，与大连圣亚（旅游公司）、大白鲸世界合作大白鲸项目，产品形态覆盖了主题公园、海岸城、大白鲸世界儿童乐园。

当然，IP形象的拓展，离不开影视剧、游戏两方面的支撑。我上个月专门去了一趟北京，与影视行业全国最大的上市公司谈合作。但是，儿童电影、儿童电视剧的盈利模式，不是那么清晰。

对我们社来说，面临的主要问题是，读者和书店对大连出版社的作品作家了解得不够。所以，我们把2018年定位为营销年，主要是扩销增收，一个很重要的工作就是让书店、少儿图书馆、老师知道大连出版社有一些优秀作品；我们开展“保卫想象力在行动”，到各地方传递我们的出版理念，介绍我们的明星产品。

需要提出的是，在折扣政策方面，做公版书的成本比较低，它是这个折扣，原创的成本很高，也是这个折扣，其实这个市场不太公平。

少儿图书的业务形态比较独特，两个途径是最主要的。第一是作家进校园，图书进校园，让作家和孩子见面。我们一年有300场落地活动。第二个途径就是能进各地的推荐书目，目前有了一点效果。

总而言之，传统少儿出版还是有可持续增长空间的，基于这么几个判断。第一，生育政策调整，目标读者人群的增加；第二，教育政策也在发生变化，学生减负，阅读重要性被一再强调；第三，全民阅读活动的开展，农家书屋、社区书屋的建设，中小学馆配，也会带动增长。但是，那些主要依赖引进版、公版书的出版社会缺乏持续增长的动力，主要做原创的，手上有一批优质内容资源的出版社，增长的幅度会更快一些。这是我自己的一个判断。

传统少儿出版依旧在发展，但是消费者的需求也日益多元化。今年以来，第一，我们在音频上的投入会大一些；第二，我们探讨在游戏开发、影视互动等产业化的其他门类，需要有新的突破；第三，我们正在考虑如何把舞台剧演出跟阅读推广结合起来，进行模式的复制。在舞台剧演出方面，我们北京公司在北京的市场占有率是最高的。

记者：陈香

《中华读书报》，2018 年5 月9 日

大连社“保卫想象力”打造原创幻想儿童文学领导品牌

11月13日，尼泊尔当代出版集团总经理凯兰·高塔姆来到大连出版社，选定“大白鲸”优秀作品之《夔王归乡记》等作品，拟推出尼泊尔语版。之前，“大白鲸”优秀作品之《拯救天才》《大熊的女儿》《奇迹之夏》等19种图书版权输出到尼泊尔。“影响孩子就是在影响世界，孩子是世界的未来”，凯兰·高塔姆对这些优秀作品给予很高的评价。

这些吸引国际目光的图书都来自于大连出版社发起创立的“大白鲸”原创幻想儿童文学优秀作品征集活动。这个征集活动的设立，使中国原创的优秀作品不仅受到国内读者的喜爱，也有了与海外小读者见面的机会。

2018年3月，一年一度的“大白鲸”原创幻想儿童文学、图画书征集再次启动。这项大连出版社连续6年斥巨资推广的活动，因其“海选+全程匿名评审”的作品征集和评选机制，为业界内外瞩目，在众多奖项中独树一帜，让许多“草根”作家脱颖而出，成为中国幻想儿童文学年度盛典，更彰显主办者——大连出版社打造中国原创幻想儿童文学产业链领导者品牌的雄心。

准确预测阅读风向　大手笔进军幻想儿童文学出版

时间回溯到2011年，那时刘明辉担任大连出版社社长兼总编辑不久。当时大连社的小日子过得挺滋润，出版的高级会计师考试教材、注册会计师执业准则、第3届全国会计大赛用书风行市场，有经销商甚至现金求购。但刘明辉却很清醒，他发现类似大连社这种规模不大的城市社，出版范围较广，但是效率低、成本高，难以形成品牌优势。2011年年底，为摆脱“十三不靠”的发展瓶颈，大连出版社以壮士断腕的决心，从舒适区走出来，退出当时效益相当不错的经管类图书出版领域，开始实施战略转型和战略创新，选择了“特色出版”的道路，确定了以“保卫想象力”为核心使命、以“内容为王、导向为魂、创新为要、品质为本”为出版理念、以小学生为主要受众的幻想儿童文学出版方向，以“大白鲸计划”为重点的品牌出版战略。

在当时大连社只有一名少儿编辑、国内少儿文学作者也是少得可怜的情况下，转型幻想儿童文学出版并主打原创，似乎有点异想天开。其实刘明辉绝非单纯拍脑袋，而是经过了长时间深入的思考和调研。他认为，出版社制定发展战略，关键要看市场需求和导向，而不是只看手中的资源。2011年数字出版增速迅猛，幻想儿童文学增长也很快，但多为引进版，原创不足。他预测幻想文学将很快进入爆发期。

为什么提出“保卫想象力”的口号？刘明辉告诉记者，从整个国家的视角来看，中国已经成为世界的制造中心，中国缺的不是制造力，而是创造力、创新力。而创造力、创新力源自于想象力。从儿童的角度看，知识固然重要，但是想象力比知识还要重要。一个孩子成长为成人，直至老年，其知识、经历、阅历不断增加，但想象力不会增加，反而会消退。“保卫儿童的想象力是时代的召唤，是家长和老师的心声，也是出版界的担当。我们把幻想儿童文学这个领域作为出版社的主攻方向，就是要把大连社打造成为中国的原创幻想儿童文学产业基地。”

有了目标就有了方向。少儿书看似门槛低，其实很难做，专业性很强。编辑要懂儿童心理学、教育学，了解AI、绿色印刷等方方面面的知识和技术。最主要的是要转变思路。不认识少儿作家，就依托出版社的外脑专家；没有出版资源，就创造资源，“大白鲸计划”应运而生。“大白鲸计划”以比赛、论坛、评奖一系列的运作模式，去挖掘好作品好作者，打出了鼓励原创、鼓励有丰富想象力原创作品的旗帜。

由一家出版社发起做这样大型的活动，如何确立权威性？刘明辉提出创新评选机制，“只看品质，不问芳名”。从“首付版税60万！2018‘大白鲸’原创幻想儿童文学、图画书优秀作品征集启事”可以发现，“大白鲸”原创幻想儿童文学和图画书优秀作品征集坚持思想性、艺术性、可读性相统一的原则。评审全过程实行“匿名评审”，初审由活动办公室对征集作品进行审读；并组织从全国各地招募的小读者评审团及学生家长、老师、社会公众参与审读，充分征求读者意见。复评聘请知名儿童文学作家、评论家、教育家、心理学家和阅读推广专家组成专家组评审。终评聘请顶级儿童文学作家、科幻作家、评论家组成终评专家组集中评审。

有专家评价，“别的评奖靠封面靠脸面，你们的评奖靠内容”。有了这样过硬的评审机制设计和高效的运营，2013—2017年5届“大白鲸”优秀作品征集活动收到符合要求的参评作品3000多部，投稿作者来自全国各地以及美国、加拿大、澳大利亚、新加坡等国家。“大白鲸计划”已经积累起大量优秀作者和出版资源。30多种“大白鲸”优秀作品斩获各种殊荣：中国作协第十届全国优秀儿童文学奖、中宣部2017年“优秀儿童文学出版工程”、国家新闻出版署向全国青少年推荐百种优秀出版物、全民阅读办公室2017年度“大众喜爱的50种图书”、全球华语科幻星云奖金奖……中国作家协会副主席高洪波认为，“在中国作家协会的第10届全国优秀儿童文学奖评选中，大连出版社出版的‘大白鲸’获奖作品居然有两部入选，这创造了一个奇迹”！

“大白鲸计划”聚集起国内外优质出版资源，但刘明辉觉得距离中国原创幻想儿童文学产业基地还很远。于是创新作家培养机制，开办作家培训班，被纳入“大白鲸计划”之中。大白鲸“明日之星”作家培训班，已成功举办2期。雨果奖、星云奖双桂冠得主南希·克雷斯，国内唯一科幻文学博导吴岩、《科幻世界》主编姚海军、《儿童文学》原主编徐德霞、当代中国幻想文学的开创者彭懿、著名儿童文学评论家朱自强等大咖导师亲临授课，为年轻作者们授业解惑。刘明辉表示，“明日之星”是出版社一笔宝贵的财富，也许5年、10年以后才有收益，“不谋一时谋一世”。

为加强作者队伍建设，大连社一方面建立了幻想儿童文学作家联盟、幻想儿童文学插画家联盟，还建立了一支高水准的专家顾问团队，不断提升产品品质；另一方面，建立了作家工作室制度、签约作家战略合作机制。2018年8月，大童话家朱奎工作室在大连社挂牌成立。

新人作者如何尽快获得大众认可？背后需要出版社做大量工作。2012年以来，大连社持续开展“保卫想象力·百家千校”“保卫想象力——阳光少年‘三个一’工程”“保卫想象力——‘大白鲸’全国小学生阅读与创意活动”等品牌推广活动，邀请知名作家进校园进行500多场品牌推广活动；排演舞台剧10部，演出近600场。2016年以来，来自全国各地的64万小学生参加了大连社的品牌推广活动。2018年大连社又发起“保卫想象力在行动”活动，将2018年定位为“营销年”，提出了五项任务：包括百家千校活动，阳光少年“三个一”工程，小学生阅读与创意活动等，并向书店、图书馆和学校开拓市场，目前正着手开发阅读课程。

有能力

跨界融合，打造出版品牌

在做好产品的基础上，大连社全力打造品牌，从产品经营向品牌经营转变。少儿图书板块以“保卫想象力”为核心理念，成功打造“大白鲸金牌作品”“‘大白鲸’幻想儿童文学读库”“中华原创幻想儿童文学大系”“校园三剑客”“海军陆战队”等知名品牌。出版结构优化，品种规模有效控制，人均获利水平和单书获利水平持续提高，大连社品牌优势突显。

从“十三不靠”到“清一色”进军幻想儿童文学，最终实现“一条龙”产业化布局，刘明辉表示，大连社聚集挖掘的优质内容资源、出版资源要多次开发，要“一鸡多吃”，其思路是资源整合，建立幻想部落。为此，大连社制定实施了项目带动、投资拉动、平台促动、合作互动、奖励鼓动、外脑推动、精品牵动与创新驱动八大策略，提出并实施了“幻想儿童文学‘十个一’工程”。

2013年大连社跨界发力，在北京设立公司，经营舞台剧演出培训市场，可以说这又是大连社运营幻想文学品牌很有想象力的举措，也是大连社创新商业模式，从单一出版商向版权运营商转变进程的开启。

大连社在战略转型初期，就重视版权运营工作，已有60多种图书实现版权输出，有30多种图书实现实物产品输出，有10部舞台剧累计演出近600场，先后与腾清动漫、金菩提影视、宁夏智慧宫、北京皮影客等建立战略合作伙伴关系。大连社还按照“一个项目多家合作，一项合作多方资源，一项资源多方利用，一个品牌多家共享”的思路，联手大白鲸世界、大连圣亚、八尾猫文化、河南超凡影视等战略合作伙伴打造了“大白鲸”“八尾猫”“快乐星球”等系列文化产业品牌，产品形态包括纸质书、有声书、电影、电视、舞台剧、动漫作品、主题公园、室内儿童乐园、海洋食品等。

以“白鲸皮皮”为品牌形象打造的室内儿童主题乐园“大白鲸世界”，已在北京、上海、广州、苏州、厦门、哈尔滨等28个城市开业了37家门店，近200万组家庭对“白鲸皮皮”已是耳熟能详。《白鲸传奇》《寻找蓝色风》，都是以高额的一次性付酬买断其著作权财产权。《白鲸传奇》成就了“大白鲸计划”的产业链开发，带动了上下游企业累计70亿元的投资。“大白鲸”产业链发展突飞猛进，基本实现了“一个创意，多个出口；一次投入，多次产出”的产业发展模式。

在“专业化、特色化、产业化”战略思维指导下，大连社推动传统出版和新兴出版在内容、渠道、平台、经营、管理等方面深度融合，不断探索出版与动漫、影视、演出、旅游、教育、制造等多个行业的跨界合作，逐步形成了一整套打造中国原创幻想儿童文学产业链领导者品牌的运作模式，即以原创精品为主体的内容生产模式，以优秀IP为核心的全版权运作模式，以出版物为龙头的链式产业模式，以儿童为目标受众的类型化产品模式，以资源共享、品牌共享为思路的商业运作模式，以市场需求为导向的产业资源整合模式。

2017年3月，儿童文学传播的垂直类幻想儿童文学运营平台——中国幻想儿童文学网正式上线，以儿童、儿童文学创作者、家长、教师等用户为目标客户群，致力于建立起基于互联网的集作品征集制度、创作激励制度、作品遴选制度于一体的优秀作品征集线上线下互动模式，实现了在线征稿、在线创作、在线阅读、在线评论、在线评审、在线视频、在线听书等互联网出版功能。基于ISLI国家标准的数字出版升级改造工程将于2018年底完成，实现纸质书多媒体资源的嵌入。这些都表明大连社在数字出版领域卓有成效。

刘明辉作为一名财务和审计界专家，放弃财经领域的名利与捷径，专注少儿出版的品牌运营，既是对大连社这类城市出版社经营模式的实践，也是新时代出版业转型发展的成功探索。大连出版社走出了一条新路。

记者：穆宏志

《中国出版传媒商报》，2018 年 12 月 25 日

打造原创幻想儿童文学全产业链发展新模式

6年前，从大连游来的一头“大白鲸”，以“保卫想象力”之名，首倡中国原创幻想儿童文学，搅动了中国童书出版的一池春水，成为继哈利·波特的飞天扫帚之后中国小读者的又一个幻想领航员。凭借“大白鲸计划”，大连出版社用6年时间蹚出了出版企业转型升级的成功之路。

3月15日，由大连出版社牵手多家机构联合举办的2018“大白鲸”原创幻想儿童文学年度盛典系列活动在大连举行，新人齐聚，名家云集，成为2018年原创儿童文学创作和出版领域的第一支风向标。

2012年初，在“保卫想象力”的口号之下，大连出版社正式推出“大白鲸计划”这一大型产业发展项目。此后6年持续发力，他们在打造中国原创幻想儿童文学产业链领导者品牌的道路上不断迈出坚实的步伐，颇多经验值得借鉴。

从“十三不靠”向“清一色”转变的产业突围

快速变化的时代，新的阅读习惯正在颠覆传统的出版模式。面对复杂的迷宫，需要寻找一种适合自己的“模式”，一张属于自己的“地图”。

“大白鲸计划”提出之时，正是包括大连出版社在内的国内众多出版社同时遭遇路径迷失之际：一方面，不断创新的媒体技术改变了人们的阅读习惯，也颠覆了传统的出版模式；行业壁垒逐渐打破，随之而来的是越来越多的跨界竞争与跨界合作。另一方面，原材料和人工成本持续增长，市场竞争日益加剧，企业盈利空间不断受到挤压……

外界压力增大的同时，内部机制也存在问题。大连出版社社长、总编辑刘明辉回忆说：那时候，虽然出书品类多，单品类总量却不足。有的时候，一个门类的图书集中上稿，别的门类还处于稿荒阶段，只能眼睁睁地看着，爱莫能助。营销人员更困难，跑一趟新华书店，每个楼层都得去，哪一个楼层也待不住，蜻蜓点水却累个半死。出版定位的模糊直接导致了读者、渠道、媒体、作者无法识别其专长所在。

不从根本上解决图书品类化和专业化的问题，想要走出一条成功的路子很难。大连出版社义无反顾地从“十三不靠”转向“清一色”，把以小学生为主要读者的幻想儿童文学作为主打方向。

童书出版无疑在今天的中国出版市场中占有最大体量。中国书刊发行业协会理事长艾立民提供了一组数据，2017 年全国 580 多家出版社中，有 556 家也就是 95% 以上的出版社参与了少儿类图书的出版，比 2016 年又多了 5 家。即使以儿童文学为主打方向，这一领域也已经有许多影响更大的先到者。经过反复论证，大连出版社举起了“保卫想象力”的旗帜，确定了“保卫想象力”的使命，喊出了

“阅读改变人生，想象成就未来”的口号，践行起“内容为王、导向为魂、创新为要、品质为本”的出版理念，确定以小学生为主要读者对象的幻想儿童文学出版方向，推出了“大白鲸计划”。

市场对幻想儿童文学有着巨大的需求，而在刘明辉看来，“保卫想象力”使命的提出，不仅是一个出版企业寻求差异化发展的突破口，更承载着文化单位的一份社会责任。“在经济全球化加速发展的当今时代，创造力的水平高低是评判一个国家、一个民族综合实力的重要标志之一。中国走向世界之巅，缺的不是制造力，而是创造力和想象力。对孩子而言，重要的不只是知识，更重要的是保卫和启迪想象力。就文学而言，幻想文学已经进入一个重要发展时期。中国要想向国外推广自己的文化，本土幻想文学扮演着愈来愈重要的角色。”

优化产业结构，锁定目标读者，整合优质资源，彰显出版理念，奠基品牌特色——至此，大连出版社初步实现了从“十三不靠”到“清一色”的成功转型，走上了创新营销、拓展市场的新道路。

从“最纯粹的评选”到以著作者为核心的作品生产模式

提出“幻想儿童文学”这一概念，是大连出版社的一大贡献。北京师范大学中国儿童研究中心主任王泉根表示，尽管此前曾有过“奇幻文学”“玄幻文学”“幻想文学”等种种提法，但明确提出“幻想儿童文学”，并力图通过在全球范围征文的形式将其定格下来，这无疑是首倡。

幻想文学进入中国人的视野，应该说主要归功于《哈利·波特》

系列小说和电影，人们发现了站在《哈利·波特》背后包括《魔戒》《纳尼亚传奇》等在内的整个西方幻想文学世界，也由此想到了从《山海经》到《西游记》《聊斋志异》这一悠久的中国幻想文学的传统。阅读的热潮也引发了相当多的中国作者开始创作中国本土的幻想文学。当然，也因为需求巨大，以及非专业写手在巨大利益诱惑之下大量涌入，导致这一领域良莠不齐、泥沙俱下。

正是在这种情况下，“大白鲸”树起了鼓励中国原创幻想儿童文学的大旗，让一批新人佳作浮出水面，引导着中国幻想儿童文学向积极的方向发展。

“大白鲸”作品征集活动，专门奖励原创，实行全程匿名评审，充分尊重小读者意见，被业界誉为“最纯粹的文学奖项”。从2013年启动至今，五届“大白鲸”富集了一大批优秀原创儿童文学作品，推出一批儿童文学新人。王晋康的《古蜀》、汤素兰的《点点虫虫飞》、麦子的《大熊的女儿》、王林柏的《拯救天才》、王君心的《梦街灯影》、龙向梅的《寻找蓝色风》、马传思的《奇迹之夏》等近百部优秀作品脱颖而出，冠以“大白鲸”之名出版后，先后斩获了全国优秀儿童文学奖、2017“大众喜爱的50种图书”、全球华语科幻星云奖等多个奖项，而在此之前，这些作家中大部分人都寂寂无名。

评委之一的儿童文学评论家李利芳认为，“严谨独特的评审机制以及因此而带来的对作家与其创作成果最大意义上的尊重，使其获得了品牌建设中最核心的精神元素——实力与文化自信”。中国作协副主席、著名作家、儿童文学评论家高洪波表示，“在去年评选的第十届全国优秀儿童文学奖中，大连出版社有两部作品入选，创造了一个奇迹。这缘于大连出版人的眼光、定力以及他们的敏锐，还有一种超前意识。”

“大白鲸”系列作品的成功，归因于大连出版社以著作者为核心的内容创作模式。幻想儿童文学作家研修班已经举办了两届，由著名儿童文学评论家、著名作家授课，从幻想文学概论、样式及作品研究，作家应该具备的素养等多个维度进行讲授。“明日之星”作家培养计划则精心选择一些发展潜力大、发展势头好、合作意愿高的年轻作家进行深入合作、重点培养。通过创作、培训、研讨、出版等全方位立体化的模式，助力新人作家不断成长。

除了作品评选，这一模式还包括幻想儿童文学创作与出版的高层论坛、对儿童阅读的推广等一系列活动，可以说是站在全局高度去引导行业发展和时代风尚。李利芳由此总结，以现在取得的建设成效，联系“大白鲸”当初设定的战略构想，这是一项有文化远见、有文学情怀、有童年梦想，致力于推动我国原创儿童文学进步事业的卓越工程。它所体现的出版及文化产业精神就是“讲品位、讲格调、讲责任”，富含理想精神，令人景仰。

从“清一色”向“一条龙”的全产业链发展升级

如果说从“啥都出”到以幻想儿童文学为主是在做减法，那么把幻想儿童文学从图书出版做大到涉及多种产品、上下游数十个链条的全产业链发展就是在做加法。而这一“加”一“减”基本上是同时进行的。

很多人并不知道，“大白鲸计划”还是2012年度国家新闻出版改革发展项目库的入库项目。对这个项目的准确描述是：“大白鲸计划”是一个以儿童为目标受众，以“保卫想象力”为主旨，以原创内容为核心，以“大白鲸”为统一品牌，综合运用图书、动漫、影视、演艺、游戏、主题乐园等形式，宣扬海洋文化、海洋战略、大生态理念，通过资源共享、协同推进的全产业链发展模式，实现链上企业共赢、整体竞争力倍增的跨地区、跨行业的大型文化产业项目。

“大白鲸计划”实施6年来，成果颇丰：

策划出版“大白鲸”品牌图书8个系列近300种图书，其中《拯救天才》《大熊的女儿》《古蜀》等多部作品荣获国家级奖项，深受小读者青睐。

投资、编排、制作了《白鲸传奇》《拯救天才》《寻找蓝色风》等多部话剧、音乐剧，在北京、西安等地演出近600场，观众人数达40余万人。

“第五代海洋公园”“(海)水岸城”等大旅游项目在镇江、营口、昆明、千岛湖等多地落地；“芜湖大白鲸海洋公园”“淮安龙宫大白鲸嬉水世界”两个轻资产运营项目已相继投入运营；以“海洋动物主题文创商业综合体——鲸MALL”为代表的新概念旅游产品开创了360度参与体验商业模式。

“大白鲸世界儿童乐园”已在全国25座城市开设30家门店，拥有近300万会员……

就这样，按照“一个项目多家合作、一项合作多方资源、一项资源多方利用、一个品牌多家共享”的思路，涉及图书、动漫、舞台剧、电影、游戏及衍生品等多元产品形态，聚集出版、演艺、多媒体及动漫、文化旅游、地产行业等数十家企业，带动投资近70亿元人民币，大连出版社成功打造出了一条完整的产业链。

责任编辑：罗斯莹

《辽宁日报》，2018年3月26日

第十三届韬奋出版奖得主刘明辉：跨界创业，闯出发展新路子

2019年12月25日，第十三届韬奋出版奖揭晓，大连出版社社长兼总编辑刘明辉等30人获此殊荣。韬奋出版奖由中国出版协会主办、韬奋基金会协办，评选旨在表彰和奖励长期勤奋工作在出版一线，作出突出贡献的优秀出版工作者，是我国出版界个人荣誉最高奖。

前十二届韬奋出版奖每三年评选一次，有168位优秀出版工作者获奖。本届符合参评条件的共有103人，均经各省、自治区、直辖市出版协会和中央在京出版单位主管部门初评、推荐。经专家组独立复评、评奖委员会终评后确定。

刘明辉是本届获奖者中比较特别的一位：他从1993年通过公开竞聘执掌东北财经大学出版社，堪称任社长最早的"老社长"；他跨学科、跨行业游弋，既是教授、博导、全国会计名家、审计专家、财务管理领军人才、国家重点学科带头人、中国中青年财务成本研究会的发起者、中国注册会计师职业准则体系的建造者，又是编审、资深传媒专家、版权资源产业化运营的领跑者、幻想儿童文学的扛旗者、新闻出版行业领军人才、中国版协十大出版人物；他的获奖，

实现了韬奋出版奖自1987年设立以来，辽宁省零的突破。

在刘明辉看来，从1993年到2019年，出版业始终在变革中坚守，在坚守中创新。变革的是读者阅读习惯、出版载体的多样化、营销渠道的垂直化、产业运营的一体化，不变的是出版的事业属性。把社会效益放在首位，正确处理出版的事业性与商业性的关系，追求社会效益、经济效益俱佳是每个出版人的必然担当。

如何在汹涌的时代大潮中立足、生存、发展？这位曾先后救活两家出版社，始终走在跨界创业路上的“老社长”颇有感慨。

1993年，他将资不抵债的东北财经大学出版社带入快速健康发展轨道，以国际视野，率先引进欧美经典财经教材，打造会计、财务教材品牌，为东财社成为全国百佳出版社打下坚实基础，也实现了他从教学科研到编辑出版和经营管理的跨界。2004年，他临危受命，挽大连出版社于危难之中，带领员工走上第二次创业之路，爬坡过坎、滚石上山，一年扭亏为盈，两年资产翻番，三年实现“资产上规模、管理上水平、质量上档次、效益上台阶”。

刘明辉认为，对一个出版社而言，专业化、特色化、产业化是立得住的根本，对一个出版人而言，创新就是一条没有终点的赛道。纵观刘明辉的从业经历，“创业”成为他生活的一部分，“跨界”也是一种常态。从财会教学科研到财经出版的跨界，从财经出版到童书出版的跨界，“变”是不变的基调。而当年从财经出版到童书出版的跨界，曾让业界大跌眼镜。

2011年的大连出版社，在刘明辉带领下过上了滋润的小日子。

他策划出版的“高级会计师考试用书系列”“第三届全国会计知识大赛系列”等专业书籍，引得财经出版同仁羡慕纷纷。刘明辉却在这现世安稳中洞察了重重危机：出版社产品类型涉猎过多，难以聚焦资源长远发力；读者阅读习惯大变，纸书在电子出版冲击下岌岌可危。危机之外，他预见了中国原创幻想文学崛起爆发的必然趋势，因为当时我们国家缺的不是制造力而是想象力、创造力，保卫儿童想象力成了社会各界的呼声。

2012 年，刘明辉带领大连出版社实行战略转型与产业升级，举起保卫想象力的旗帜。尽管当时大连出版社仅有1位童书作家，没有童书营销渠道，甚至在童书策划出版方面也是崭新的新手。无论是业界，还是出版社内部，不解、质疑，铺天盖地。

凡变革者，必荷重担。2015 年，刘明辉彻底辞去市管干部身份，辞去各种独立董事职务，辞去各种商业授课任务，专事幻想儿童文学产业化研究与实践。

经过几年努力，大连出版社先后有20 多部原创童书作品成功实现IP运营，涉及动漫、舞台剧、电影、游戏及衍生品等多元产品形态，带动投资近75 亿元人民币，初步打造出中国原创幻想儿童文学产业链领导者品牌，收获中华优秀出版物奖、中宣部“优秀青少年读物出版工程”、全国优秀儿童文学奖等国家级大奖。

2018 年底，刘明辉受命组建大连新闻传媒（集团）控股公司，公司业务涵盖“书、刊、报、网、视、屏、端、微”全媒体，涉及传媒、影视、文化、教育、旅游多行业，48 家下属企业。跨界、融合，又一次创业……

跨界途中的“梦”与“痛”，创业路上的“苦”与“乐”，是刘明辉职业生涯的主旋律。不忘初心，牢记使命，挑战自我，矢志奋斗，这或许就是新时代出版人践行韬奋精神的生动写照。

我的儿时伙伴刘明辉

中国有条汨罗江，汨罗江畔有个刘花洲村，刘花洲有个长相秉性酷似屈原的人，他就是我的同学——惟藻公房第三十九世孙刘明辉。

他中等个子，面容清瘦，颧骨凸起，左脸颊上一颗肉痣特别显眼，戴一副金丝眼镜，镜片下一双眼睛炯炯有神。近年来，岁月的打磨，使他有了沧桑感，头发花白，似乎每一根银丝都蕴藏着无穷的智慧。他于1964年5月出生在刘花洲仓上屋，祖祖辈辈都是老实巴交的农民，其父刘义生，伯父刘礼江。

明辉兄离开故园已近四十载，1984年他在湖南财经学院（现湖南大学）获学士学位，同年考入东北财经大学，师从欧阳清教授攻读硕士学位，1987年留校任教，1995年破格晋升教授。1993年任东北财经大学出版社常务副社长（主持工作），1995年任社长兼总编。1997年在谷祺教授指导下，获经济学博士学位，被确定为财政部跨世纪学科学术带头人。2000年担任博士生导师。2001年任津桥商学院院长。2004年，任大连出版社社长、大连报业集团副社长。

明辉兄是刘花洲后世学子的楷模，草根逆袭的典范。他性格沉稳，思虑深远；他为人低调，不失为谦谦君子；他看重孝悌，刘花洲有口皆碑；他博闻强识，善于辞令；他豪爽大气，率性较真；他学而不厌，堪称“拼命三郎”。我们虽是同学却情如手足，他每次回家，都来我家探问，我们胡侃神聊，每至兴尽。后来，他将父母接去大连，加之公务繁忙，回家乡机会不多，我们见面次数也少了些。

“只缘感君一回顾，使我思君朝与暮”，每当忆及明辉兄儿时往事，不禁感慨万千，现撷取几朵花絮，披露出来，让刘花洲后裔能体悟出“家贫出孝子，逆境育英才”的真谛。

他是1970年春季发蒙，不到六周岁，启蒙老师是已故的左垂铭老师。明辉小名建婆，大名建辉，那时班上两个刘建辉，左老师就将其改为刘明辉。这一改“点石成金”，冥冥中就注定了他一生会取得令人瞩目的成就，他的名字会熠熠生辉。

记得小时候，他就特别好学，不知从哪里弄到一本已经发黄的无皮书——四角号码字典，我们大家不知道怎么查字，他却查得很顺溜。有一天，天刚蒙蒙亮，我与明辉相约去胜利点（乡村供销社）买肉，刚到那里就看见排起了长长的队伍，等了两个小时，快轮到我们了，那个长得有点像电影中的“胡汉三”（注：章作凡爹）的人把刀在屠凳上一拍嚷道：“冇得了，冇得了！”我俩悻悻地准备空手回家，他提议去店内的书柜看看，那时没什么书买，我们翻看了一阵，两人各自买回了一本“鲁迅杂文”——《华盖集》《三闲集》，内容不同，可以交换看，其实我根本看不懂，他却霸蛮啃了起来。

四年级时，班主任是刘绵斌先生，他那里藏了一些书，《沸腾的群山》《铁水奔流》《赣江风雷》《连心锁》《雁翎队》，等等，我们看得津津有味，如醉如痴，这或许是明辉最早的文学启蒙了。我记得他那时最喜欢阅读历史书籍，历史典故脱口而出。初一时，朱少怡老师带我们去王岭分校搬课桌，途中，大伙调侃一位早生华发的吴姓同学，明辉却冒出一句：“你真是伍子胥过昭关，一夜愁白了发”，朱老师大为惊诧，倍加赞赏。

那时，同学家境都很贫寒，他家似乎更甚，连一张像样的书桌都没有。我去他家玩，他是在一口米缸盖上做作业，他苦心收藏的一些书整齐摆放在一张宁波床的踏板上。他发育迟，读初中时个头不高，头发黄黄的，那时候在学校的午餐是自带的，一分硬币在学校大灶上蒸热。吃饭时，他经常带着饭盒到围墙外吃，有一次我去看他，他家竟然给他带的是红薯丝（内夹一点饭粒）。八十年代初，农村实行联产责任制后，他家还买不起牛，我就亲见过他父亲——义生爹在黄家坪责任田内用锄头挖水田。

他性格倔强，从不服输，学习如此，做其他事亦如此。有一次，学校停课达两个月勤工俭学，将露水坡前后山坡上的石头砸成卵石卖钱，给学生买活页文选（那一年语文课本都没有）。我们每天不带书包，只带一把锤子，一个稻草扎成的圈，先找一块大石作垫，将小石头放在稻草圈内砸成几瓣。因为他力小，每天完成任务都有些力不从心，但他不甘示弱，拼死拼命也要完成。一次，一位比他高大得多的男生故意挤兑，扒拉他已砸好的卵石，他气恼不已，像一只发怒的豹子扑过去，将高个男生掀翻在地，很多同学为他助威鼓掌。

七十年代末，全国恢复高考制度，此时他肯定想到要改变命运，只有读书考学这条路。他到处找学习资料，拼命做题。那时学校将一套套的高考试卷用大张白纸抄出来张贴在川堂两边墙上，明辉每套都工工整整抄下来，有时我们放学走了，他还在抄。就是英语试卷，他也不放过（其实那几年，英语成绩不纳入高考总分，只作参考）。他似乎每时每刻都在思考问题，有一次体育课，老师列队口令他置若罔闻，以致王敬成老师将篮球投到他头上，他才如梦方醒。扎实的功底，尤其是英语底子，为他以后的经济学研究提供了极大方便，他阅读西方原著，英语帮了他很大的忙。

1980年，明辉上大学了。有人说“朋友发达了，朋友没有了”。明辉却不是这样的，他重情重义，到长沙后曾给我寄过高考资料（那时我还在复读），我也曾到他们学校去玩过，每次他都在图书馆用功，饭时，在学院食堂就餐，一个煮鸡蛋都是你谦我让的。可我却辜负了好友的期望，最终只考了师范，至今仍耕耘在三尺讲台前。

明辉的研究基础主要应该是在本科阶段打下的，我高中时前后两位同学都是湖南财经学院毕业，分配至国家统计局、湖南省统计局，论学术成就都不能望明辉之项背。

明辉兄热心公益，家乡的建设牵动着他的一颗赤子之心，别的事我不清楚，露水坡两次建校、刘花洲小学建校都是我联系的。每次他总是很谦逊地说：“我是工薪族，只能尽绵薄之力。无论当社长还是当院长，单位有钱，那是国家的，虽然出版社在我手中经济效益翻了十几番，我不敢妄取一分一厘。”他的廉政、勤政是出了名的，但为了家乡公益，他每次都慷慨解囊。这次泽龙牵头续谱到了大连，他热情接待，极尽地主之谊，捐款之外并欣然为族谱作序。明辉兄确实不容易，他是大连大家庭中的家长，上有老父老母，下有女儿、侄儿侄女（其弟亡故，弟媳改嫁），中有妹妹妹夫、表弟、堂弟一大家子，他尽心尽力关照家人，亲戚朋友，最为难得的，他有一位贤淑明礼大度善解人意的妻子。

明辉取得成就，完全是靠个人奋斗，他天分并不很高，且是一介农家子弟，没有丝毫社会关系。他常说：“我的个性决定了我只能搞学术研究，即使从政，也只能是学术单位。”他曾多次放弃升迁机会。他说：“我对学术情有独钟，从政是要有根基的，基础不牢，地动山摇。”

这次刘氏续谱，我很想为老同学写点什么，陈年往事像电影镜头一样萦绕心头，又感诚惶诚恐，有班门弄斧之嫌，有挂一漏万之虞。尽管如此，为弘扬宗族文化，激励后生奋进，我还是惴惴不安，絮絮叨叨写了以上文字。

“但愿人长久，千里共婵娟”，又逢丁酉中秋佳节来临之际，作为老同学，我真诚祝愿明辉兄保养身体，为国珍摄，祝义生爹老两口健康长寿，尽享天伦。

刘双凤草就

2017 年 9 月 25 日